# 상공회의소 한자
## 최종모의고사 5회분

시대에듀

# 不患人之不己知, 患其無能也

남이 나를 알아주지 않음을 걱정하지 말고, 내가 능력이 없음을 걱정하라.

– 《논어(論語)》, 〈학이(學而)〉

## 시대에듀 상공회의소 한자 2급 최종모의고사 5회분

## Always **with you**

사람의 인연은 길에서 우연하게 만나거나 함께 살아가는 것만을 의미하지는 않습니다.
책을 펴내는 출판사와 그 책을 읽는 독자의 만남도 소중한 인연입니다.
**시대에듀**는 항상 독자의 마음을 헤아리기 위해 노력하고 있습니다. 늘 독자와 함께하겠습니다.

# 머리말

PREFACE

## 한자는 왜 이렇게 어려울까?

우리가 한자를 사용한 역사만 무려 2천여 년, 우리말 중 한자어가 차지하는 비율은 약 70%! 이 정도면 우리의 모든 학문과 생활에 한자가 끼치는 영향은 무궁무진하다고 볼 수 있습니다. 그런데 왜 많은 사람이 한자를 어렵고 따분하다고 생각할까요? 공부를 할 때 '한자는 분명히 어려울 거야'라는 고정관념과 걱정에서 출발하기 때문입니다.

편저자 역시 그런 과정을 겪어 온 경험이 있기에 책을 펴기에 앞서 수험생들이 어떻게 하면 한자를 쉽고 효과적으로 공부할 수 있을지 항상 고민하고 연구하였습니다. 그리고 그 결과 가장 효율적이고 체계적인 학습 방법을 구성하여 본서를 출간하게 되었습니다. 그렇다면 한자 시험의 '합격'이라는 여행을 떠나기 전 갖추어야 할 준비물을 알아볼까요?

## 합격에 필요한 준비물

**합격** = 배정한자 학습 + 출제 유형 파악 + 모의고사 풀이 + CBT 훈련

❶ **배정한자 익히기는 기본!**
배정한자를 모두 익혀 자신감을 키우고 시작하는 것이 좋습니다.

❷ **출제 유형 파악은 필수!**
기출문제를 통해 출제 유형을 미리 숙지하는 것이 합격의 비법입니다.

❸ **모의고사를 통한 다양한 문제 풀이!**
유형 파악만으로 방심은 금물! 출제될 만한 다양한 유형의 예상 문제를 많이, 그리고 반복해서 풀어 보는 것이 바람직합니다.

❹ **CBT 모의고사로 실전 감각 기르기!**
CBT로 진행되는 상공회의소 한자 시험! CBT 시험 형식에 대한 이해도가 높아야 당황하지 않고 시험에 임할 수 있습니다.

시대에듀에서는 대한상공회의소 한자 시험을 준비하는 수험생들을 위해 단 한 권으로 모든 준비를 완벽하게 마무리할 수 있도록 책을 만들었습니다. 이 책을 통해 수험생이 합격의 영광과 함께할 수 있기를 바라며, 진심으로 여러분을 응원합니다.

**편저자 씀**

## 📭 상공회의소 한자 시험이란?

상공회의소 한자 시험은 중국, 대만, 일본 등 한자 문화권 국가와의 수출 및 투자가 증가함에 따라 이에 필요한 기업 업무 및 일상생활에 사용 가능한 한자의 이해 및 구사 능력을 평가하는 시험이다. 또한 대부분 쓰기 위주의 능력을 평가하는 다른 한자검정시험과 달리, 상공회의소 한자 시험은 기업 위주의 실무 능력을 위해 읽기 능력을 중점적으로 평가하는 시험이다.

## 📭 자격 특징

상공회의소 한자는 부분국가공인 자격이다. 1급, 2급, 3급은 국가공인자격이지만 나머지 급수는 상공회의소 자격으로 민간자격이다.

❶ 상공회의소 한자 민간자격 : 9급~4급
❷ 상공회의소 한자 공인자격 : 3급~1급

## 📭 인터넷 접수

대한상공회의소 자격평가사업단(licence.korcham.net)

## 📭 검정 기준

| 급 수 | 한자 능력 수준에 따른 검정 기준 | 급수별 배정한자에 따른 검정 기준 |
|---|---|---|
| 1급 | 전문적 한자어가 사용된 국한혼용의 신문이나 잡지, 서류, 서적 등을 능숙하게 읽고 이해할 수 있는 최상급의 한자 능력 수준 | 교육부가 제정한 중·고등학교 한문교육용 기초한자 1,800자와 국가 표준의 KSX1001한자 4,888자 및 대법원이 제정한 인명용 한자 3,153자(중복 한자를 제외하면 3,108자) 중 4,908자를 이해하고 국어생활에서 활용할 수 있다. |
| 2급 | 전문적 한자어가 사용된 국한혼용의 신문이나 잡지, 서류, 서적 등을 별 무리 없이 읽고 이해할 수 있는 상급의 한자 능력 수준 | 교육부가 제정한 중·고등학교 한문교육용 기초한자 1,800자와 국가 표준의 KSX1001한자 4,888자 및 대법원이 제정한 인명용 한자 3,301자를 이해하고 국어생활에서 활용할 수 있다. |
| 3급 | 고등학교 수준의 일상적인 한자어가 사용된 국한혼용의 신문이나 잡지, 서류, 서적 등을 어느 정도 읽고 이해할 수 있는 한자 능력 수준 | 교육부가 제정한 중·고등학교 한문교육용 기초한자 1,800자를 이해하고 국어생활에서 활용할 수 있다. |

## 출제 기준

| 과 목 | 중분류 | 소분류 |
|---|---|---|
| 한 자 | ❶ 한자의 부수, 획수, 필순 | ① 한자의 부수 |
| | | ② 한자의 획수 |
| | | ③ 한자의 필순 |
| | ❷ 한자의 짜임 | ① 한자의 짜임 |
| | ❸ 한자의 음과 뜻 | ① 한자의 음 |
| | | ② 음에 맞는 한자 |
| | | ③ 음이 같은 한자 |
| | | ④ 한자의 뜻 |
| | | ⑤ 뜻에 맞는 한자 |
| | | ⑥ 뜻이 비슷한 한자 |
| 어 휘 | ❶ 한자어의 짜임 | ① 한자어의 짜임 |
| | ❷ 한자어의 음과 뜻 | ① 한자어의 음 |
| | | ② 음에 맞는 한자어 |
| | | ③ 음이 같은 한자어 |
| | | ④ 여러 개의 음을 가진 한자 |
| | | ⑤ 한자어의 뜻 |
| | | ⑥ 뜻에 맞는 한자어 |
| | | ⑦ 3개 어휘에 공통되는 한자 |
| | | ⑧ 반의어 · 상대어 |
| | ❸ 성어 | ① 성어의 빠진 글자 채워 넣기 |
| | | ② 성어의 뜻 |
| | | ③ 뜻에 맞는 성어 |
| 독 해 | ❶ 문장에 사용된 한자어의 음과 뜻 | ① 문장 속 한자어의 음 |
| | | ② 문장 속 한자어의 뜻 |
| | | ③ 문장 속 한자어 채워 넣기 |
| | | ④ 문장 속 틀린 한자어 고르기 |
| | | ⑤ 문장 속 단어의 한자 표기 |
| | | ⑥ 문장 속 어구의 한자 표기 |
| | ❷ 종합문제 | ① 종합문제 |

※ 관련 규정 및 세부 내용은 변경될 수 있으며, 자세한 사항은 시행처 홈페이지(license.korcham.net)를 참고하시기 바랍니다.

## 시험 일정

**상공회의소 한자 상시 시험 일정**

❶ 시험 일정 : 대한상공회의소(license.korcham.net)에서 확인(지역별 일정 확인)
❷ 시험 접수 : 선착순 마감(접수일로부터 4일 이내의 일정은 시험장 준비 관계로 자동 마감되어 접수 불가)
❸ 시험 방법 : CBT(Computer-based testing)
❹ 시험 형식 : 상시 시험(시험 개설 여부는 시험장 상황에 따라 다름)
❺ 합격자 발표 : 시험일 다음날 오전 10시

## 합격 기준

| 급 수 | 과 목 | 문항 수 | 배점 | 과목별 총점 | 과목별 최소합격점수 | 전체 총점 | 합격 점수 |
|---|---|---|---|---|---|---|---|
| 2급 | 한 자 | 50 | 4점 | 200 | 120 | 760 | 608 |
| | 어 휘 | 40 | 6점 | 240 | 144 | | |
| | 독 해 | 40 | 8점 | 320 | 192 | | |

## 검정 과목 및 검정 방법

| 급 수 | 검정 과목별 문항 수 | | | 전체 문항 수 | 시험 시간 | 비 고 |
|---|---|---|---|---|---|---|
| | 한 자 | 어 휘 | 독 해 | | | |
| 2급 | 50 | 40 | 40 | 130 | 80분 | 국가공인 |

※ 관련 규정 및 세부 내용은 변경될 수 있으며, 자세한 사항은 시행처 홈페이지(license.korcham.net)를 참고하시기 바랍니다.

# 한자 영역의 출제 경향 TENDENCY

## 한자 영역의 평가 방향

한자 영역의 평가는 한자의 부수, 획수, 필순과 한자의 짜임 등 한자에 대한 기초적인 이해부터, 급수별 배정한자를 바르게 읽고 쓰며 사용할 수 있는가에 중점을 둔다.

## 한자 영역의 평가 기준

| 평가 영역 | 평가 기준 |
|---|---|
| 한자의<br>부수, 획수, 필순 | • 한자의 부수를 알고 구별할 수 있다.<br>• 한자의 획수를 알고 구별할 수 있다.<br>• 한자의 필순을 알고 바르게 쓸 수 있다. |
| 한자의 짜임 | • 한자의 짜임을 알고 구별할 수 있다. |
| 한자의 음과 뜻 | • 한자의 음을 알 수 있다.<br>• 음에 맞는 한자를 알고 구별할 수 있다.<br>• 음이 같은 한자를 알고 구별할 수 있다.<br>• 한자의 뜻을 알 수 있다.<br>• 뜻에 맞는 한자를 알고 구별할 수 있다.<br>• 뜻이 비슷한 한자를 알고 구별할 수 있다. |

## 한자 영역의 출제 범위

| 출제 범위 | 세부 내용 | 출제 기준별 출제 문항 수 | | |
|---|---|---|---|---|
| | | 3급 | 2급 | 1급 |
| 한자의<br>부수, 획수, 필순 | 한자의 부수 | 2 | – | – |
| | 한자의 획수 | 2 | – | – |
| | 한자의 필순 | 2 | – | – |
| 한자의 짜임 | 한자의 짜임 | 2 | – | – |
| 한자의<br>음과 뜻 | 한자의 음 | 6 | 11 | 11 |
| | 음에 맞는 한자 | 5 | 7 | 7 |
| | 음이 같은 한자 | 5 | 7 | 7 |
| | 한자의 뜻 | 6 | 11 | 11 |
| | 뜻에 맞는 한자 | 5 | 7 | 7 |
| | 뜻이 비슷한 한자 | 5 | 7 | 7 |
| 합 계 | | 40 | 50 | 50 |

※ 관련 규정 및 세부 내용은 변경될 수 있으며, 자세한 사항은 시행처 홈페이지(license.korcham.net)를 참고하시기 바랍니다.

## 어휘 영역의 평가 방향

어휘 영역의 평가는 급수별 배정한자를 기준으로 한자어의 짜임, 한자어의 음과 뜻, 성어 등을 이해하여 바르게 읽고 쓰며 사용할 수 있는가에 중점을 둔다.

## 어휘 영역의 평가 기준

| 평가 영역 | 평가 기준 |
|---|---|
| 한자어의 짜임 | • 한자어의 짜임을 알고 구별할 수 있다. |
| 한자어의 음과 뜻 | • 음이 같은 한자어를 알고 구별할 수 있다.<br>• 여러 개의 음을 가진 한자를 알고 구별할 수 있다.<br>• 3개 어휘에 공통되는 한자를 알고 구별할 수 있다.<br>• 반의어 · 상대어를 알고 구별할 수 있다. |
| 성 어 | • 성어의 음과 뜻을 알고 성어의 빠진 글자를 채워 넣을 수 있다.<br>• 성어의 뜻을 알 수 있다.<br>• 뜻에 맞는 성어를 알고 구별할 수 있다. |

## 어휘 영역의 출제 범위

| 출제 범위 | 세부 내용 | 출제 기준별 출제 문항 수 | | |
|---|---|---|---|---|
| | | 3급 | 2급 | 1급 |
| 한자어의 짜임 | 한자어의 짜임 | – | 2 | 3 |
| 한자어의 음과 뜻 | 한자어의 음 | – | 2 | 3 |
| | 음에 맞는 한자어 | – | 2 | 3 |
| | 음이 같은 한자어 | 5 | 3 | 5 |
| | 여러 개의 음을 가진 한자 | 2 | 1 | 2 |
| | 한자어의 뜻 | – | 2 | 3 |
| | 뜻에 맞는 한자어 | – | 2 | 3 |
| | 3개의 어휘에 공통되는 한자 | 10 | 6 | 8 |
| | 반의어 · 상대어 | 8 | 5 | 5 |
| 성 어 | 성어의 빠진 글자 채워 넣기 | 5 | 5 | 5 |
| | 성어의 뜻 | 5 | 5 | 5 |
| | 뜻에 맞는 성어 | 5 | 5 | 5 |
| 합 계 | | 40 | 40 | 50 |

※ 관련 규정 및 세부 내용은 변경될 수 있으며, 자세한 사항은 시행처 홈페이지(license.korcham.net)를 참고하시기 바랍니다.

## 독해 영역의 평가 방향

독해 영역의 평가는 급수별 배정한자를 기준으로 짧은 문장에서 사용된 한자어의 음과 뜻을 이해하여 바르게 읽고 쓰며 사용할 수 있는가, 그리고 여러 개의 문장 또는 문단으로 이루어진 글을 한자, 어휘, 독해의 영역 및 세부 내용과 관련하여 종합적으로 이해할 수 있는가에 중점을 둔다.

## 독해 영역의 평가 기준

| 평가 영역 | 평가 기준 |
|---|---|
| 문장에 사용된<br>한자어의 음과 뜻 | • 짧은 문장에 사용된 한자어의 음을 알 수 있다.<br>• 짧은 문장에 사용된 한자어의 뜻을 알 수 있다.<br>• 짧은 문장의 빈칸에 적절한 한자어를 채워 넣을 수 있다.<br>• 짧은 문장에 사용된 한자어가 바르게 쓰였는지를 알 수 있다.<br>• 짧은 문장에 사용된 한글 표기 단어를 한자로 쓸 수 있다.<br>• 짧은 문장에 사용된 어구의 뜻에 맞는 한자어를 알고 쓸 수 있다. |
| 종합 문제 | • 여러 개의 문장 또는 문단으로 이루어진 글을 한자, 어휘, 독해의 영역 및 세부 내용과<br>관련하여 종합적으로 이해할 수 있다. |

## 독해 영역의 출제 범위

| 출제 범위 | 세부 내용 | 출제 기준별 출제 문항 수 | | |
|---|---|---|---|---|
| | | 3급 | 2급 | 1급 |
| 문장에 사용된<br>한자어의 음과 뜻 | 문장 속 한자어의 음 | 6 | 7 | 10 |
| | 문장 속 한자어의 뜻 | 6 | 5 | 5 |
| | 문장 속 한자어 채워 넣기 | 3 | 5 | 5 |
| | 문장 속 틀린 한자어 고르기 | 3 | 5 | 5 |
| | 문장 속 단어의 한자 표기 | 3 | 8 | 10 |
| | 문장 속 어구의 한자 표기 | 3 | 5 | 5 |
| 종합 문제 | 종합 문제 | 16 | 5 | 10 |
| 합 계 | | 40 | 40 | 50 |

※ 관련 규정 및 세부 내용은 변경될 수 있으며, 자세한 사항은 시행처 홈페이지(license.korcham.net)를 참고하시기 바랍니다.

## 9~2급 배정한자

최종모의고사 풀이 전 2급 배정한자 3,301자를 완벽히 복습할 수 있도록 9~5급, 4급, 3급, 2급 배정한자까지 모두 수록!

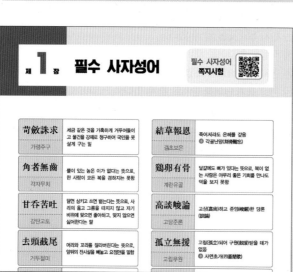

## 필수 사자성어

어휘 영역 40문항 중 15문항이 출제되는 사자성어! 합격을 위해 필요한 필수 사자성어만 따로 모아 전략적 학습!

## 완벽 복습 쪽지시험

9~2급 배정한자, 필수 사자성어 학습 후 PDF로 제공되는 쪽지시험으로 복습&실력 테스트!
(각 장의 QR코드를 스캔하면 쪽지시험 PDF로 바로 연결됩니다.)

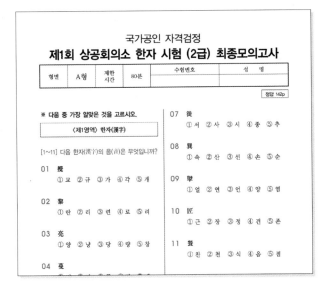

## 최종모의고사

최종모의고사 5회분 & 자세한 해설로 출제 경향 완벽히 파악하고 시험 전 최종 점검!

## CBT 모의고사 2회 무료 쿠폰 제공

시험 당일처럼 생생하게! CBT 모의고사 2회 무료 쿠폰 제공!

### CBT 모의고사

**CBT 모의고사 응시 방법**

① 시대에듀 합격시대 홈페이지(www.sdedu.co.kr/pass_sidae) 접속

② 검색창 우측 쿠폰 입력 배너 클릭

③ 무료 쿠폰 번호 입력 후 응시(* 무료 쿠폰 번호는 도서 마지막 장 하단에 적혀있습니다.)

# 한자의 기초 이론 BASICS

## 🔳 한자의 부수

### ❶ 부수의 정의

부수(部首)란 옥편(玉篇)에서 한자를 찾는 데 필요한 기본 글자로서 214자가 있으며, 한자의 핵심 의미이자 한자 분류의 기본 원칙이다. 부수는 그 글자의 뜻을 함축하고 있는 경우가 많으므로 부수만 알아도 모르는 한자의 뜻을 쉽게 추측할 수 있다.

### ❷ 부수의 분류와 배열

부수는 현재 1획부터 17획까지 총 214자로 이루어져 있다. '상형자(象形字)'가 149자, '지사자(指事字)'가 17자, '회의자(會意字)'가 21자, '형성자(形聲字)'가 27자이다.

### ❸ 부수의 위치에 따른 명칭

부수는 글자가 놓이는 위치에 따라 변, 방, 엄, 머리, 몸, 받침, 발, 제부수 8가지로 나뉜다.

• 변(邊) : 부수가 글자의 왼쪽에 있는 경우

| 변 |

㉠ 亻(人) : 사람인변(사람 인) → 休(쉴 휴), 信(믿을 신), 伏(엎드릴 복)
㉡ 氵(水) : 삼수변(물 수) → 江(강 강), 河(물 하), 淸(맑을 청)
㉢ 扌(手) : 재방변(손 수) → 技(재주 기), 指(가리킬 지), 打(칠 타)
㉣ 言 : 말씀 언 → 記(기록할 기), 訓(가르칠 훈, 길 순)

• 방(傍) : 부수가 글자의 오른쪽에 있는 경우

| 방 |

㉠ 刂(刀) : 선칼도방(칼 도) → 別(나눌 별), 判(판단할 판), 利(이로울 리)
㉡ 阝(邑) : 우부방(고을 읍) → 部(떼 부), 郡(고을 군)
㉢ 攵(攴) : 등글월문(칠 복) → 改(고칠 개), 政(정사 정)

• 머리 : 부수가 글자의 위에 있는 경우

| 머리 |

㉠ ⺿(艸) : 초두머리(풀 초) → 花(꽃 화), 草(풀 초), 苦(쓸 고)
㉡ 宀 : 갓머리(집 면) → 宙(집 주), 安(편안 안), 家(집 가)
㉢ 竹 : 대 죽 → 簡(대쪽 간), 筆(붓 필), 答(대답할 답)
㉣ 雨 : 비 우 → 露(이슬 로, 이슬 노), 雪(눈 설)

• 발 : 부수가 글자의 아래에 있는 경우

㉠ 灬(火) : 연화발(불 화) → 烈(매울 렬), 熱(더울 열)
㉡ 儿 : 어진사람인발(어진사람 인) → 元(으뜸 원), 兒(아이 아)
㉢ 心 : 마음 심 → 忘(잊을 망), 思(생각 사), 怨(원망할 원)
㉣ 皿 : 그릇 명 → 益(더할 익, 넘칠 일), 盜(도둑 도)

- 받침 : 부수가 왼쪽과 아래에 걸쳐 있는 경우

<table>
<tr><td></td><td></td><td></td></tr>
<tr><td></td><td></td><td></td></tr>
<tr><td colspan="3">받침</td></tr>
</table>

㉠ 辶(辵) : 책받침(쉬엄쉬엄 갈 착) → 道(길 도), 送(보낼 송)
㉡ 廴 : 민책받침(길게 걸을 인) → 建(세울 건), 廻(돌 회)
㉢ 走 : 달릴 주 → 起(일어날 기), 超(뛰어넘을 초)

- 엄 : 부수가 위쪽과 왼쪽에 걸쳐 있는 경우

<table>
<tr><td colspan="3">엄</td></tr>
<tr><td></td><td></td><td></td></tr>
<tr><td></td><td></td><td></td></tr>
</table>

㉠ 尸 : 주검시엄(주검 시) → 居(살 거), 尾(꼬리 미), 屋(집 옥)
㉡ 广 : 엄호(집 엄) → 店(가게 점), 庭(뜰 정), 府(관청 부)
㉢ 戶 : 지게호(집 호) → 房(방 방), 扇(부채 선)
㉣ 虍 : 범호엄 → 虎(범 호), 虐(모질 학)

- 엄 : 부수가 글자를 둘러싸고 있는 경우

<table>
<tr><td></td><td></td><td></td></tr>
<tr><td></td><td>몸</td><td></td></tr>
<tr><td></td><td></td><td></td></tr>
</table>

㉠ 囗 : 큰입구몸(에워쌀 위) → 國(나라 국), 固(굳을 고)
㉡ 門 : 문 문 → 間(사이 간), 開(열 개)
㉢ 匚 : 감출혜몸(감출 혜) → 匹(짝 필), 區(지경 구)
㉣ 行 : 다닐 행 → 街(거리 가), 術(재주 술)

- 제부수 : 부수 자체가 글자인 경우

| 角 뿔 각 | 車 수레 거 | 見 볼 견 | 高 높을 고 | 鼓 북 고 | 谷 골짜기 곡 | 骨 뼈 골 | 工 장인 공 | 口 입 구 | 金 쇠 금 |
|---|---|---|---|---|---|---|---|---|---|
| 己 몸 기 | 女 여자 녀 | 大 큰 대 | 豆 콩 두 | 力 힘 력 | 老 늙을 로 | 里 마을 리 | 立 설 립 | 馬 말 마 | 面 낯 면 |
| 毛 터럭 모 | 木 나무 목 | 目 눈 목 | 文 글월 문 | 門 문 문 | 米 쌀 미 | 方 모 방 | 白 흰 백 | 父 아비 부 | 比 견줄 비 |
| 飛 날 비 | 非 아닐 비 | 鼻 코 비 | 士 선비 사 | 山 뫼 산 | 色 색 색 | 生 날 생 | 夕 저녁 석 | 石 돌 석 | 小 작을 소 |
| 水 물 수 | 首 머리 수 | 手 손 수 | 示 보일 시 | 食 먹을 식 | 身 몸 신 | 臣 신하 신 | 心 마음 심 | 十 열 십 | 羊 양 양 |
| 魚 고기 어 | 言 말씀 언 | 用 쓸 용 | 龍 용 룡 | 牛 소 우 | 雨 비 우 | 月 달 월 | 肉 고기 육 | 瓦 기와 와 | 音 소리 음 |
| 邑 고을 읍 | 衣 옷 의 | 二 두 이 | 耳 귀 이 | 人 사람 인 | 一 한 일 | 日 날 일 | 入 들 입 | 子 아들 자 | 自 스스로 자 |
| 長 길 장 | 赤 붉을 적 | 田 밭 전 | 鳥 새 조 | 足 발 족 | 走 달릴 주 | 竹 대나무 죽 | 至 이를 지 | 止 그칠 지 | 辰 별 진 |
| 靑 푸를 청 | 寸 마디 촌 | 齒 이 치 | 土 흙 토 | 八 여덟 팔 | 風 바람 풍 | 行 다닐 행 | 香 향기 향 | 血 피 혈 | 火 불 화 |
| 黃 누를 황 | 黑 검을 흑 | | | | | | | | |

\* 부수의 변형 – 부수로 쓰일 때 본래의 모양과 달라지는 글자

| 부수 | 변형 | 부수 | 변형 | 부수 | 변형 |
|---|---|---|---|---|---|
| 人 인 | 亻 사람인변 | 犬 견 | 犭 개사슴록변 | 阜 부 | 阝 좌부변 |
| 心 심 | 忄 심방변 | 衣 의 | 衤 옷의변 | 刀 도 | 刂 선칼도방 |
| 邑 읍 | 阝 우부방 | 卩 절 | 㔾 병부절 | 辵 착 | 辶 책받침 |
| 肉 육 | 月 육달월 | 水 수 | 氵 삼수변 | 火 화 | 灬 연화발 |
| 艸 초 | ⺿ 초두머리 | 手 수 | 扌 재방변 | 老 로 | 耂 늙을로엄 |

## ❹ 획수별 부수

| 1획 | | | | | |
|---|---|---|---|---|---|
| 一 | 丨 | 丶 | 丿 | 乙 | 亅 |
| 한 일 | 뚫을 곤 | 점 주 | 삐침 별 | 새 을 | 갈고리 궐 |

| 2획 | | | | | |
|---|---|---|---|---|---|
| 二 | 亠 | 人(亻) | 儿 | 入 | 八 | 冂 |
| 두 이 | 돼지해머리 | 사람인(사람인변) | 어진사람인발 | 들 입 | 여덟 팔 | 멀경 몸 |
| 冖 | 冫 | 几 | 凵 | 刀(刂) | 力 | 勹 |
| 민갓머리 | 이수변 | 안석 궤 | 위튼입구몸 | 칼 도(선칼도방) | 힘 력 | 쌀포몸 |
| 匕 | 匚 | 匸 | 十 | 卜 | 卩(㔾) | 厂 |
| 비수 비 | 터진입구몸 | 감출혜몸 | 열 십 | 점 복 | 병부절 | 민엄호 |
| 厶 | 又 | | | | | |
| 마늘 모 | 또 우 | | | | | |

| 3획 | | | | | |
|---|---|---|---|---|---|
| 口 | 囗 | 土 | 士 | 夂 | 夊 | 夕 |
| 입 구 | 큰입구 몸 | 흙 토 | 선비 사 | 뒤져올 치 | 천천히걸을쇠발 | 저녁 석 |
| 大 | 女 | 子 | 宀 | 寸 | 小 | 尢 |
| 큰 대 | 여자 녀 | 아들 자 | 갓머리 | 마디 촌 | 작을 소 | 절름발이 왕 |
| 尸 | 屮 | 山 | 巛(川) | 工 | 己 | 巾 |
| 주검시엄 | 왼손 좌 | 뫼 산 | 개미허리(내 천) | 장인 공 | 몸 기 | 수건 건 |
| 干 | 幺 | 广 | 廴 | 廾 | 弋 | 弓 |
| 방패 간 | 작을 요 | 엄호 | 민책받침 | 스물입발 | 주살 익 | 활 궁 |
| 彐(彑) | 彡 | 彳 | 忄 | 氵 | 犭 | 阝 |
| 튼가로왈 | 터럭 삼 | 두인변 | 심방변 | 삼수변 | 개사슴록변 | 우부방 |
| 阝 | 扌 | | | | | |
| 좌부변 | 재방변 | | | | | |

| 4획 | | | | | |
|---|---|---|---|---|---|
| 心(忄) | 戈 | 戶 | 手 | 支 | 攴(攵) | 文 |
| 마음 심(마음심밑) | 창 과 | 지게 호 | 손 수 | 지탱할 지 | 등글월문(칠 복) | 글월 문 |
| 斗 | 斤 | 方 | 无(旡) | 日 | 曰 | 月 |
| 말 두 | 날 근 | 모 방 | 이미기방 | 날 일 | 가로 왈 | 달 월, 육달월 |

| 木 | 欠 | 止 | 歹(歺) | 殳 | 毋 | 比 |
|---|---|---|---|---|---|---|
| 나무 목 | 하품 흠 | 그칠 지 | 죽을사변 | 갖은등글월 문 | 말 무 | 견줄 비 |
| 毛 | 氏 | 气 | 水 | 火(灬) | 爪(爫) | 父 |
| 터럭 모 | 성씨 씨 | 기운기엄 | 물 수 | 불 화(연화발) | 손톱 조 | 아비 부 |
| 爻 | 爿 | 片 | 牙 | 牛(牜) | 犬 | 王 |
| 점괘 효 | 장수장변 | 조각 편 | 어금니 아 | 소 우 | 개 견 | 구슬옥변 |
| 礻 | 耂 | ++ | 辶 | 罒 | | |
| 보일시변 | 늙을로엄 | 초두머리 | 책받침 | 그물 망 | | |

| | | | 5획 | | | |
|---|---|---|---|---|---|---|
| 玄 | 玉 | 瓜 | 瓦 | 甘 | 生 | 用 |
| 검을 현 | 구슬 옥 | 오이 과 | 기와 와 | 달 감 | 날 생 | 쓸 용 |
| 田 | 疋 | 疒 | 癶 | 白 | 皮 | 皿 |
| 밭 전 | 짝 필 | 병질엄 | 필발머리 | 흰 백 | 가죽 피 | 그릇 명 |
| 目 | 矛 | 矢 | 石 | 示 | 禸 | 禾 |
| 눈 목 | 창 모 | 화살 시 | 돌 석 | 보일 시 | 발자국 유 | 벼 화 |
| 穴 | 立 | 罒 | 衤 | 氺 | | |
| 구멍 혈 | 설 립 | 그물망머리 | 옷의변 | 아래물수 | | |

| | | | 6획 | | | |
|---|---|---|---|---|---|---|
| 竹 | 米 | 糸 | 缶 | 网 | 羊 | 羽 |
| 대 죽 | 쌀 미 | 실 사 | 장군 부 | 그물 망 | 양 양 | 깃 우 |
| 老 | 而 | 耒 | 耳 | 聿 | 肉 | 臣 |
| 늙을 로 | 말이을 이 | 가래 뢰 | 귀 이 | 붓 율 | 고기 육 | 신하 신 |
| 自 | 至 | 臼 | 舌 | 舛 | 舟 | 艮 |
| 스스로 자 | 이를 지 | 절구 구 | 혀 설 | 어그러질 천 | 배 주 | 괘이름 간 |
| 色 | 艸 | 虍 | 虫 | 血 | 行 | 衣 | 襾 |
| 빛 색 | 풀 초 | 범호엄 | 벌레 충/훼 | 피 혈 | 다닐 행 | 옷 의 | 덮을 아 |

| | | | 7획 | | | |
|---|---|---|---|---|---|---|
| 見 | 角 | 言 | 谷 | 豆 | 豕 | 豸 |
| 볼 견 | 뿔 각 | 말씀 언 | 골 곡 | 콩 두 | 돼지 시 | 갖은돼지시변 |
| 貝 | 赤 | 走 | 足 | 身 | 車 | 辛 |
| 조개 패 | 붉을 적 | 달릴 주 | 발 족 | 몸 신 | 수레 거/차 | 매울 신 |
| 辰 | 辵 | 邑 | 酉 | 采 | 里 | |
| 별 진 | 쉬엄쉬엄갈 착 | 고을 읍 | 닭 유 | 분별할 변 | 마을 리 | |

| | | | 8획 | | | |
|---|---|---|---|---|---|---|
| 金 | 長 | 門 | 阜 | 隶 | 隹 | 雨 |
| 쇠 금 | 길 장 | 문 문 | 언덕 부 | 미칠 이 | 새 추 | 비 우 |
| 靑 | 非 | | | | | |
| 푸를 청 | 아닐 비 | | | | | |

| 9획 | | | | | | |
|---|---|---|---|---|---|---|
| 面 | 革 | 韋 | 韭 | 音 | 頁 | 風 |
| 낯 면 | 가죽 혁 | 가죽 위 | 부추 구 | 소리 음 | 머리 혈 | 바람 풍 |
| 飛 | 食(飠) | 首 | 香 | | | |
| 날 비 | 밥 식(밥식변) | 머리 수 | 향기 향 | | | |

| 10획 | | | | | | | |
|---|---|---|---|---|---|---|---|
| 馬 | 骨 | 高 | 髟 | 鬥 | 鬯 | 鬲 | 鬼 |
| 말 마 | 뼈 골 | 높을 고 | 터럭 발 | 싸울 투 | 울창주 창 | 솥 력 | 귀신 귀 |

| 11획 | | | | | |
|---|---|---|---|---|---|
| 魚 | 鳥 | 鹵 | 鹿 | 麥 | 麻 |
| 물고기 어 | 새 조 | 소금밭 로 | 사슴 록 | 보리 맥 | 삼 마 |

| 12획 | | | | 13획 | | | |
|---|---|---|---|---|---|---|---|
| 黃 | 黍 | 黑 | 黹 | 黽 | 鼎 | 鼓 | 鼠 |
| 누를 황 | 기장 서 | 검을 흑 | 바느질할 치 | 맹꽁이 맹 | 솥 정 | 북 고 | 쥐 서 |

| 14획 | | 15획 | 16획 | | 17획 |
|---|---|---|---|---|---|
| 鼻 | 齊 | 齒 | 龍 | 龜 | 龠 |
| 코 비 | 가지런할 제 | 이 치 | 용 룡 | 거북 귀 | 피리 약 |

## 한자의 필순

필순(筆順)은 한자를 쓰는 순서, 즉 획(劃)을 말합니다. 필순에 따라 한자를 쓰면 글자 쓰기가 쉽고 빠르며, 모양도 올바르게 됩니다.

| 三 | 총 3획 |
|---|---|
| | 一 二 三 |
| 석 삼 | 예 三, 工, 言, 客, 花, 志 |

▶ 상하 구조일 때 위에서 아래로 쓴다.

| 川 | 총 3획 |
|---|---|
| | 丿 刂 川 |
| 내 천 | 예 川, 州, 外, 街, 到 |

▶ 좌우 구조일 때 왼쪽에서 오른쪽으로 쓴다.

| 小 | 총 3획 |
|---|---|
| | 丿 小 小 |
| 작을 소 | 예 小, 水, 山, 樂 |

▶ 좌우 대칭될 때는 가운데를 먼저 쓰고 왼쪽, 오른쪽의 순서로 쓴다.

| 十 | 총 2획 | | | | | |
|---|---|---|---|---|---|---|
| | 一 | 十 | | | | |
| 열 십 | 예 十, 木, 支, 干 | | | | | |

▶ 가로, 세로가 겹칠 때에는 가로획을 먼저 긋는다.

| 中 | 총 4획 | | | | | |
|---|---|---|---|---|---|---|
| | ㅣ | 口 | 口 | 中 | | |
| 가운데 중 | 예 中, 事, 手, 平 | | | | | |

▶ 가운데를 꿰뚫는 획은 나중에 긋는다.

| 女 | 총 3획 | | | | | |
|---|---|---|---|---|---|---|
| | 人 | 女 | 女 | | | |
| 여자 녀 | 예 每, 母, 子, 舟 | | | | | |

▶ 허리를 끊는 획은 나중에 긋는다.

| 道 | 총 13획 | | | | | | | | | | | |
|---|---|---|---|---|---|---|---|---|---|---|---|---|
| | 丶 | 丷 | 丷 | 首 | 首 | 首 | 首 | 首 | 首 | 渞 | 渞 | 道 |
| 길 도 | 예 道, 近, 建 | | | | | | | | | | | |

▶ 받침은 나중에 긋는다.

| 犬 | 총 4획 | | | | | |
|---|---|---|---|---|---|---|
| | 一 | 丆 | 大 | 犬 | | |
| 개 견 | 예 犬, 代, 成 | | | | | |

▶ 오른쪽 위의 점은 맨 마지막에 찍는다.

| 同 | 총 6획 | | | | | |
|---|---|---|---|---|---|---|
| | ㅣ | 冂 | 冂 | 同 | 同 | 同 |
| 같을 동 | 예 同, 固, 內, 因 | | | | | |

▶ 몸과 안이 있을 때는 몸부터 먼저 긋는다.

| 人 | 총 2획 | | | | | |
|---|---|---|---|---|---|---|
| | 丿 | 人 | | | | |
| 사람 인 | 예 人, 文, 六, 其 | | | | | |

▶ 삐침(丿)과 파임(乀)이 만나면 삐침을 먼저 쓴다.

| 有 | 총 6획 | | | | | |
|---|---|---|---|---|---|---|
| | 丿 | 丆 | 冇 | 冇 | 有 | 有 |
| 있을 유 | 예 希 | | | | | |

▶ 왼쪽의 삐침이 짧고 가로획이 길면 삐침을 먼저 쓴다.

| 友 | 총 4획 | | | | | |
|---|---|---|---|---|---|---|
| | 一 | 丆 | 友 | 友 | | |
| 벗 우 | 예 存 | | | | | |

▶ 왼쪽 삐침이 길고 가로획이 짧으면 가로획을 먼저 쓴다.

| 也 | 총 3획 | | | | | |
|---|---|---|---|---|---|---|
| | 乛 | 也 | 也 | | | |
| 어조사 야 | | | | | | |

▶ 아래를 여운 획은 나중에 쓴다.

## 한자의 짜임

한자는 처음엔 사물의 모양을 본떠 만들었으나, 생활 영역 확대, 인류 문화 발달에 따라 수많은 사물과 다양한 생각을 나타내기 위해 많은 수의 글자가 필요하게 되자 점차 다양한 방법을 통해 한자가 만들어 지게 되었습니다.

❶ **상형(象形) : 그림 한자**

눈에 보이는 구체적인 사물의 모양을 본떠서 만든 글자이다.

> 예시  日(날 일) : 둥근 해의 모양을 본떠 만든 글자, 木(나무 목) : 나무의 모양을 본떠 만든 글자

❷ **지사(指事) : 부호(기호) 한자**

눈에 보이지 않는 추상적인 사물의 개념이나 생각을 기호, 부호 등을 사용해 나타낸다.

> 예시  本(근본 본) : 나무의 아래에 표(一)를 붙여 근본이나 뿌리를 뜻함
>
> 久(오랠 구) : 엉덩이를 잡아끌고 오랫동안 놓지 않음

❸ **회의(會意)**

상형과 지사의 방법으로 이미 만들어진 두 글자 이상을 결합하되, 그 글자의 뜻을 모아 처음 두 글자 와는 다른 새로운 뜻을 가진 글자를 만드는 방법이다.

> 예시  林(수풀 림) → 木(나무 목)+木(나무 목) : 나무가 많이 있는 숲을 뜻하는 한자
>
> 孝(효도 효) → 老(늙을 로)+子(아들 자) : 아들이 부모를 머리 위에 받들고 있음을 뜻하는 한자

❹ **형성(形聲)**

이미 만들어진 두 개의 글자를 하나로 만들되, 한 글자는 소리(聲)를, 다른 한 글자는 뜻(形)을 나타 내도록 한다. 약 70%에 달하는 한자가 형성의 원리에 의해 만들어진다.

> 예시  洋(큰바다 양) → 水(물 수 - 뜻 부분)+羊(양 양 - 소리 부분)
>
> 聞(들을 문) → 門(문 문 - 소리 부분)+耳(귀 이 - 뜻 부분)

❺ **전주(轉注)**

한자의 원뜻이 유추 · 확대 · 변화되어 새로운 뜻으로 바뀌는 것인데, 뜻뿐만 아니라 음까지 바뀌는 경우도 있다.

> 예시  革(가죽 혁) : 원뜻은 가죽이나, 가죽의 털을 벗기면 훌륭한 모피로 변한다는 의미에서 '변 화'의 뜻으로 전용되어 改革(개혁), 革命(혁명) 등으로 쓰인다.
>
> 樂(풍류 악) : 원뜻은 '풍류'이고 음은 '악'이지만 '즐긴다'는 뜻일 때의 음은 '락', '좋아한다' 는 뜻일 때는 '요'이다.

❻ **가차(假借)**

한자의 원뜻과 소리에 상관없이 소리(음)만 빌려 사용하는 한자이다. 외국어 · 외래어 표기에 많이 사용하고, 의성어 · 의태어 같은 부사적 표현에 쓰인다.

> 예시  堂堂(당당 - 의태어) : 모습이 매우 씩씩한 모양
>
> 佛陀(불타 - 외래어) : 부다(Budda = 부처)를 한자로 표현

## 한자어의 구성 관계

두 자 이상의 한자가 결합하여 한 단위의 의미를 형성하는 것을 말한다.

**❶ 주술(主述) 관계**

'주어+서술어' 관계로 결합된 한자어

예시 日出(일출) : 해가 뜨다, 性急(성급) : 성질이 급하다

**❷ 술목(述目) 관계**

'서술어+목적어' 관계로 결합된 한자어

예시 讀書(독서) : 책을 읽다, 投票(투표) : 표를 던지다

**❸ 술보(述補) 관계**

'서술어+보어' 관계로 결합된 한자어

예시 登山(등산) : 산에 오르다, 歸家(귀가) : 집에 돌아가다

**❹ 수식(修飾) 관계**

'수식어+피수식어' 관계로 결합된 한자어

- 관형어+체언

  예시 落葉(낙엽) : 떨어지는 잎, 確答(확답) : 확실한 대답

- 부사어+용언

  예시 順從(순종) : 고분고분 따르다, 徐行(서행) : 천천히 가다

**❺ 병렬(竝列) 관계**

- 대립(對立) 관계

  예시 往來(왕래) : 가고 옴, 强弱(강약) : 강함과 약함

- 유사(類似) 관계

  예시 道路(도로) : 길, 出生(출생) : 사람이 태어남

- 대등(對等) 관계

  예시 父母(부모) : 아버지와 어머니, 富貴(부귀) : 재산이 많고 지위가 높음

- 첩어(疊語) 관계

  예시 年年(연년) : 해마다, 正正堂堂(정정당당) : 태도나 수단이 바르고 떳떳함

- 융합(融合) 관계

  예시 春秋(춘추) : 나이, 연세, 역사, 矛盾(모순) : 말이나 행동의 앞뒤가 서로 일치하지 않음

# 이 책의 목차 CONTENTS

# 제1편

## 9~2급 배정한자

**합격 Tip!**

총 130문항 중 한자 영역에서 50문항 출제!
9~2급 배정한자의 음과 뜻을 정확히 알아야 합격할 수 있다!

人無遠慮, 必有近憂.

"사람이 먼 앞날을 걱정하지 않으면 반드시 가까운 시일에 근심이 생긴다."

– 《논어》, 〈위령공(衛靈公)〉

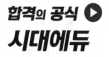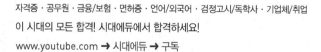

# 제 1 장 9~5급 배정한자

9~5급 한자
쪽지시험

| 家 | 街 | 可 | 歌 | 加 | 價 | 角 | 各 | 間 | 干 |
|---|---|---|---|---|---|---|---|---|---|
| 집 가 | 거리 가 | 옳을 가<br>허락할 가 | 노래 가 | 더할 가 | 값 가 | 뿔 각 | 각각 각<br>여러 각 | 사이 간 | 방패 간<br>줄기 간 |

| 感 | 江 | 强 | 改 | 個 | 開 | 客 | 去 | 車 | 擧 |
|---|---|---|---|---|---|---|---|---|---|
| 느낄 감 | 강 강 | 강할 강<br>힘쓸 강 | 고칠 개 | 낱 개 | 열 개 | 손 객<br>나그네 객 | 갈 거 | 수레 거/차 | 들 거 |

| 建 | 犬 | 見 | 決 | 結 | 京 | 景 | 經 | 敬 | 慶 |
|---|---|---|---|---|---|---|---|---|---|
| 세울 건<br>일으킬 건 | 개 견 | 볼 견<br>뵈올 현 | 결단할 결 | 맺을 결<br>마칠 결 | 서울 경 | 볕 경<br>경치 경 | 지날 경<br>글 경 | 공경 경<br>삼갈 경 | 경사 경 |

| 競 | 季 | 界 | 計 | 古 | 故 | 固 | 考 | 高 | 告 |
|---|---|---|---|---|---|---|---|---|---|
| 다툴 경<br>겨룰 경 | 계절 계 | 지경 계 | 셀 계 | 옛 고<br>오래될 고 | 연고 고<br>옛 고 | 굳을 고 | 생각할 고<br>살필 고 | 높을 고 | 고할 고<br>알릴 고 |

| 曲 | 谷 | 骨 | 工 | 功 | 空 | 共 | 公 | 果 | 課 |
|---|---|---|---|---|---|---|---|---|---|
| 굽을 곡<br>가락 곡 | 골 곡<br>곡식 곡 | 뼈 골 | 장인 공<br>솜씨 좋을 공 | 공 공 | 빌 공 | 한가지 공<br>함께 공 | 공평할 공 | 열매 과<br>과연 과 | 부과할 과<br>과정 과 |

| 科 | 過 | 官 | 觀 | 光 | 廣 | 交 | 校 | 敎 | 九 |
|---|---|---|---|---|---|---|---|---|---|
| 과목 과 | 지날 과<br>허물 과 | 벼슬 관<br>관가 관 | 볼 관<br>관념 관 | 빛 광<br>영화 광 | 넓을 광 | 사귈 교 | 학교 교 | 가르칠 교<br>종교 교 | 아홉 구 |

| 口 | 救 | 究 | 句 | 求 | 久 | 國 | 君 | 軍 | 郡 |
|---|---|---|---|---|---|---|---|---|---|
| 입 구 | 구원할 구 | 연구할 구<br>궁구할 구 | 글귀 구 | 구할 구 | 오랠 구 | 나라 국 | 임금 군 | 군사 군 | 고을 군 |

| 弓 | 權 | 貴 | 近 | 勤 | 根 | 金 | 今 | 禁 | 記 |
|---|---|---|---|---|---|---|---|---|---|
| 활 궁 | 권세 권 | 귀할 귀 | 가까울 근 | 부지런할 근<br>근무할 근 | 뿌리 근<br>근본 근 | 쇠 금<br>성씨 김 | 이제 금<br>오늘 금 | 금할 금 | 기록할 기 |

| 期 | 基 | 氣 | 技 | 己 | 起 | 其 | 吉 | 難 | 南 |
|---|---|---|---|---|---|---|---|---|---|
| 기약할 기<br>기간 기 | 터 기 | 기운 기 | 재주 기 | 몸 기<br>자기 기 | 일어날 기 | 그 기 | 길할 길 | 어려울 난 | 남녘 남 |

| 男 | 內 | 女 | 年 | 念 | 勞 | 農 | 能 | 多 | 單 |
|---|---|---|---|---|---|---|---|---|---|
| 사내 남 | 안 내 | 여자 녀 | 해 년<br>나이 년 | 생각 념 | 일할 노/로 | 농사 농 | 능할 능 | 많을 다 | 홑 단 |

| 短 | 丹 | 達 | 談 | 答 | 堂 | 大 | 對 | 代 | 德 |
|---|---|---|---|---|---|---|---|---|---|
| 짧을 단<br>허물 단 | 붉을 단 | 통달할 달<br>이를 달 | 말씀 담 | 대답할 답 | 집 당<br>당당할 당 | 큰 대 | 대할 대<br>대답할 대 | 대신할 대<br>대 대 | 덕 덕<br>큰 덕 |

| 到 | 度 | 道 | 島 | 都 | 刀 | 圖 | 獨 | 讀 | 同 |
|---|---|---|---|---|---|---|---|---|---|
| 이를 도 | 법도 도<br>정도 도 | 길 도<br>도리 도 | 섬 도 | 도읍 도 | 칼 도 | 그림 도<br>꾀할 도 | 홀로 독 | 읽을 독 | 한 가지 동<br>화할 동 |

| 洞 | 童 | 冬 | 東 | 動 | 頭 | 斗 | 豆 | 得 | 等 |
|---|---|---|---|---|---|---|---|---|---|
| 동네 동<br>골 동<br>밝을 통 | 아이 동<br>어린이 동 | 겨울 동 | 동녘 동 | 움직일 동 | 머리 두<br>우두머리 두 | 말 두 | 콩 두 | 얻을 득 | 무리 등<br>가지런할 등 |

| 登 | 落 | 樂 | 卵 | 來 | 冷 | 良 | 量 | 旅 | 力 |
|---|---|---|---|---|---|---|---|---|---|
| 오를 등 기재할 등 | 떨어질 락/낙 | 즐길 락 노래 악 좋아할 요 | 알 란 | 올 래 | 찰 랭 | 좋을 량 어질 량 | 헤아릴 량 용량 량 | 나그네 려 군대 려 | 힘 력 |

| 歷 | 連 | 列 | 令 | 例 | 禮 | 路 | 老 | 論 | 料 |
|---|---|---|---|---|---|---|---|---|---|
| 지날 력 | 잇닿을 련 | 벌일 렬 줄 렬 | 명령할 령 하여금 령 | 법식 례 보기 례 | 예도 례 | 길 로 | 늙을 로 | 논의할 론 논할 논 | 헤아릴 료 |

| 流 | 留 | 陸 | 律 | 里 | 理 | 利 | 林 | 立 | 馬 |
|---|---|---|---|---|---|---|---|---|---|
| 흐를 류 | 머무를 류 | 뭍 륙 | 법 률 절제할 률 | 마을 리 | 다스릴 리 이치 리 | 이로울 리 | 수풀 림 | 설 립 | 말 마 |

| 萬 | 滿 | 末 | 望 | 亡 | 每 | 賣 | 勉 | 面 | 名 |
|---|---|---|---|---|---|---|---|---|---|
| 일만 만 | 찰 만 풍족할 만 | 끝 말 | 바랄 망 | 망할 망 | 매양 매 | 팔 매 | 힘쓸 면 부지런할 면 | 낯 면 얼굴 면 | 이름 명 |

| 命 | 明 | 母 | 毛 | 木 | 目 | 武 | 務 | 無 | 舞 |
|---|---|---|---|---|---|---|---|---|---|
| 목숨 명 명령할 명 | 밝을 명 | 어머니 모 | 터럭 모 | 나무 목 | 눈 목 | 굳셀 무 호반 무 | 힘쓸 무 일 무 | 없을 무 | 춤출 무 |

| 門 | 問 | 聞 | 文 | 物 | 美 | 米 | 未 | 味 | 民 |
|---|---|---|---|---|---|---|---|---|---|
| 문 문 | 물을 문 | 들을 문 | 글월 문 | 물건 물 | 아름다울 미 | 쌀 미 | 아닐 미 | 맛 미 | 백성 민 |

| 密 | 反 | 半 | 發 | 方 | 放 | 訪 | 防 | 拜 | 白 |
|---|---|---|---|---|---|---|---|---|---|
| 빽빽할 밀 비밀할 밀 친할 밀 | 돌이킬 반 | 반 반 | 필 발 쏠 발 나타날 발 | 모 방 본뜰 방 | 놓을 방 | 찾을 방 | 막을 방 | 절 배 공경할 배 | 흰 백 말할 백 |

| 百 | 番 | 法 | 變 | 別 | 病 | 兵 | 保 | 步 | 報 |
|---|---|---|---|---|---|---|---|---|---|
| 일백 백 | 차례 번 | 법 법 | 변할 변 | 나눌 별<br>다를 별 | 병 병 | 군사 병 | 지킬 보 | 걸음 보 | 갚을 보<br>알릴 보 |

| 福 | 服 | 復 | 本 | 奉 | 夫 | 父 | 富 | 婦 | 北 |
|---|---|---|---|---|---|---|---|---|---|
| 복 복 | 옷 복<br>일 복<br>다스릴 복 | 다시 부<br>회복할 복 | 근본 본 | 받들 봉 | 지아비 부<br>사나이 부 | 아비 부 | 부유할 부 | 며느리 부<br>아내 부 | 북녘 북<br>달아날 배 |

| 分 | 不 | 比 | 非 | 備 | 飛 | 氷 | 四 | 士 | 史 |
|---|---|---|---|---|---|---|---|---|---|
| 나눌 분<br>신분 분 | 아닐 불/부 | 견줄 비 | 아닐 비 | 갖출 비 | 날 비 | 얼음 빙 | 넉 사 | 선비 사 | 역사 사<br>사기 사 |

| 師 | 死 | 思 | 事 | 仕 | 使 | 寺 | 射 | 山 | 産 |
|---|---|---|---|---|---|---|---|---|---|
| 스승 사<br>군사 사 | 죽을 사 | 생각 사 | 일 사<br>섬길 사 | 섬길 사<br>벼슬 사 | 하여금 사<br>부릴 사 | 절 사 | 쏠 사 | 뫼 산<br>메 산 | 낳을 산<br>재산 산 |

| 算 | 殺 | 三 | 上 | 尙 | 賞 | 商 | 相 | 想 | 色 |
|---|---|---|---|---|---|---|---|---|---|
| 셈 산 | 죽일 살<br>빠를 쇄 | 석 삼 | 윗 상<br>오를 상 | 오히려 상<br>숭상할 상 | 상줄 상 | 장사 상<br>헤아릴 상 | 서로 상<br>재상 상 | 생각 상 | 빛 색 |

| 生 | 西 | 序 | 書 | 夕 | 石 | 席 | 先 | 線 | 善 |
|---|---|---|---|---|---|---|---|---|---|
| 날 생<br>자랄 생 | 서녘 서 | 차례 서<br>실마리 서 | 글 서<br>문서 서 | 저녁 석 | 돌 석 | 자리 석 | 먼저 선<br>앞설 선 | 줄 선 | 착할 선 |

| 選 | 鮮 | 船 | 仙 | 雪 | 說 | 設 | 姓 | 性 | 成 |
|---|---|---|---|---|---|---|---|---|---|
| 가릴 선 | 고울 선<br>생선 선 | 배 선 | 신선 선 | 눈 설 | 말씀 설<br>달랠 세 | 베풀 설 | 성씨 성 | 성품 성 | 이룰 성 |

| 城 | 省 | 星 | 誠 | 聲 | 世 | 洗 | 勢 | 歲 | 小 |
|---|---|---|---|---|---|---|---|---|---|
| 성 성<br>재 성 | 살필 성<br>덜 생 | 별 성 | 정성 성 | 소리 성<br>명예 성 | 인간 세<br>대 세 | 씻을 세 | 형세 세 | 해 세 | 작을 소 |

| 少 | 所 | 消 | 素 | 俗 | 速 | 孫 | 送 | 水 | 手 |
|---|---|---|---|---|---|---|---|---|---|
| 적을 소<br>젊을 소 | 바 소<br>곳 소 | 사라질 소 | 본디 소<br>흴 소 | 풍속 속 | 빠를 속 | 손자 손<br>자손 손 | 보낼 송 | 물 수 | 손 수 |

| 受 | 授 | 守 | 收 | 數 | 首 | 順 | 習 | 勝 | 市 |
|---|---|---|---|---|---|---|---|---|---|
| 받을 수 | 줄 수 | 지킬 수 | 거둘 수 | 셈 수<br>자주 삭 | 머리 수<br>우두머리 수 | 순할 순<br>순종할 순 | 익힐 습 | 이길 승 | 저자 시 |

| 示 | 是 | 時 | 詩 | 視 | 始 | 施 | 食 | 植 | 識 |
|---|---|---|---|---|---|---|---|---|---|
| 보일 시<br>지시할 시 | 옳을 시<br>이 시 | 때 시<br>철 시 | 시 시 | 볼 시 | 처음 시<br>비로소 시 | 베풀 시 | 먹을 식<br>밥 식 | 심을 식<br>식물 식 | 알 식<br>적을 지 |

| 式 | 身 | 神 | 臣 | 信 | 新 | 失 | 室 | 實 | 心 |
|---|---|---|---|---|---|---|---|---|---|
| 법 식<br>예식 식 | 몸 신 | 귀신 신<br>정신 신 | 신하 신 | 믿을 신<br>편지 신 | 새 신 | 잃을 실<br>그르칠 실 | 집 실 | 열매 실<br>사실 실 | 마음 심 |

| 十 | 氏 | 兒 | 安 | 案 | 愛 | 夜 | 野 | 約 | 藥 |
|---|---|---|---|---|---|---|---|---|---|
| 열 십 | 성씨 씨 | 아이 아 | 편안 안 | 책상 안<br>생각 안 | 사랑 애 | 밤 야 | 들 야 | 맺을 약 | 약 약 |

| 弱 | 若 | 羊 | 洋 | 養 | 陽 | 兩 | 魚 | 語 | 漁 |
|---|---|---|---|---|---|---|---|---|---|
| 약할 약 | 같을 약<br>반야 야 | 양 양 | 큰 바다 양<br>서양 양 | 기를 양 | 볕 양 | 두 양/량 | 물고기 어 | 말씀 어 | 고기 잡을 어 |

| 言 | 業 | 易 | 逆 | 然 | 研 | 熱 | 永 | 英 | 榮 |
|---|---|---|---|---|---|---|---|---|---|
| 말씀 언 | 업 업 | 바꿀 역<br>쉬울 이 | 거스를 역 | 그럴 연<br>불탈 연 | 갈 연<br>벼루 연<br>연구할 연 | 더울 열 | 길 영 | 꽃부리 영<br>뛰어날 영 | 영화로울 영<br>꽃 영 |

| 藝 | 五 | 午 | 烏 | 玉 | 屋 | 溫 | 完 | 王 | 往 |
|---|---|---|---|---|---|---|---|---|---|
| 재주 예 | 다섯 오 | 낮 오 | 까마귀 오 | 구슬 옥 | 집 옥 | 따뜻할 온 | 완전할 완 | 임금 왕 | 갈 왕 |

| 外 | 要 | 浴 | 用 | 勇 | 容 | 右 | 牛 | 友 | 雨 |
|---|---|---|---|---|---|---|---|---|---|
| 바깥 외 | 요긴할 요 | 목욕할 욕 | 쓸 용 | 날랠 용<br>용감할 용 | 얼굴 용<br>용서할 용 | 오른쪽 우 | 소 우 | 벗 우 | 비 우 |

| 宇 | 雲 | 運 | 雄 | 元 | 原 | 遠 | 園 | 願 | 月 |
|---|---|---|---|---|---|---|---|---|---|
| 집 우 | 구름 운 | 옮길 운 | 수컷 웅<br>뛰어날 웅 | 으뜸 원 | 근원 원<br>언덕 원 | 멀 원 | 동산 원 | 원할 원 | 달 월 |

| 位 | 爲 | 由 | 油 | 有 | 遺 | 肉 | 育 | 六 | 恩 |
|---|---|---|---|---|---|---|---|---|---|
| 자리 위<br>신분 위 | 할 위 | 말미암을 유 | 기름 유 | 있을 유 | 남길 유<br>따를 수 | 고기 육 | 기를 육 | 여섯 육 | 은혜 은 |

| 銀 | 飮 | 音 | 邑 | 應 | 衣 | 義 | 議 | 醫 | 意 |
|---|---|---|---|---|---|---|---|---|---|
| 은 은 | 마실 음 | 소리 음 | 고을 읍 | 응할 응 | 옷 의 | 옳을 의 | 의논할 의 | 의원 의 | 뜻 의 |

| 二 | 耳 | 移 | 以 | 益 | 人 | 因 | 引 | 仁 | 一 |
|---|---|---|---|---|---|---|---|---|---|
| 두 이 | 귀 이 | 옮길 이 | 써 이 | 더할 익<br>유익할 익 | 사람 인 | 인할 인<br>까닭 인 | 끌 인 | 어질 인 | 한 일<br>첫째 일 |

| 日 | 入 | 子 | 字 | 自 | 者 | 作 | 將 | 長 | 場 |
|---|---|---|---|---|---|---|---|---|---|
| 날 일<br>해 일 | 들 입 | 아들 자<br>사람 자 | 글자 자 | 스스로 자<br>자기 자 | 놈 자 | 지을 작 | 장수 장<br>장차 장 | 길 장<br>어른 장 | 마당 장 |

| 章 | 材 | 財 | 在 | 再 | 才 | 爭 | 貯 | 的 | 田 |
|---|---|---|---|---|---|---|---|---|---|
| 글 장<br>무늬 장 | 재목 재<br>재능 재 | 재물 재 | 있을 재 | 두 재<br>거듭 재 | 재주 재 | 다툴 쟁 | 쌓을 저<br>저축할 저 | 과녁 적 | 밭 전 |

| 全 | 前 | 展 | 電 | 傳 | 典 | 戰 | 節 | 絶 | 店 |
|---|---|---|---|---|---|---|---|---|---|
| 온전할 전 | 앞 전 | 펼 전 | 번개 전 | 전할 전 | 법 전<br>법식 전 | 싸움 전 | 마디 절<br>절기 절 | 끊을 절 | 가게 점 |

| 接 | 正 | 政 | 定 | 情 | 庭 | 精 | 弟 | 題 | 製 |
|---|---|---|---|---|---|---|---|---|---|
| 이을 접 | 바를 정 | 정사 정<br>다스릴 정 | 정할 정 | 뜻 정 | 뜰 정 | 깨끗할 정<br>찧을 정<br>정할 정 | 아우 제 | 제목 제 | 지을 제 |

| 第 | 帝 | 早 | 造 | 鳥 | 調 | 朝 | 助 | 祖 | 兆 |
|---|---|---|---|---|---|---|---|---|---|
| 차례 제 | 임금 제 | 이를 조 | 지을 조 | 새 조 | 고를 조 | 아침 조 | 도울 조 | 조상 조 | 조짐 조<br>조 조 |

| 足 | 族 | 存 | 卒 | 種 | 宗 | 左 | 罪 | 主 | 注 |
|---|---|---|---|---|---|---|---|---|---|
| 발 족 | 겨레 족 | 있을 존 | 군사 졸<br>마칠 졸 | 씨 종<br>종류 종 | 마루 종<br>사당 종 | 왼 좌 | 허물 죄 | 주인 주<br>임금 주 | 부을 주 |

| 住 | 晝 | 走 | 宙 | 竹 | 中 | 衆 | 重 | 增 | 止 |
|---|---|---|---|---|---|---|---|---|---|
| 살 주 | 낮 주 | 달릴 주 | 집 주 | 대 죽<br>대나무 죽 | 가운데 중<br>맞을 중 | 무리 중 | 무거울 중 | 더할 증 | 그칠 지<br>머무를 지 |

| 知 | 地 | 指 | 支 | 志 | 至 | 紙 | 直 | 眞 | 進 |
|---|---|---|---|---|---|---|---|---|---|
| 알 지 | 땅 지 | 가리킬 지<br>손가락 지 | 지탱할 지 | 뜻 지 | 이를 지 | 종이 지 | 곧을 직<br>바로 직 | 참 진 | 나아갈 진 |

| 質 | 集 | 次 | 着 | 察 | 參 | 唱 | 窓 | 責 | 冊 |
|---|---|---|---|---|---|---|---|---|---|
| 바탕 질 | 모을 집 | 버금 차 | 붙을 착<br>이를 착 | 살필 찰 | 참여할 참<br>석 삼 | 부를 창 | 창문 창 | 꾸짖을 책<br>책임 책<br>빚 채 | 책 책 |

| 處 | 千 | 天 | 川 | 靑 | 淸 | 體 | 初 | 草 | 村 |
|---|---|---|---|---|---|---|---|---|---|
| 곳 처 | 일천 천 | 하늘 천 | 내 천 | 푸를 청 | 맑을 청 | 몸 체 | 처음 초 | 풀 초 | 마을 촌 |

| 寸 | 最 | 秋 | 追 | 祝 | 春 | 出 | 充 | 忠 | 蟲 |
|---|---|---|---|---|---|---|---|---|---|
| 마디 촌 | 가장 최 | 가을 추 | 쫓을 추<br>따를 추 | 빌 축 | 봄 춘 | 날 출 | 채울 충 | 충성 충 | 벌레 충 |

| 取 | 治 | 致 | 齒 | 則 | 親 | 七 | 快 | 打 | 太 |
|---|---|---|---|---|---|---|---|---|---|
| 가질 취 | 다스릴 치 | 이를 치 | 이 치<br>나이 치 | 법칙 칙<br>곧 즉 | 친할 친 | 일곱 칠 | 쾌할 쾌 | 칠 타 | 클 태 |

| 宅 | 土 | 通 | 統 | 退 | 特 | 波 | 判 | 八 | 敗 |
|---|---|---|---|---|---|---|---|---|---|
| 집 택<br>댁 댁 | 흙 토 | 통할 통 | 거느릴 통 | 물러날 퇴 | 특별할 특 | 물결 파 | 판단할 판 | 여덟 팔 | 패할 패 |

| 貝 | 便 | 片 | 平 | 表 | 品 | 風 | 豐 | 皮 | 必 |
|---|---|---|---|---|---|---|---|---|---|
| 조개 패 | 편할 편<br>똥오줌 변 | 조각 편 | 평평할 평<br>다스릴 편 | 겉 표 | 물건 품 | 바람 풍<br>풍속 풍 | 풍년 풍 | 가죽 피 | 반드시 필 |

| 筆 | 下 | 夏 | 河 | 學 | 韓 | 漢 | 限 | 合 | 海 |
|---|---|---|---|---|---|---|---|---|---|
| 붓 필<br>글씨 필 | 아래 하 | 여름 하 | 물 하<br>강 하 | 배울 학 | 나라 이름 한 | 한수 한<br>한나라 한 | 한정할 한 | 합할 합 | 바다 해 |

| 解 | 害 | 行 | 幸 | 香 | 鄕 | 向 | 革 | 現 | 血 |
|---|---|---|---|---|---|---|---|---|---|
| 풀 해 | 해칠 해 | 다닐 행<br>항렬 항 | 다행 행 | 향기 향 | 시골 향 | 향할 향 | 가죽 혁<br>고칠 혁 | 나타날 현 | 피 혈 |

| 協 | 兄 | 形 | 惠 | 好 | 號 | 湖 | 虎 | 婚 | 火 |
|---|---|---|---|---|---|---|---|---|---|
| 화합할 협 | 형 형 | 모양 형 | 은혜 혜 | 좋을 호 | 부르짖을 호<br>이름 호 | 호수 호 | 범 호 | 혼인할 혼 | 불 화 |

| 化 | 花 | 和 | 話 | 貨 | 畫 | 患 | 活 | 黃 | 皇 |
|---|---|---|---|---|---|---|---|---|---|
| 될 화 | 꽃 화 | 화할 화 | 말씀 화 | 재물 화 | 그림 화 | 근심 환 | 살 활 | 누를 황 | 임금 황 |

| 回 | 會 | 孝 | 效 | 後 | 訓 | 休 | 凶 | 興 | 希 |
|---|---|---|---|---|---|---|---|---|---|
| 돌아올 회 | 모일 회 | 효도 효 | 본받을 효<br>효과 효 | 뒤 후 | 가르칠 훈 | 쉴 휴 | 흉할 흉 | 일 흥 | 바랄 희 |

# 제2장 4급 배정한자

4급 한자 쪽지시험

| 佳 | 假 | 脚 | 看 | 渴 | 減 | 甘 | 敢 | 甲 | 降 |
|---|---|---|---|---|---|---|---|---|---|
| 아름다울 가 | 거짓 가<br>빌릴 가 | 다리 각 | 볼 간 | 목마를 갈 | 덜 감 | 달 감 | 감히 감 | 갑옷 갑 | 내릴 강<br>항복할 항 |

| 講 | 皆 | 更 | 居 | 巨 | 乾 | 堅 | 潔 | 庚 | 耕 |
|---|---|---|---|---|---|---|---|---|---|
| 외울 강 | 다 개 | 다시 갱<br>고칠 경 | 살 거 | 클 거 | 하늘 건<br>마를 건 | 굳을 견 | 깨끗할 결 | 별 경<br>나이 경 | 밭갈 경 |

| 驚 | 輕 | 溪 | 鷄 | 癸 | 苦 | 穀 | 困 | 坤 | 關 |
|---|---|---|---|---|---|---|---|---|---|
| 놀랄 경 | 가벼울 경 | 시내 계 | 닭 계 | 북방 계 | 쓸 고 | 곡식 곡 | 곤할 곤 | 땅 곤 | 관계할 관 |

| 橋 | 舊 | 卷 | 勸 | 歸 | 均 | 極 | 急 | 及 | 給 |
|---|---|---|---|---|---|---|---|---|---|
| 다리 교 | 옛 구 | 책 권 | 권할 권 | 돌아갈 귀 | 고를 균 | 극진할 극<br>다할 극 | 급할 급 | 미칠 급 | 줄 급 |

| 幾 | 旣 | 暖 | 乃 | 怒 | 端 | 但 | 當 | 待 | 徒 |
|---|---|---|---|---|---|---|---|---|---|
| 몇 기 | 이미 기 | 따뜻할 난 | 이에 내 | 성낼 노 | 끝 단 | 다만 단<br>거짓 탄 | 마땅 당 | 기다릴 대 | 무리 도<br>헛되이 도 |

| 燈 | 浪 | 郎 | 涼 | 練 | 烈 | 領 | 露 | 綠 | 柳 |
|---|---|---|---|---|---|---|---|---|---|
| 등잔 등 | 물결 랑 | 사내 랑 | 서늘할 량 | 익힐 련 | 매울 렬 | 거느릴 령 | 이슬 로 | 푸를 록 | 버들 류 |

| 倫 | 李 | 莫 | 晚 | 忙 | 忘 | 妹 | 買 | 麥 | 免 |
|---|---|---|---|---|---|---|---|---|---|
| 인륜 륜 | 오얏 리<br>성씨 리 | 없을 막 | 늦을 만 | 바쁠 망 | 잊을 망 | 누이 매 | 살 매 | 보리 맥 | 면할 면 |

| 眠 | 鳴 | 暮 | 卯 | 妙 | 戊 | 茂 | 墨 | 勿 | 尾 |
|---|---|---|---|---|---|---|---|---|---|
| 잘 면 | 울 명 | 저물 모 | 토끼묘<br>넷째 지지묘 | 묘할 묘 | 천간 무 | 무성할 무 | 먹 묵 | 말 물 | 꼬리 미 |

| 朴 | 飯 | 房 | 杯 | 伐 | 凡 | 丙 | 伏 | 逢 | 扶 |
|---|---|---|---|---|---|---|---|---|---|
| 성씨 박<br>순박할 박 | 밥 반 | 방 방 | 잔 배 | 칠 벌 | 무릇 범 | 남녘 병 | 엎드릴 복 | 만날 봉 | 도울 부 |

| 否 | 部 | 浮 | 佛 | 朋 | 悲 | 鼻 | 貧 | 私 | 謝 |
|---|---|---|---|---|---|---|---|---|---|
| 아닐 부 | 때 부<br>나눌 부<br>거느릴 부 | 뜰 부 | 부처 불 | 벗 붕 | 슬플 비 | 코 비 | 가난할 빈 | 사사로울 사 | 사례할 사 |

| 舍 | 巳 | 絲 | 散 | 常 | 霜 | 傷 | 喪 | 暑 | 昔 |
|---|---|---|---|---|---|---|---|---|---|
| 집 사 | 뱀 사 | 실 사 | 흩을 산 | 떳떳할 상<br>항상 상 | 서리 상 | 다칠 상 | 잃을 상 | 더울 서 | 옛 석<br>섞일 착 |

| 惜 | 舌 | 盛 | 聖 | 稅 | 細 | 笑 | 續 | 松 | 修 |
|---|---|---|---|---|---|---|---|---|---|
| 아낄 석 | 혀 설 | 성할 성 | 성인 성 | 세금 세 | 가늘 세 | 웃음 소 | 이을 속 | 소나무 송 | 닦을 수 |

| 樹 | 愁 | 壽 | 秀 | 誰 | 雖 | 須 | 叔 | 宿 | 淑 |
|---|---|---|---|---|---|---|---|---|---|
| 나무 수 | 근심 수 | 목숨 수 | 빼어날 수 | 누구 수 | 비록 수 | 모름지기 수 | 아저씨 숙 | 잘 숙 | 맑을 숙 |

| 純 | 戌 | 崇 | 拾 | 乘 | 承 | 試 | 申 | 辛 | 甚 |
|---|---|---|---|---|---|---|---|---|---|
| 순수할 순 | 개 술 | 높을 숭 | 주울 습<br>열 십 | 탈 승 | 이을 승 | 시험 시 | 거듭 신<br>펼 신 | 매울 신 | 심할 심 |

| 深 | 我 | 惡 | 眼 | 顏 | 巖 | 暗 | 仰 | 哀 | 也 |
|---|---|---|---|---|---|---|---|---|---|
| 깊을 심 | 나 아 | 악할 악<br>미워할 오 | 눈 안 | 얼굴 안 | 바위 암 | 어두울 암 | 우러를 앙 | 슬플 애 | 어조사 야 |

| 讓 | 揚 | 於 | 憶 | 億 | 嚴 | 餘 | 與 | 余 | 汝 |
|---|---|---|---|---|---|---|---|---|---|
| 사양할 양 | 날릴 양 | 어조사 어 | 생각할 억 | 억 억 | 엄할 엄 | 남을 여 | 더불 여<br>줄 여 | 나 여 | 너 여 |

| 如 | 亦 | 煙 | 悅 | 炎 | 葉 | 迎 | 吾 | 悟 | 誤 |
|---|---|---|---|---|---|---|---|---|---|
| 같을 여 | 또 역 | 연기 연 | 기쁠 열 | 불꽃 염 | 잎 엽 | 맞을 영 | 나 오 | 깨달을 오 | 그르칠 오 |

| 瓦 | 臥 | 曰 | 欲 | 于 | 憂 | 又 | 尤 | 遇 | 云 |
|---|---|---|---|---|---|---|---|---|---|
| 기와 와 | 누울 와 | 가로 왈 | 하고자할 욕 | 어조사 우 | 근심 우 | 또 우 | 더욱 우 | 만날 우 | 이를 운 |

| 怨 | 圓 | 危 | 偉 | 威 | 酉 | 猶 | 唯 | 遊 | 柔 |
|---|---|---|---|---|---|---|---|---|---|
| 원망할 원 | 둥글 원 | 위태할 위 | 클 위 | 위엄 위 | 닭 유 | 오히려 유 | 오직 유 | 놀 유 | 부드러울 유 |

| 幼 | 乙 | 吟 | 陰 | 泣 | 依 | 矣 | 已 | 而 | 異 |
|---|---|---|---|---|---|---|---|---|---|
| 어릴 유 | 새 을 | 읊을 음 | 그늘 음 | 울 읍 | 의지할 의 | 어조사 의 | 이미 이 | 말이을 이 | 다를 이 |

| 忍 | 寅 | 印 | 認 | 壬 | 慈 | 姊 | 昨 | 壯 | 栽 |
|---|---|---|---|---|---|---|---|---|---|
| 참을 인 | 범 인 | 도장 인 | 알 인 | 북방 임 | 사랑 자 | 손위 누이 자 | 어제 작 | 장할 장 | 심을 재 |

| 哉 | 著 | 低 | 敵 | 適 | 赤 | 錢 | 丁 | 頂 | 停 |
|---|---|---|---|---|---|---|---|---|---|
| 어조사 재 | 나타날 저 | 낮을 저 | 대적할 적 | 맞을 적 | 붉을 적 | 돈 전 | 고무래 정 | 정수리 정 | 머무를 정 |

| 井 | 貞 | 靜 | 淨 | 除 | 祭 | 諸 | 尊 | 從 | 終 |
|---|---|---|---|---|---|---|---|---|---|
| 우물 정 | 곧을 정 | 고요할 정 | 깨끗할 정 | 덜 제 | 제사 제 | 모두 제 | 높을 존 | 좇을 종 | 마칠 종 |

| 鐘 | 坐 | 酒 | 朱 | 卽 | 曾 | 證 | 只 | 枝 | 持 |
|---|---|---|---|---|---|---|---|---|---|
| 쇠북 종 | 앉을 좌 | 술 주 | 붉을 주 | 곧 즉 | 일찍 증 | 증거 증 | 다만 지 | 가지 지 | 가질 지<br>유지할 지 |

| 之 | 辰 | 盡 | 執 | 此 | 借 | 且 | 昌 | 採 | 菜 |
|---|---|---|---|---|---|---|---|---|---|
| 갈 지 | 별 진<br>때 신 | 다할 진 | 잡을 집 | 이 차 | 빌릴 차 | 또 차 | 창성할 창 | 캘 채 | 나물 채 |

| 妻 | 尺 | 淺 | 泉 | 鐵 | 聽 | 晴 | 請 | 招 | 推 |
|---|---|---|---|---|---|---|---|---|---|
| 아내 처 | 자 척 | 얕을 천 | 샘 천 | 쇠 철 | 들을 청 | 갤 청 | 청할 청 | 부를 초 | 밀 추/퇴 |

| 丑 | 就 | 吹 | 針 | 他 | 脫 | 探 | 泰 | 投 | 破 |
|---|---|---|---|---|---|---|---|---|---|
| 소 축 | 나아갈 취 | 불 취 | 바늘 침 | 다를 타 | 벗을 탈 | 찾을 탐 | 클 태 | 던질 투 | 깨뜨릴 파 |

| 篇 | 閉 | 布 | 抱 | 暴 | 彼 | 匹 | 何 | 賀 | 寒 |
|---|---|---|---|---|---|---|---|---|---|
| 책 편 | 닫을 폐 | 펼 포<br>베 포<br>보시 보 | 안을 포 | 사나울 폭/포<br>쬘 폭 | 저 피 | 짝 필 | 어찌 하 | 하례할 하 | 찰 한 |

| 恨 | 閑 | 恒 | 亥 | 虛 | 許 | 賢 | 刑 | 乎 | 戶 |
|---|---|---|---|---|---|---|---|---|---|
| 한 한 | 한가할 한 | 항상 항 | 돼지 해 | 빌 허 | 허락할 허 | 어질 현 | 형벌 형 | 어조사 호 | 집 호<br>지게 호 |

| 呼 | 或 | 混 | 紅 | 華 | 歡 | 厚 | 胸 | 黑 | 喜 |
|---|---|---|---|---|---|---|---|---|---|
| 부를 호 | 혹시 혹 | 섞을 혼 | 붉을 홍 | 빛날 화 | 기쁠 환 | 두터울 후 | 가슴 흉 | 검을 흑 | 기쁠 희 |

3급 한자
쪽지시험

| 暇 | 架 | 覺 | 刻 | 却 | 閣 | 簡 | 刊 | 肝 | 姦 |
|---|---|---|---|---|---|---|---|---|---|
| 겨를 가 틈 가 | 시렁 가 | 깨달을 각 | 새길 각 | 물리칠 각 | 집 각 내각 각 | 대쪽 간 편지 간 간략할 간 | 새길 간 책 펴낼 간 | 간 간 | 간음할 간 |

| 幹 | 懇 | 鑑 | 監 | 康 | 剛 | 鋼 | 綱 | 介 | 慨 |
|---|---|---|---|---|---|---|---|---|---|
| 줄기 간 주관할 관 | 간절할 간 정성 간 | 거울 감 살필 감 | 볼 감 | 편안 강 | 굳셀 강 | 강철 강 | 벼리 강 | 낄 개 | 슬퍼할 개 분개할 개 |

| 槪 | 蓋 | 距 | 拒 | 據 | 健 | 件 | 傑 | 乞 | 儉 |
|---|---|---|---|---|---|---|---|---|---|
| 대개 개 절개 개 | 덮을 개 대개 개 | 떨어질 거 상거할 거 | 막을 거 | 근거 거 의지할 거 | 굳셀 건 건강할 건 | 물건 건 사건 건 | 뛰어날 걸 | 빌 걸 | 검소할 검 |

| 劍 | 檢 | 格 | 擊 | 激 | 隔 | 絹 | 肩 | 遣 | 牽 |
|---|---|---|---|---|---|---|---|---|---|
| 칼 검 | 검사할 검 | 격식 격 | 칠 격 마주칠 격 | 격할 격 | 사이 뜰 격 | 비단 견 | 어깨 견 | 보낼 견 | 끌 견 |

| 缺 | 兼 | 謙 | 竟 | 境 | 鏡 | 頃 | 傾 | 硬 | 警 |
|---|---|---|---|---|---|---|---|---|---|
| 이지러질 결 모자랄 결 | 겸할 겸 | 겸손할 겸 사양할 겸 | 마침내 경 다할 경 | 지경 경 경계 경 | 거울 경 | 잠깐 경 반걸음 규 | 기울 경 | 굳을 경 | 경계할 경 깨우칠 경 |

| 徑 | 卿 | 系 | 係 | 戒 | 械 | 繼 | 契 | 桂 | 啓 |
|---|---|---|---|---|---|---|---|---|---|
| 지름길 경 길 경 | 벼슬 경 | 이을 계 맬 계 | 맬 계 | 경계할 계 | 기계 계 틀 계 | 이을 계 | 맺을 계 | 계수나무 계 | 열 계 인도할 계 |

| 階 | 繫 | 枯 | 姑 | 庫 | 孤 | 鼓 | 稿 | 顧 | 哭 |
|---|---|---|---|---|---|---|---|---|---|
| 섬돌 계<br>계단 계 | 맬 계 | 마를 고 | 시어미 고 | 곳집 고 | 외로울 고<br>부모 없을 고 | 북 고<br>두드릴 고 | 원고 고 | 돌아볼 고<br>생각할 고 | 울 곡 |

| 孔 | 供 | 恭 | 攻 | 恐 | 貢 | 寡 | 誇 | 郭 | 館 |
|---|---|---|---|---|---|---|---|---|---|
| 구멍 공<br>매우 공 | 이바지할 공 | 공손할 공 | 칠 공<br>닦을 공 | 두려울 공 | 바칠 공 | 적을 과<br>과부 과 | 자랑할 과 | 외성 곽<br>둘레 곽 | 집 관 |

| 管 | 貫 | 慣 | 冠 | 寬 | 鑛 | 狂 | 掛 | 塊 | 愧 |
|---|---|---|---|---|---|---|---|---|---|
| 대롱 관<br>주관할 관 | 꿸 관 | 익숙할 관 | 갓 관<br>우두머리 관 | 너그러울 관 | 쇳돌 광<br>광석 광 | 미칠 광 | 걸 괘 | 덩어리 괴<br>흙덩이 괴 | 부끄러울 괴 |

| 怪 | 壞 | 郊 | 較 | 巧 | 矯 | 丘 | 俱 | 懼 | 狗 |
|---|---|---|---|---|---|---|---|---|---|
| 괴이할 괴 | 무너질 괴 | 들 교<br>교외 교 | 비교할 교 | 공교할 교<br>교묘할 교 | 바로잡을 교 | 언덕 구<br>무덤 구 | 함께 구<br>갖출 구 | 두려워할 구<br>조심할 구 | 개 구 |

| 龜 | 驅 | 構 | 具 | 區 | 拘 | 球 | 苟 | 菊 | 局 |
|---|---|---|---|---|---|---|---|---|---|
| 땅 이름 구<br>거북 귀<br>터질 균 | 몰 구 | 얽을 구 | 갖출 구 | 구역 구<br>구분할 구 | 잡을 구 | 공 구 | 진실로 구<br>구차할 구 | 국화 국 | 판 국 |

| 群 | 屈 | 窮 | 宮 | 券 | 拳 | 厥 | 軌 | 鬼 | 規 |
|---|---|---|---|---|---|---|---|---|---|
| 무리 군 | 굽힐 굴 | 다할 궁<br>궁할 궁 | 집 궁 | 문서 권 | 주먹 권 | 그 궐 | 바퀴자국 궤 | 귀신 귀 | 법 규 |

| 叫 | 糾 | 菌 | 克 | 劇 | 斤 | 僅 | 謹 | 琴 | 禽 |
|---|---|---|---|---|---|---|---|---|---|
| 부르짖을 규<br>울 규 | 얽힐 규<br>모을 규 | 버섯 균<br>세균 균 | 이길 극 | 심할 극<br>연극 극 | 근 근<br>도끼 근 | 겨우 근<br>적을 근 | 삼갈 근 | 거문고 금 | 새 금<br>사로잡을 금 |

| 錦 | 級 | 肯 | 忌 | 棄 | 祈 | 豈 | 機 | 騎 | 紀 |
|---|---|---|---|---|---|---|---|---|---|
| 비단 금 | 등급 급 | 즐길 긍 | 꺼릴 기<br>기일 기 | 버릴 기 | 빌 기 | 어찌 기 | 틀 기<br>기회 기 | 말탈 기 | 벼리 기<br>해 기 |

| 飢 | 旗 | 欺 | 企 | 奇 | 寄 | 器 | 畿 | 緊 | 那 |
|---|---|---|---|---|---|---|---|---|---|
| 주릴 기 | 기 기 | 속일 기 | 꾀할 기<br>바랄 기 | 기이할 기 | 부칠 기 | 그릇 기 | 경기 기<br>지경 기 | 긴할 긴 | 어찌 나 |

| 納 | 奈 | 耐 | 寧 | 努 | 奴 | 腦 | 惱 | 泥 | 茶 |
|---|---|---|---|---|---|---|---|---|---|
| 들일 납<br>바칠 납 | 어찌 내/나 | 견딜 내 | 편안할 녕 | 힘쓸 노 | 종 노 | 골 뇌 | 번뇌할 뇌 | 진흙 니 | 차 다/차 |

| 旦 | 團 | 壇 | 斷 | 段 | 檀 | 淡 | 擔 | 畓 | 踏 |
|---|---|---|---|---|---|---|---|---|---|
| 아침 단 | 둥글 단 | 단 단 | 끊을 단 | 층계 단 | 박달나무 단 | 맑을 담<br>싱거울 담 | 멜 담 | 논 답 | 밟을 답 |

| 唐 | 糖 | 黨 | 貸 | 臺 | 隊 | 帶 | 桃 | 稻 | 跳 |
|---|---|---|---|---|---|---|---|---|---|
| 당나라 당<br>당황할 당 | 엿 당/탕 | 무리 당 | 빌릴 대 | 대 대 | 무리 대 | 띠 대<br>찰 대 | 복숭아 도 | 벼 도 | 뛸 도 |

| 途 | 陶 | 逃 | 倒 | 導 | 挑 | 盜 | 渡 | 塗 | 毒 |
|---|---|---|---|---|---|---|---|---|---|
| 길 도 | 질그릇 도 | 달아날 도<br>도망할 도 | 넘어질 도 | 인도할 도 | 돋울 도 | 도둑 도 | 건널 도 | 칠할 도<br>길 도 | 독 독 |

| 篤 | 督 | 豚 | 敦 | 突 | 凍 | 銅 | 鈍 | 屯 | 騰 |
|---|---|---|---|---|---|---|---|---|---|
| 도타울 독 | 감독할 독 | 돼지 돈 | 도타울 돈 | 갑자기 돌 | 얼 동 | 구리 동 | 둔할 둔 | 진칠 둔 | 오를 등 |

| 羅 | 絡 | 諾 | 亂 | 欄 | 蘭 | 濫 | 覽 | 娘 | 廊 |
|---|---|---|---|---|---|---|---|---|---|
| 벌일 라<br>그물 라 | 이을 락 | 허락할 락 | 어지러울 란 | 난간 란 | 난초 란 | 넘칠 람 | 볼 람 | 여자 랑 | 행랑 랑<br>사랑채 랑 |

| 略 | 掠 | 梁 | 糧 | 諒 | 麗 | 慮 | 勵 | 曆 | 鍊 |
|---|---|---|---|---|---|---|---|---|---|
| 간략할 략 | 노략질할 략 | 들보 량 | 양식 량 | 살펴 알 량 | 고울 려 | 생각할 려<br>염려할 려 | 힘쓸 려 | 책력 력 | 불릴 련<br>단련할 련 |

| 憐 | 聯 | 戀 | 蓮 | 劣 | 裂 | 廉 | 獵 | 零 | 靈 |
|---|---|---|---|---|---|---|---|---|---|
| 불쌍히<br>여길 련 | 연이을 련 | 그리워할 련 | 연꽃 련 | 못할 렬 | 찢을 렬 | 청렴할 렴 | 사냥 렵 | 떨어질 령 | 신령 령 |

| 嶺 | 隷 | 爐 | 祿 | 錄 | 鹿 | 弄 | 賴 | 雷 | 了 |
|---|---|---|---|---|---|---|---|---|---|
| 고개 령 | 종 례 | 화로 로 | 녹 록 | 기록할 록 | 사슴 록 | 희롱할 롱 | 의뢰할 뢰<br>의지할 뢰 | 우레 뢰 | 마칠 료 |

| 僚 | 龍 | 屢 | 樓 | 累 | 淚 | 漏 | 類 | 輪 | 栗 |
|---|---|---|---|---|---|---|---|---|---|
| 동료 료<br>관리 료 | 용 룡 | 여러 루 | 다락 루 | 여러 루<br>자주 루 | 눈물 루 | 샐 루 | 무리 류 | 바퀴 륜 | 밤 률 |

| 率 | 隆 | 陵 | 吏 | 離 | 裏 | 履 | 梨 | 隣 | 臨 |
|---|---|---|---|---|---|---|---|---|---|
| 비율 률<br>거느릴 솔 | 높을 륭<br>성할 륭 | 언덕 릉 | 관리 리 | 떠날 리 | 속 리 | 밟을 리<br>신 리 | 배나무 리 | 이웃 린 | 임할 림 |

| 磨 | 麻 | 幕 | 漠 | 漫 | 慢 | 茫 | 妄 | 罔 | 媒 |
|---|---|---|---|---|---|---|---|---|---|
| 갈 마 | 삼 마<br>저릴 마 | 장막 막 | 넓을 막<br>사막 막 | 흩어질 만 | 거만할 만<br>게으를 만 | 아득할 망<br>넓을 망 | 망령될 망<br>허망할 망 | 그물 망<br>없을 망 | 중매 매 |

| 梅 | 埋 | 脈 | 孟 | 盲 | 盟 | 猛 | 綿 | 滅 | 銘 |
|---|---|---|---|---|---|---|---|---|---|
| 매화 매 | 묻을 매<br>감출 매 | 줄기 맥<br>맥 맥 | 맏 맹<br>맹랑할 맹 | 눈 멀 맹 | 맹세 맹 | 사나울 맹 | 솜 면<br>얽힐 면 | 꺼질 멸<br>멸할 멸 | 새길 명 |

| 冥 | 募 | 某 | 謀 | 貌 | 慕 | 模 | 侮 | 冒 | 牧 |
|---|---|---|---|---|---|---|---|---|---|
| 어두울 명 | 모을 모<br>뽑을 모 | 아무 모 | 꾀 모<br>도모할 모 | 모양 모 | 그릴 모<br>생각할 모 | 본뜰 모<br>모호할 모 | 업신여길 모 | 무릅쓸 모 | 칠 목<br>다스릴 목 |

| 睦 | 沒 | 夢 | 蒙 | 墓 | 廟 | 苗 | 貿 | 霧 | 黙 |
|---|---|---|---|---|---|---|---|---|---|
| 화목할 목 | 빠질 몰<br>잠길 몰 | 꿈 몽 | 어두울 몽 | 무덤 묘 | 사당 묘<br>묘당 묘 | 모 묘 | 무역할 무 | 안개 무 | 잠잠할 묵 |

| 微 | 眉 | 迷 | 敏 | 憫 | 蜜 | 泊 | 博 | 拍 | 薄 |
|---|---|---|---|---|---|---|---|---|---|
| 작을 미 | 눈썹 미 | 미혹할 미 | 민첩할 민 | 민망할 민<br>근심할 민 | 꿀 밀 | 배 댈 박<br>머무를 박 | 넓을 박 | 칠 박 | 엷을 박 |

| 迫 | 叛 | 班 | 返 | 盤 | 般 | 伴 | 髮 | 拔 | 倣 |
|---|---|---|---|---|---|---|---|---|---|
| 핍박할 박 | 배반할 반 | 나눌 반<br>반 반 | 돌이킬 반 | 쟁반 반<br>소반 반 | 일반 반 | 짝 반<br>따를 반 | 터럭 발<br>머리털 발 | 뽑을 발 | 본뜰 방<br>본받을 방 |

| 芳 | 邦 | 妨 | 傍 | 培 | 輩 | 倍 | 排 | 配 | 背 |
|---|---|---|---|---|---|---|---|---|---|
| 꽃다울 방<br>향기 방 | 나라 방 | 방해할 방<br>거리낄 방 | 곁 방 | 북을 돋울 배 | 무리 배 | 곱 배 | 물리칠 배 | 나눌 배<br>짝 배 | 등 배<br>배반할 배 |

| 伯 | 煩 | 飜 | 繁 | 罰 | 範 | 犯 | 壁 | 碧 | 辨 |
|---|---|---|---|---|---|---|---|---|---|
| 맏 백 | 번거로울 번<br>번민할 번 | 번역할 번<br>뒤칠 번 | 번성할 번 | 벌할 벌 | 법 범<br>한계 범 | 범할 범<br>죄인 범 | 벽 벽 | 푸를 벽 | 분별할 변<br>가릴 변 |

| 辯 | 邊 | 竝 | 屛 | 補 | 寶 | 譜 | 普 | 卜 | 複 |
|---|---|---|---|---|---|---|---|---|---|
| 말씀 변<br>말 잘할 변 | 가 변 | 나란히 병<br>함께 병 | 병풍 병 | 기울 보<br>도울 보 | 보배 보 | 문서 보<br>족보 보 | 넓을 보<br>두루 보 | 점 복 | 겹칠 복 |

| 腹 | 覆 | 蜂 | 鳳 | 封 | 峯 | 符 | 簿 | 賦 | 赴 |
|---|---|---|---|---|---|---|---|---|---|
| 배 복 | 다시 복<br>덮을 부 | 벌 봉 | 봉새 봉 | 봉할 봉 | 봉우리 봉 | 부호 부 | 문서 부 | 부세 부 | 다다를 부 |

| 附 | 付 | 腐 | 府 | 副 | 負 | 紛 | 奮 | 墳 | 奔 |
|---|---|---|---|---|---|---|---|---|---|
| 붙을 부 | 줄 부<br>붙일 부 | 썩을 부<br>낡을 부 | 마을 부 | 버금 부 | 질 부 | 어지러울 분 | 떨칠 분<br>성낼 분 | 무덤 분 | 달릴 분<br>달아날 분 |

| 粉 | 憤 | 拂 | 崩 | 卑 | 妃 | 批 | 肥 | 碑 | 祕 |
|---|---|---|---|---|---|---|---|---|---|
| 가루 분 | 분할 분 | 떨칠 불 | 무너질 붕 | 낮을 비<br>천할 비 | 왕비 비<br>짝 비 | 비평할 비<br>칠 비 | 살찔 비<br>거름 비 | 비석 비 | 숨길 비 |

| 婢 | 費 | 賓 | 頻 | 聘 | 似 | 捨 | 斯 | 沙 | 蛇 |
|---|---|---|---|---|---|---|---|---|---|
| 여자 종 비 | 쓸 비 | 손님 빈 | 자주 빈 | 부를 빙 | 닮을 사<br>본뜰 사 | 버릴 사<br>베풀 사 | 이 사<br>어조사 사 | 모래 사 | 뱀 사 |

| 詐 | 詞 | 賜 | 寫 | 辭 | 邪 | 查 | 斜 | 司 | 社 |
|---|---|---|---|---|---|---|---|---|---|
| 속일 사<br>거짓 사 | 말 사<br>글 사 | 줄 사 | 베낄 사<br>그릴 사 | 말씀 사<br>사양할 사 | 간사할 사 | 조사할 사 | 비낄 사<br>기울 사 | 맡을 사<br>벼슬 사 | 모일 사 |

| 祀 | 削 | 朔 | 嘗 | 裳 | 詳 | 祥 | 床 | 象 | 像 |
|---|---|---|---|---|---|---|---|---|---|
| 제사 사 | 깎을 삭 | 초하루 삭<br>북쪽 삭 | 맛볼 상<br>일찍 상 | 치마 상 | 자세할 상 | 상서 상<br>조짐 상 | 평상 상 | 코끼리 상 | 모양 상 |

| 桑 | 狀 | 償 | 雙 | 塞 | 索 | 敍 | 徐 | 庶 | 恕 |
|---|---|---|---|---|---|---|---|---|---|
| 뽕나무 상 | 형상 상<br>문서 장 | 갚을 상<br>보답할 상 | 두 쌍<br>쌍 쌍 | 변방 새<br>막힐 색 | 찾을 색<br>동아줄 삭 | 펼 서<br>차례 서 | 천천히 할서 | 여러 서 | 용서할 서 |

| 署 | 緒 | 誓 | 逝 | 析 | 釋 | 宣 | 禪 | 旋 | 涉 |
|---|---|---|---|---|---|---|---|---|---|
| 관청 서<br>서명할 서 | 실마리 서 | 맹세할 서<br>약속 서 | 갈 서 | 쪼갤 석<br>나눌 석 | 풀 석 | 베풀 선 | 좌선할 선<br>고요할 선 | 돌 선 | 건널 섭 |

| 攝 | 召 | 昭 | 蘇 | 騷 | 燒 | 訴 | 掃 | 疏 | 蔬 |
|---|---|---|---|---|---|---|---|---|---|
| 다스릴 섭<br>잡을 섭 | 부를 소 | 밝을 소 | 되살아날 소<br>깨어날 소 | 떠들 소 | 불사를 소 | 호소할 소 | 쓸 소 | 소통할 소<br>성길 소 | 나물 소<br>채소 소 |

| 束 | 粟 | 屬 | 損 | 訟 | 誦 | 頌 | 刷 | 鎖 | 衰 |
|---|---|---|---|---|---|---|---|---|---|
| 묶을 속<br>약속할 속 | 조 속 | 무리 속<br>이을 촉 | 덜 손 | 송사할 송 | 외울 송 | 칭송할 송<br>기릴 송 | 인쇄할 쇄<br>솔질할 쇄 | 쇠사슬 쇄<br>잠글 쇄 | 쇠할 쇠 |

| 囚 | 睡 | 輸 | 遂 | 隨 | 帥 | 獸 | 殊 | 需 | 垂 |
|---|---|---|---|---|---|---|---|---|---|
| 가둘 수<br>죄수 수 | 졸음 수<br>잠잘 수 | 보낼 수 | 드디어 수<br>따를 수 | 따를 수 | 장수 수 | 짐승 수 | 다를 수<br>뛰어날 수 | 쓸 수 | 드리울 수 |

| 搜 | 孰 | 肅 | 熟 | 循 | 旬 | 殉 | 瞬 | 脣 | 巡 |
|---|---|---|---|---|---|---|---|---|---|
| 찾을 수 | 누구 숙 | 엄숙할 숙 | 익을 숙<br>익숙할 숙 | 돌 순<br>순행할 순 | 열흘 순 | 따라 죽을순 | 깜짝일 순<br>잠깐 순 | 입술 순 | 돌 순<br>순행할 순 |

| 術 | 述 | 濕 | 襲 | 僧 | 昇 | 侍 | 矢 | 息 | 飾 |
|---|---|---|---|---|---|---|---|---|---|
| 재주 술<br>기술 술 | 펼 술 | 젖을 습 | 엄습할 습 | 중 승 | 오를 승 | 모실 시 | 화살 시 | 쉴 식<br>자식 식 | 꾸밀 식 |

| 伸 | 愼 | 晨 | 審 | 尋 | 牙 | 亞 | 芽 | 雅 | 餓 |
|---|---|---|---|---|---|---|---|---|---|
| 펼 신 | 삼갈 신 | 새벽 신 | 살필 심 | 찾을 심 | 어금니 아 | 버금 아 | 싹 아 | 맑을 아 | 주릴 아 |

| 岳 | 雁 | 岸 | 謁 | 壓 | 押 | 央 | 殃 | 涯 | 厄 |
|---|---|---|---|---|---|---|---|---|---|
| 큰 산 악 | 기러기 안 | 언덕 안 | 뵐 알 | 누를 압 | 누를 압<br>단속할 갑 | 가운데 앙 | 재앙 앙 | 물가 애 | 재앙 액 |

| 額 | 耶 | 躍 | 樣 | 壤 | 楊 | 御 | 抑 | 焉 | 予 |
|---|---|---|---|---|---|---|---|---|---|
| 이마 액<br>수량 액 | 어조사 야 | 뛸 약 | 모양 양 | 흙덩이 양 | 버들 양 | 거느릴 어<br>막을 어 | 누를 억 | 어찌 언 | 나 여<br>줄 여 |

| 輿 | 域 | 役 | 驛 | 疫 | 譯 | 宴 | 燕 | 沿 | 燃 |
|---|---|---|---|---|---|---|---|---|---|
| 수레 여 | 지경 역<br>구역 역 | 부릴 역 | 역 역 | 전염병 역 | 번역할 역 | 잔치 연 | 제비 연 | 물 따라갈 연<br>따를 연 | 탈 연 |

| 演 | 鉛 | 延 | 軟 | 緣 | 閱 | 染 | 鹽 | 泳 | 詠 |
|---|---|---|---|---|---|---|---|---|---|
| 펼 연<br>넓힐 연 | 납 연 | 늘일 연 | 연할 연 | 인연 연 | 볼 열<br>셀 열 | 물들 염 | 소금 염 | 헤엄칠 영 | 읊을 영<br>노래할 영 |

| 映 | 營 | 影 | 豫 | 譽 | 銳 | 傲 | 嗚 | 娛 | 汚 |
|---|---|---|---|---|---|---|---|---|---|
| 비칠 영 | 경영할 영 | 그림자 영 | 미리 예 | 기릴 예<br>명예 예 | 날카로울 예 | 거만할 오 | 슬플 오 | 즐길 오 | 더러울 오 |

| 獄 | 翁 | 擁 | 緩 | 畏 | 腰 | 遙 | 謠 | 搖 | 慾 |
|---|---|---|---|---|---|---|---|---|---|
| 옥 옥 | 늙은이 옹 | 낄 옹<br>안을 옹 | 느릴 완 | 두려워할 외 | 허리 요 | 멀 요<br>거닐 요 | 노래 요 | 흔들 요 | 욕심 욕 |

| 辱 | 庸 | 偶 | 愚 | 郵 | 羽 | 優 | 韻 | 援 | 院 |
|---|---|---|---|---|---|---|---|---|---|
| 욕될 욕 | 떳떳할 용 쓸 용 | 짝 우 우연 우 | 어리석을 우 | 우편 우 | 깃 우 | 넉넉할 우 뛰어날 우 | 운 운 | 도울 원 | 집 원 |

| 源 | 員 | 越 | 緯 | 胃 | 謂 | 違 | 圍 | 慰 | 僞 |
|---|---|---|---|---|---|---|---|---|---|
| 근원 원 | 인원 원 | 넘을 월 | 씨줄 위 | 밥통 위 | 이를 위 | 어긋날 위 | 에워쌀 위 | 위로할 위 | 거짓 위 |

| 衛 | 委 | 幽 | 惟 | 維 | 乳 | 儒 | 裕 | 誘 | 愈 |
|---|---|---|---|---|---|---|---|---|---|
| 지킬 위 | 맡길 위 | 그윽할 유 | 생각할 유 오직 유 | 벼리 유 맬 유 | 젖 유 | 선비 유 | 넉넉할 유 | 꾈 유 | 나을 유 |

| 悠 | 閏 | 潤 | 隱 | 淫 | 凝 | 儀 | 疑 | 宜 | 夷 |
|---|---|---|---|---|---|---|---|---|---|
| 멀 유 한가할 유 | 윤달 윤 | 윤택할 윤 젖을 윤 | 숨을 은 | 음란할 음 | 엉길 응 | 거동 의 본보기 의 | 의심할 의 | 마땅 의 | 오랑캐 이 |

| 翼 | 姻 | 逸 | 任 | 賃 | 刺 | 姿 | 紫 | 資 | 茲 |
|---|---|---|---|---|---|---|---|---|---|
| 날개 익 | 혼인 인 | 편안할 일 숨을 일 | 맡길 임 버려둘 임 | 품삯 임 | 찌를 자/척 | 모양 자 성품 자 | 자줏빛 자 | 재물 자 | 이 자 검을 자 |

| 恣 | 爵 | 酌 | 殘 | 潛 | 暫 | 雜 | 張 | 粧 | 腸 |
|---|---|---|---|---|---|---|---|---|---|
| 방자할 자 마음대로 자 | 벼슬 작 | 술 부을 작 짐작할 작 | 잔인할 잔 | 잠길 잠 | 잠깐 잠 | 섞일 잡 | 베풀 장 과장할 장 | 단장할 장 | 창자 장 |

| 莊 | 裝 | 墻 | 障 | 藏 | 丈 | 掌 | 葬 | 獎 | 帳 |
|---|---|---|---|---|---|---|---|---|---|
| 씩씩할 장 장중할 장 | 꾸밀 장 | 담 장 | 막을 장 | 감출 장 | 어른 장 | 손바닥 장 맡을 장 | 장사 지낼 장 | 권면할 장 | 장막 장 |

| 臟 | 載 | 災 | 裁 | 宰 | 抵 | 底 | 寂 | 摘 | 滴 |
|---|---|---|---|---|---|---|---|---|---|
| 오장 장 | 실을 재 | 재앙 재 | 마를 재 | 재상 재<br>주관할 재 | 막을 저<br>거스를 저 | 밑 저 | 고요할 적 | 딸 적 | 물방울 적 |

| 績 | 跡 | 賊 | 積 | 籍 | 專 | 轉 | 殿 | 折 | 切 |
|---|---|---|---|---|---|---|---|---|---|
| 길쌈할 적<br>공 적 | 발자취 적 | 도둑 적 | 쌓을 적 | 문서 적 | 오로지 전 | 구를 전<br>옮길 전 | 전각 전 | 꺾을 절 | 끊을 절<br>모두 체 |

| 竊 | 點 | 漸 | 占 | 蝶 | 廷 | 訂 | 程 | 亭 | 征 |
|---|---|---|---|---|---|---|---|---|---|
| 훔칠 절 | 점 점 | 점점 점 | 점칠 점<br>점령할 점 | 나비 접 | 조정 정 | 바로잡을 정 | 한도 정<br>길 정 | 정자 정 | 칠 정 |

| 整 | 際 | 堤 | 濟 | 制 | 齊 | 提 | 弔 | 照 | 租 |
|---|---|---|---|---|---|---|---|---|---|
| 가지런할 정 | 즈음 제<br>사귈 제 | 둑 제 | 건널 제<br>도울 제 | 절제할 제<br>지을 제 | 가지런할 제<br>다스릴 제 | 끌 제 | 조상할 조 | 비칠 조<br>대조할 조 | 조세 조 |

| 燥 | 組 | 條 | 操 | 潮 | 拙 | 縱 | 佐 | 座 | 周 |
|---|---|---|---|---|---|---|---|---|---|
| 마를 조<br>애태울 조 | 짤 조 | 가지 조<br>조목 조 | 잡을 조<br>지조 조 | 밀물 조<br>조수 조 | 옹졸할 졸 | 세로 종 | 도울 좌 | 자리 좌 | 두루 주 |

| 舟 | 州 | 柱 | 株 | 洲 | 奏 | 珠 | 鑄 | 準 | 俊 |
|---|---|---|---|---|---|---|---|---|---|
| 배 주 | 고을 주 | 기둥 주<br>받칠 주 | 그루 주<br>주식 주 | 물가 주<br>섬 주 | 아뢸 주<br>연주할 주 | 구슬 주 | 불릴 주<br>부어 만들 주 | 준할 준<br>법도 준 | 준걸 준 |

| 遵 | 仲 | 憎 | 症 | 蒸 | 贈 | 遲 | 智 | 誌 | 池 |
|---|---|---|---|---|---|---|---|---|---|
| 좇을 준<br>지킬 준 | 버금 중 | 미울 증 | 증세 증 | 찔 증 | 줄 증 | 더딜 지<br>늦을 지 | 지혜 지 | 기록할 지 | 못 지 |

| 職 | 織 | 珍 | 鎭 | 振 | 陳 | 陣 | 震 | 姪 | 疾 |
|---|---|---|---|---|---|---|---|---|---|
| 직분 직 | 짤 직 | 보배 진 | 진압할 진 | 떨칠 진 진동할 진 | 베풀 진 | 진칠 진 | 우레 진 | 조카 질 조카딸 질 | 병 질 미워할 질 |

| 秩 | 徵 | 懲 | 差 | 捉 | 錯 | 贊 | 讚 | 慚 | 慘 |
|---|---|---|---|---|---|---|---|---|---|
| 차례 질 | 부를 징 거둘 징 | 징계할 징 | 다를 차 | 잡을 착 | 어긋날 착 | 도울 찬 찬성할 찬 | 기릴 찬 | 부끄러울 참 | 참혹할 참 |

| 創 | 暢 | 蒼 | 倉 | 債 | 彩 | 策 | 斥 | 戚 | 拓 |
|---|---|---|---|---|---|---|---|---|---|
| 비롯할 창 시작할 창 | 화창할 창 | 푸를 창 | 곳집 창 창고 창 | 빚 채 | 채색 채 무늬 채 | 꾀 책 채찍 책 | 물리칠 척 | 친척 척 | 넓힐 척 박을 탁 |

| 薦 | 賤 | 遷 | 踐 | 哲 | 徹 | 尖 | 添 | 妾 | 廳 |
|---|---|---|---|---|---|---|---|---|---|
| 천거할 천 드릴 천 | 천할 천 업신여길 천 | 옮길 천 | 밟을 천 | 밝을 철 슬기로울 철 | 통할 철 뚫을 철 | 뾰족할 첨 | 더할 첨 | 첩 첩 | 관청 청 마루 청 |

| 替 | 滯 | 逮 | 遞 | 抄 | 肖 | 礎 | 超 | 秒 | 促 |
|---|---|---|---|---|---|---|---|---|---|
| 바꿀 체 | 막힐 체 | 잡을 체 미칠 체 | 갈릴 체 | 뽑을 초 | 닮을 초 | 주춧돌 초 기초 초 | 뛰어넘을 초 | 분초 초 | 재촉할 촉 |

| 觸 | 燭 | 總 | 聰 | 銃 | 催 | 抽 | 醜 | 逐 | 縮 |
|---|---|---|---|---|---|---|---|---|---|
| 닿을 촉 | 촛불 촉 밝을 촉 | 모두 총 합할 총 | 귀밝을 총 총명할 총 | 총 총 | 재촉할 최 열 최 | 뽑을 추 | 추할 추 더러울 추 | 쫓을 축 물리칠 축 | 줄일 축 |

| 畜 | 築 | 蓄 | 衝 | 臭 | 趣 | 醉 | 側 | 測 | 層 |
|---|---|---|---|---|---|---|---|---|---|
| 가축 축 짐승 축 | 쌓을 축 | 모을 축 | 찌를 충 부딪칠 충 | 냄새 취 | 뜻 취 | 취할 취 | 곁 측 기울 측 | 헤아릴 측 | 층 층 |

| 恥 | 値 | 置 | 漆 | 沈 | 侵 | 寢 | 枕 | 浸 | 稱 |
|---|---|---|---|---|---|---|---|---|---|
| 부끄러울 치 | 값 치 | 둘 치 | 옻 칠 | 잠길 침 | 침노할 침<br>범할 침 | 잘 침 | 베개 침<br>벨 침 | 잠길 침<br>적실 침 | 칭찬할 칭<br>일컬을 칭 |

| 墮 | 妥 | 托 | 濁 | 濯 | 卓 | 歎 | 彈 | 炭 | 誕 |
|---|---|---|---|---|---|---|---|---|---|
| 떨어질 타 | 온당할 타 | 맡길 탁<br>의지할 탁 | 흐릴 탁 | 씻을 탁 | 높을 탁<br>탁자 탁 | 탄식할 탄 | 탄알 탄 | 숯 탄 | 거짓 탄<br>낳을 탄 |

| 奪 | 貪 | 塔 | 湯 | 怠 | 殆 | 態 | 澤 | 擇 | 討 |
|---|---|---|---|---|---|---|---|---|---|
| 빼앗을 탈 | 탐낼 탐 | 탑 탑 | 끓일 탕 | 게으를 태 | 거의 태<br>위태로울 태 | 모습 태<br>태도 태 | 못 택<br>은혜 택 | 가릴 택 | 칠 토<br>연구할 토 |

| 吐 | 痛 | 鬪 | 透 | 播 | 罷 | 派 | 頗 | 把 | 販 |
|---|---|---|---|---|---|---|---|---|---|
| 토할 토 | 아플 통 | 싸울 투 | 통할 투<br>사무칠 투 | 뿌릴 파 | 마칠 파 | 갈래 파<br>보낼 파 | 자못 파<br>치우칠 파 | 잡을 파 | 팔 판<br>장사 판 |

| 版 | 板 | 編 | 遍 | 偏 | 評 | 幣 | 廢 | 弊 | 肺 |
|---|---|---|---|---|---|---|---|---|---|
| 판목 판<br>인쇄 판 | 널빤지 판<br>판목 판 | 엮을 편 | 두루 편 | 치우칠 편<br>기울 편 | 평할 평 | 화폐 폐 | 폐할 폐 | 폐단 폐 | 허파 폐 |

| 蔽 | 胞 | 包 | 浦 | 飽 | 捕 | 幅 | 爆 | 標 | 票 |
|---|---|---|---|---|---|---|---|---|---|
| 덮을 폐 | 세포 포 | 쌀 포<br>꾸러미 포 | 개 포 | 배부를 포 | 잡을 포 | 폭 폭 | 불 터질 폭 | 표할 표 | 표 표 |

| 漂 | 被 | 避 | 疲 | 畢 | 荷 | 鶴 | 旱 | 汗 | 割 |
|---|---|---|---|---|---|---|---|---|---|
| 떠다닐 표<br>빨래할 표 | 입을 피<br>받을 피 | 피할 피 | 피곤할 피 | 마칠 필 | 멜 하 | 학 학 | 가물 한 | 땀 한 | 벨 할<br>나눌 할 |

| 含 | 咸 | 陷 | 巷 | 港 | 航 | 抗 | 項 | 奚 | 該 |
|---|---|---|---|---|---|---|---|---|---|
| 머금을 함 | 다 함 | 빠질 함<br>함정 함 | 거리 항 | 항구 항 | 배 항<br>비행할 항 | 겨룰 항 | 항목 항 | 어찌 해<br>종 해 | 갖출 해<br>마땅 해 |

| 核 | 響 | 享 | 軒 | 憲 | 獻 | 險 | 驗 | 顯 | 懸 |
|---|---|---|---|---|---|---|---|---|---|
| 씨 핵 | 울릴 향 | 누릴 향 | 집 헌 | 법 헌 | 드릴 헌 | 험할 험 | 시험 험 | 나타날 현 | 매달 현 |

| 玄 | 縣 | 絃 | 穴 | 嫌 | 脅 | 亨 | 螢 | 衡 | 慧 |
|---|---|---|---|---|---|---|---|---|---|
| 검을 현 | 고을 현 | 줄 현 | 구멍 혈 | 싫어할 혐<br>혐의할 혐 | 위협할 협 | 형통할 형 | 반딧불 형 | 저울대 형<br>가로 횡 | 슬기로울 혜 |

| 兮 | 毫 | 互 | 浩 | 胡 | 豪 | 護 | 惑 | 昏 | 魂 |
|---|---|---|---|---|---|---|---|---|---|
| 어조사 혜<br>말 이을 혜 | 터럭 호 | 서로 호 | 넓을 호 | 오랑캐 호<br>어찌 호 | 호걸 호 | 도울 호 | 미혹할 혹 | 어두울 혼 | 넋 혼 |

| 忽 | 洪 | 弘 | 鴻 | 禾 | 禍 | 擴 | 確 | 穫 | 還 |
|---|---|---|---|---|---|---|---|---|---|
| 갑자기 홀<br>소홀할 홀 | 넓을 홍 | 클 홍 | 기러기 홍 | 벼 화 | 재앙 화 | 넓힐 확 | 굳을 확<br>확실할 확 | 거둘 확 | 돌아올 환 |

| 環 | 丸 | 換 | 荒 | 況 | 悔 | 懷 | 獲 | 劃 | 橫 |
|---|---|---|---|---|---|---|---|---|---|
| 고리 환<br>두를 환 | 둥글 환 | 바꿀 환 | 거칠 황 | 상황 황<br>하물며 황 | 뉘우칠 회 | 품을 회<br>달랠 회 | 얻을 획 | 그을 획 | 가로 횡 |

| 曉 | 侯 | 候 | 毁 | 輝 | 揮 | 携 | 吸 | 稀 | 戲 |
|---|---|---|---|---|---|---|---|---|---|
| 새벽 효<br>밝을 효 | 제후 후 | 기후 후 | 헐 훼<br>무너질 훼 | 빛날 휘 | 휘두를 휘 | 이끌 휴 | 마실 흡 | 드물 희 | 희롱할 희<br>탄식할 호 |

| 伽 | 哥 | 嘉 | 嫁 | 柯 | 稼 | 苛 | 袈 | 訶 | 賈 |
|---|---|---|---|---|---|---|---|---|---|
| 절 가<br>가야 가 | 성씨 가<br>노래 가 | 아름다울 가<br>기릴 가 | 시집갈 가 | 가지 가 | 심을 가 | 가혹할 가<br>매울 가 | 가사 가 | 꾸짖을 가/하 | 값 가<br>장사 고 |

| 跏 | 迦 | 駕 | 恪 | 殼 | 墾 | 奸 | 杆 | 桿 | 澗 |
|---|---|---|---|---|---|---|---|---|---|
| 책상다리<br>할 가 | 부처 이름 가 | 멍에 가<br>능가할 가 | 삼갈 각 | 껍질 각 | 개간할 간 | 간사할 간 | 몽둥이 간 | 난간 간 | 산골 물 간 |

| 癎 | 竿 | 艮 | 艱 | 諫 | 喝 | 碣 | 葛 | 褐 | 鞨 |
|---|---|---|---|---|---|---|---|---|---|
| 간질 간 | 낚싯대 간 | 괘 이름 간 | 어려울 간 | 간할 간 | 꾸짖을 갈<br>고함칠 갈 | 비석 갈 | 칡 갈 | 갈색 갈<br>굵은 베 갈 | 말갈 갈 |

| 勘 | 堪 | 嵌 | 憾 | 柑 | 疳 | 紺 | 邯 | 龕 | 匣 |
|---|---|---|---|---|---|---|---|---|---|
| 헤아릴 감 | 견딜 감 | 산골짜기 감 | 섭섭할 감 | 귤 감 | 감질 감 | 감색 감 | 땅 이름<br>감/한 | 감실 감 | 갑 갑 |

| 岬 | 姜 | 岡 | 崗 | 疆 | 羌 | 腔 | 薑 | 凱 | 漑 |
|---|---|---|---|---|---|---|---|---|---|
| 곶 갑 | 성씨 강 | 산등성이 강 | 언덕 강 | 지경 강 | 오랑캐 강 | 속 빌 강 | 생강 강 | 개선할 개 | 물 댈 개 |

| 箇 | 芥 | 坑 | 羹 | 渠 | 巾 | 腱 | 虔 | 鍵 | 杰 |
|---|---|---|---|---|---|---|---|---|---|
| 낱 개 | 겨자 개 | 구덩이 갱 | 국 갱 | 개천 거<br>도랑 거 | 수건 건 | 힘줄 건 | 공경할 건 | 열쇠 건<br>자물쇠 건 | 뛰어날 걸 |

| 黔 | 劫 | 怯 | 偈 | 揭 | 檄 | 覡 | 甄 | 繭 | 鵑 |
|---|---|---|---|---|---|---|---|---|---|
| 검을 검 | 위협할 겁 | 겁낼 겁 | 쉴 게 | 높이 들 게 | 격문 격 | 박수 격 | 질그릇 견<br>살필 견 | 고치 견 | 두견이 견 |

| 訣 | 鎌 | 憬 | 暻 | 梗 | 璟 | 瓊 | 痙 | 磬 | 脛 |
|---|---|---|---|---|---|---|---|---|---|
| 이별할 결<br>비결 결 | 낫 겸 | 깨달을 경<br>동경할 경 | 볕 경<br>밝을 경 | 줄기 경<br>막힐 경 | 옥빛 경 | 구슬 경 | 경련 경 | 경쇠 경 | 정강이 경 |

| 莖 | 頸 | 鯨 | 悸 | 稽 | 誡 | 谿 | 叩 | 拷 | 攷 |
|---|---|---|---|---|---|---|---|---|---|
| 줄기 경 | 목 경 | 고래 경 | 두근거릴 계 | 생각할 계<br>머무를 계 | 경계할 계 | 시내 계 | 두드릴 고<br>조아릴 고 | 칠 고 | 생각할 고<br>살필 고 |

| 皐 | 股 | 膏 | 藁 | 袴 | 誥 | 錮 | 雇 | 崑 | 昆 |
|---|---|---|---|---|---|---|---|---|---|
| 언덕 고<br>못 고 | 넓적다리 고 | 기름 고 | 짚 고<br>원고 고 | 바지 고 | 고할 고 | 막을 고 | 품 팔 고<br>품 살 고 | 산 이름 곤 | 맏 곤<br>벌레 곤 |

| 棍 | 袞 | 控 | 拱 | 串 | 戈 | 瓜 | 菓 | 顆 | 槨 |
|---|---|---|---|---|---|---|---|---|---|
| 몽둥이 곤 | 곤룡포 곤 | 당길 공 | 팔짱 낄 공 | 땅 이름 곶<br>꿸 관 | 창 과 | 오이 과 | 과자 과<br>과일 과 | 낟알 과 | 덧널 곽 |

| 藿 | 廓 | 棺 | 款 | 灌 | 罐 | 括 | 适 | 匡 | 壙 |
|---|---|---|---|---|---|---|---|---|---|
| 콩잎 곽<br>미역 곽 | 둘레 곽 | 널 관 | 항목 관<br>정성 관 | 물 댈 관 | 두레박 관 | 묶을 괄 | 빠를 괄<br>맞을 적 | 바를 광<br>구원할 광 | 뫼구덩이 광 |

| 曠 | 珖 | 卦 | 乖 | 傀 | 槐 | 魁 | 宏 | 僑 | 咬 |
|---|---|---|---|---|---|---|---|---|---|
| 빌 광<br>밝을 광 | 옥피리 광 | 점괘 괘<br>걸 괘 | 어그러질 괴 | 허수아비 괴<br>클 괴 | 회화나무 괴 | 괴수 괴 | 클 굉 | 더부살이 교 | 물 교 |

| 喬 | 嬌 | 攪 | 絞 | 膠 | 轎 | 驕 | 仇 | 勾 | 垢 |
|---|---|---|---|---|---|---|---|---|---|
| 높을 교 | 아리따울 교 | 흔들 교 | 목맬 교 | 아교 교 | 가마 교 | 교만할 교 | 원수 구 | 글귀 구<br>갈고리 구 | 때 구 |

| 寇 | 歐 | 毬 | 溝 | 灸 | 矩 | 臼 | 舅 | 購 | 軀 |
|---|---|---|---|---|---|---|---|---|---|
| 도적 구 | 구라파 구 | 공 구 | 도랑 구 | 뜸 구 | 모날 구<br>법도 구 | 절구 구 | 시아버지 구 | 살 구 | 몸 구 |

| 逑 | 邱 | 鉤 | 駒 | 鳩 | 鷗 | 耇 | 鞫 | 鞠 | 麴 |
|---|---|---|---|---|---|---|---|---|---|
| 짝 구 | 언덕 구<br>땅 이름 구 | 갈고리 구 | 망아지 구 | 비둘기 구<br>모일 구 | 갈매기 구 | 늙을 구 | 공 국<br>국문할 국 | 국문할 국 | 누룩 국 |

| 裙 | 堀 | 掘 | 窟 | 穹 | 躬 | 倦 | 圈 | 捲 | 眷 |
|---|---|---|---|---|---|---|---|---|---|
| 치마 군 | 굴 굴 | 팔 굴 | 굴 굴 | 하늘 궁 | 몸 궁 | 게으를 권 | 우리 권<br>술잔 권 | 거둘 권<br>말 권 | 돌볼 권 |

| 闕 | 櫃 | 潰 | 晷 | 圭 | 奎 | 揆 | 珪 | 硅 | 窺 |
|---|---|---|---|---|---|---|---|---|---|
| 대궐 궐<br>모자랄 궐 | 궤 궤 | 무너질 궤 | 그림자 귀/구 | 서옥 규<br>홀 규 | 별 규 | 헤아릴 규<br>벼슬 규 | 서옥 규<br>홀 규 | 규소 규 | 엿볼 규 |

| 葵 | 閨 | 筠 | 鈞 | 橘 | 剋 | 戟 | 棘 | 隙 | 劤 |
|---|---|---|---|---|---|---|---|---|---|
| 해바라기 규 | 안방 규 | 대 균 | 서른 근 균 | 귤 귤 | 이길 극 | 창 극 | 가시 극 | 틈 극 | 힘 근 |

| 槿 | 瑾 | 筋 | 覲 | 芩 | 衾 | 衿 | 襟 | 扱 | 汲 |
|---|---|---|---|---|---|---|---|---|---|
| 무궁화 근 | 아름다운<br>옥 근 | 힘줄 근 | 뵐 근 | 풀 이름 금 | 이불 금 | 옷깃 금 | 옷깃 금 | 미칠 급<br>거둘 흡 | 길을 급 |

| | | | | | | | | | |
|---|---|---|---|---|---|---|---|---|---|
| 兢 | 矜 | 伎 | 冀 | 嗜 | 妓 | 岐 | 崎 | 碁 | 杞 |
| 떨릴 긍<br>삼갈 긍 | 자랑할 긍<br>불쌍히 여길 긍 | 재간 기 | 바랄 기 | 즐길 기 | 기생 기 | 갈림길 기 | 험할 기 | 돌 기 | 구기자 기<br>나라 이름 기 |
| 棋 | 汽 | 沂 | 琦 | 琪 | 璣 | 畸 | 碁 | 祇 | 祺 |
| 바둑 기 | 물 끓는 김<br>기 | 물 이름 기 | 옥 이름 기 | 아름다운<br>옥 기 | 구슬 기<br>별 이름 기 | 뙈기밭 기<br>불구 기 | 바둑 기 | 땅귀신 기 | 길할 기 |
| 箕 | 綺 | 羈 | 耆 | 饑 | 驥 | 麒 | 喫 | 儺 | 拿 |
| 키 기<br>별 이름 기 | 비단 기 | 굴레 기<br>나그네 기 | 늙을 기 | 주릴 기 | 천리마 기 | 기린 기 | 먹을 끽 | 푸닥거리 나 | 잡을 나 |
| 拏 | 捺 | 囊 | 撚 | 拈 | 弩 | 濃 | 膿 | 尿 | 訥 |
| 붙잡을 나 | 누를 날 | 주머니 낭 | 비틀 년 | 집을 념 | 쇠뇌 노 | 짙을 농 | 고름 농 | 오줌 뇨 | 말 더듬거릴<br>눌 |
| 紐 | 尼 | 溺 | 匿 | 湍 | 緞 | 蛋 | 袒 | 鍛 | 曇 |
| 맺을 뉴<br>끈 뉴 | 여승 니 | 빠질 닉 | 숨길 닉 | 여울 단 | 비단 단 | 새알 단 | 웃통 벗을<br>단 | 불릴 단 | 흐릴 담 |
| 湛 | 潭 | 澹 | 痰 | 膽 | 譚 | 塘 | 幢 | 撞 | 棠 |
| 괼 담<br>즐길 담 | 못 담<br>깊을 담 | 맑을 담 | 가래 담 | 쓸개 담 | 클 담<br>말씀 담 | 못 당 | 기 당 | 칠 당 | 아가위 당 |
| 垈 | 戴 | 玳 | 袋 | 悳 | 屠 | 悼 | 濤 | 燾 | 禱 |
| 집터 대 | 일 대 | 대모 대 | 자루 대 | 큰 덕<br>덕 덕 | 죽일 도 | 슬퍼할 도 | 물결 도 | 비칠 도<br>덮을 도 | 빌 도 |

| 萄 | 賭 | 蹈 | 鍍 | 瀆 | 牘 | 禿 | 墩 | 旽 | 沌 |
|---|---|---|---|---|---|---|---|---|---|
| 포도 도 | 내기 도 | 밟을 도 | 도금할 도 | 도랑 독<br>더럽힐 독 | 서찰 독 | 대머리 독 | 돈대 돈 | 밝을 돈 | 엉길 돈 |

| 頓 | 憧 | 桐 | 棟 | 潼 | 疼 | 瞳 | 胴 | 董 | 兜 |
|---|---|---|---|---|---|---|---|---|---|
| 조아릴 돈<br>둔할 둔 | 동경할 동 | 오동나무 동 | 마룻대 동 | 물 이름 동 | 아플 동 | 눈동자 동 | 큰창자 동<br>몸통 동 | 감독할 동 | 투구 두 |

| 杜 | 痘 | 遁 | 遯 | 藤 | 謄 | 鄧 | 螺 | 裸 | 蓏 |
|---|---|---|---|---|---|---|---|---|---|
| 막을 두 | 역질 두 | 숨을 둔 | 달아날 둔 | 등나무 등 | 베낄 등 | 나라 이름 등 | 소라 라 | 벗을 라 | 쑥 라<br>여라 라 |

| 懶 | 癩 | 洛 | 珞 | 酪 | 烙 | 駱 | 爛 | 瀾 | 鸞 |
|---|---|---|---|---|---|---|---|---|---|
| 게으를 라 | 문둥이 라 | 물 이름 락 | 구슬<br>목걸이 락 | 쇠젖 락 | 지질 락 | 낙타 락 | 빛날 란<br>문드러질 란 | 물결 란 | 난새 란 |

| 藍 | 拉 | 蠟 | 臘 | 朗 | 狼 | 萊 | 亮 | 樑 | 侶 |
|---|---|---|---|---|---|---|---|---|---|
| 쪽 람 | 끌 랍 | 밀 랍 | 섣달 랍 | 밝을 랑 | 이리 랑 | 명아주 래 | 밝을 량 | 들보 량 | 짝 려 |

| 儷 | 藜 | 驢 | 呂 | 閭 | 驪 | 黎 | 廬 | 礪 | 濾 |
|---|---|---|---|---|---|---|---|---|---|
| 짝 려 | 명아주 려 | 당나귀 려 | 성씨 려<br>법칙 려 | 마을 려 | 검은 말 려/리 | 검을 려 | 농막집 려<br>창 자루 로 | 숫돌 려 | 거를 려 |

| 瀝 | 礫 | 煉 | 漣 | 輦 | 攣 | 斂 | 濂 | 簾 | 殮 |
|---|---|---|---|---|---|---|---|---|---|
| 스밀 력 | 조약돌 력<br>뛰어날 락 | 달굴 련 | 잔물결 련 | 가마 련 | 걸릴 련<br>경련할 련 | 거둘 렴 | 물 이름 렴 | 발 렴 | 염할 렴 |

| 翎 | 齡 | 玲 | 鈴 | 醴 | 魯 | 盧 | 鷺 | 櫓 | 蘆 |
|---|---|---|---|---|---|---|---|---|---|
| 깃 령 | 나이 령 | 옥소리 령 | 방울 령 | 단술 례 | 노나라 로<br>노둔할 로 | 성씨 로<br>밥그릇 로 | 해오라기 로<br>백로 로 | 방패 로 | 갈대 로 |

| 虜 | 撈 | 鹵 | 麓 | 籠 | 聾 | 儡 | 瀨 | 牢 | 療 |
|---|---|---|---|---|---|---|---|---|---|
| 사로잡을 로 | 건질 로 | 소금 로<br>노략질할 로 | 산기슭 록 | 대바구니 롱 | 귀먹을 롱 | 꼭두각시 뢰 | 여울 뢰 | 우리 뢰 | 병 고칠 료 |

| 遼 | 寮 | 陋 | 壘 | 婁 | 琉 | 劉 | 硫 | 溜 | 榴 |
|---|---|---|---|---|---|---|---|---|---|
| 멀 료 | 동관 료<br>벼슬아치 료 | 더러울 루 | 보루 루 | 끌 루<br>별 이름 루 | 유리 류 | 죽일 류 | 유황 류 | 처마물 류 | 석류나무 류 |

| 瘤 | 謬 | 戮 | 綸 | 崙 | 慄 | 勒 | 肋 | 廩 | 凌 |
|---|---|---|---|---|---|---|---|---|---|
| 혹 류 | 그르칠 류 | 죽일 륙 | 벼리 륜 | 산 이름 륜 | 떨릴 률 | 굴레 륵 | 갈빗대 륵 | 곳집 름 | 업신여길 릉<br>얼음 릉 |

| 綾 | 菱 | 稜 | 楞 | 璃 | 籬 | 釐 | 鯉 | 痢 | 罹 |
|---|---|---|---|---|---|---|---|---|---|
| 비단 릉 | 마름 릉 | 모날 릉 | 네모질 릉 | 유리 리 | 울타리 리 | 다스릴 리 | 잉어 리 | 설사 리 | 걸릴 리 |

| 裡 | 麟 | 鱗 | 璘 | 燐 | 琳 | 霖 | 淋 | 笠 | 粒 |
|---|---|---|---|---|---|---|---|---|---|
| 속 리 | 기린 린 | 비늘 린 | 옥빛 린 | 도깨비불 린 | 옥 림 | 장마 림 | 임질 림<br>장마 림 | 삿갓 립 | 낟알 립 |

| 摩 | 瑪 | 痲 | 魔 | 寞 | 膜 | 卍 | 娩 | 彎 | 挽 |
|---|---|---|---|---|---|---|---|---|---|
| 문지를 마 | 차돌 마<br>마노 마 | 저릴 마 | 마귀 마 | 고요할 막 | 꺼풀 막<br>막 막 | 만자 만 | 낳을 만 | 굽을 만 | 당길 만 |

| 曼 | 灣 | 蔓 | 蠻 | 輓 | 抹 | 沫 | 韈 | 網 | 芒 |
|---|---|---|---|---|---|---|---|---|---|
| 길게 끌 만 | 물굽이 만 | 덩굴 만 | 오랑캐 만 | 끌 만<br>애도할 만 | 지울 말 | 물거품 말 | 말갈 말<br>버선 말 | 그물 망 | 까끄라기 망 |

| 昧 | 枚 | 罵 | 邁 | 魅 | 貊 | 萌 | 冕 | 棉 | 沔 |
|---|---|---|---|---|---|---|---|---|---|
| 어두울 매 | 낱 매 | 꾸짖을 매 | 갈 매 | 매혹할 매<br>도깨비 매 | 맥국 맥 | 움 맹 | 면류관 면 | 목화 면 | 물 이름 면<br>빠질 면 |

| 麵 | 蔑 | 溟 | 皿 | 帽 | 牟 | 牡 | 瑁 | 矛 | 耗 |
|---|---|---|---|---|---|---|---|---|---|
| 밀가루 면 | 업신여길 멸 | 바다 명 | 그릇 명 | 모자 모 | 소 우는<br>소리 모 | 수컷 모 | 옥홀 모<br>대모 매 | 창 모 | 소모할 모 |

| 茅 | 謨 | 沐 | 穆 | 描 | 猫 | 巫 | 懋 | 撫 | 畝 |
|---|---|---|---|---|---|---|---|---|---|
| 띠 모 | 꾀 모 | 머리 감을 목 | 화목할 목 | 그릴 묘 | 고양이 묘 | 무당 무 | 무성할 무 | 어루만질 무 | 이랑 무/묘 |

| 蕪 | 誣 | 吻 | 汶 | 紋 | 彌 | 薇 | 悶 | 愍 | 旼 |
|---|---|---|---|---|---|---|---|---|---|
| 거칠 무 | 속일 무 | 입술 문 | 물 이름 문 | 무늬 문 | 미륵 미<br>두루 미 | 장미 미 | 답답할 민 | 근심할 민 | 화할 민<br>하늘 민 |

| 閔 | 剝 | 搏 | 珀 | 箔 | 縛 | 舶 | 駁 | 搬 | 攀 |
|---|---|---|---|---|---|---|---|---|---|
| 성씨 민<br>위문할 민 | 벗길 박 | 두드릴 박<br>어깨 박 | 호박 박/백 | 발 박 | 얽을 박 | 배 박 | 논박할 박<br>얼룩말 박 | 옮길 반 | 더위잡을 반 |

| 斑 | 槃 | 泮 | 潘 | 畔 | 攀 | 頒 | 磻 | 勃 | 撥 |
|---|---|---|---|---|---|---|---|---|---|
| 아롱질 반<br>얼룩 반 | 쟁반 반 | 물가 반<br>녹을 반 | 성씨 반<br>뜨물 반 | 밭두둑 반<br>배반할 반 | 명반 반 | 나눌 반<br>머리 클 분 | 강 이름 반<br>돌살촉 파 | 노할 발 | 다스릴 발 |

| | | | | | | | | | |
|---|---|---|---|---|---|---|---|---|---|
| 渤 | 潑 | 跋 | 醱 | 鉢 | 坊 | 幇 | 彷 | 枋 | 榜 |
| 바다 이름 발 | 물 뿌릴 발 | 밟을 발 | 술 괼 발 | 바리때 발 | 동네 방 | 도울 방 | 헤맬 방<br>비슷할 방 | 다목 방<br>자루 병 | 방 붙일 방<br>도지개 병 |
| 紡 | 肪 | 俳 | 盃 | 胚 | 襃 | 賠 | 陪 | 帛 | 柏 |
| 길쌈 방 | 살찔 방 | 배우 배 | 잔 배 | 아이 밸 배 | 성씨 배<br>치렁치렁할 배 | 물어줄 배 | 모실 배 | 비단 백 | 측백 백 |
| 栢 | 魄 | 幡 | 樊 | 燔 | 蕃 | 藩 | 閥 | 帆 | 梵 |
| 측백 백 | 넋 백<br>영락할 탁 | 깃발 번 | 울타리 번 | 사를 번 | 우거질 번 | 울타리 번 | 문벌 벌 | 돛 범 | 불경 범 |
| 汎 | 泛 | 范 | 僻 | 璧 | 癖 | 闢 | 卞 | 弁 | 倂 |
| 넓을 범 | 뜰 범 | 성씨 범 | 궁벽할 벽<br>피할 피 | 구슬 벽 | 버릇 벽 | 열 벽 | 성씨 변<br>법 변 | 고깔 변<br>말씀 변 | 아우를 병 |
| 幷 | 柄 | 炳 | 瓶 | 秉 | 餅 | 駢 | 堡 | 洑 | 甫 |
| 아우를 병 | 자루 병<br>근본 병 | 불꽃 병<br>밝을 병 | 병 병 | 잡을 병 | 떡 병 | 나란히할 병 | 작은 성 보 | 보 보<br>스며흐를 복 | 클 보<br>채마밭 포 |
| 菩 | 褓 | 輔 | 輻 | 僕 | 茯 | 馥 | 峰 | 俸 | 捧 |
| 보살 보<br>향초 이름 배 | 포대기 보 | 도울 보 | 바퀴살 복/폭 | 종 복 | 복령 복 | 향기 복 | 봉우리 봉 | 녹 봉 | 받들 봉 |
| 棒 | 烽 | 琫 | 縫 | 蓬 | 鋒 | 俯 | 傅 | 剖 | 孚 |
| 막대 봉 | 봉화 봉 | 칼집 장식 봉 | 꿰맬 봉 | 쑥 봉 | 칼날 봉 | 구부릴 부 | 스승 부<br>펼 부 | 쪼갤 부 | 미쁠 부 |

| 敷 | 斧 | 溥 | 腑 | 膚 | 芙 | 訃 | 跗 | 釜 | 阜 |
|---|---|---|---|---|---|---|---|---|---|
| 펼 부 | 도끼 부 | 펼 부 넓을 보 | 육부 부 | 살갗 부 | 연꽃 부 | 부고 부 | 책상다리 할 부 | 가마 부 | 언덕 부 |

| 噴 | 忿 | 汾 | 焚 | 盆 | 糞 | 芬 | 弗 | 棚 | 鵬 |
|---|---|---|---|---|---|---|---|---|---|
| 뿜을 분 | 성낼 분 | 클 분 | 불사를 분 | 동이 분 | 똥 분 | 향기 분 | 아닐 불 말 불 | 사다리 붕 | 붕새 붕 |

| 丕 | 匪 | 庇 | 扉 | 泌 | 沸 | 琵 | 痺 | 砒 | 秘 |
|---|---|---|---|---|---|---|---|---|---|
| 클 비 | 비적 비 나눌 분 | 덮을 비 허물 자 | 사립문 비 | 분비할 비 스며 흐를 필 | 끓을 비 용솟음할 불 | 비파 비 | 저릴 비 왜소할 비 | 비상 비 | 숨길 비 |

| 緋 | 翡 | 脾 | 臂 | 裨 | 鄙 | 毘 | 嬪 | 彬 | 斌 |
|---|---|---|---|---|---|---|---|---|---|
| 비단 비 | 물총새 비 | 지라 비 | 팔 비 | 도울 비 | 더러울 비 마을 비 | 도울 비 | 궁녀 벼슬 이름 빈 | 빛날 빈 밝을 반 | 빛날 빈 |

| 殯 | 濱 | 憑 | 僿 | 唆 | 嗣 | 奢 | 娑 | 徙 | 泗 |
|---|---|---|---|---|---|---|---|---|---|
| 빈소 빈 | 물가 빈 | 기댈 빙 의지할 빙 | 잘게 부술 사/새 | 부추길 사 | 이을 사 | 사치할 사 | 춤출 사 사바 세상 사 | 옮길 사 | 물 이름 사 |

| 瀉 | 獅 | 砂 | 祠 | 紗 | 肆 | 莎 | 裟 | 赦 | 飼 |
|---|---|---|---|---|---|---|---|---|---|
| 쏟을 사 | 사자 사 | 모래 사 | 사당 사 | 비단 사 | 방자할 사 | 사초 사 | 가사 사 | 용서할 사 | 기를 사 |

| 麝 | 傘 | 刪 | 珊 | 酸 | 撒 | 煞 | 薩 | 杉 | 森 |
|---|---|---|---|---|---|---|---|---|---|
| 사향노루 사 | 우산 산 | 깎을 산 | 산호 산 | 실 산 | 뿌릴 살 | 죽일 살 빠를 쇄 | 보살 살 | 삼나무 삼 | 수풀 삼 |

| 蔘 | 衫 | 滲 | 揷 | 澁 | 庠 | 湘 | 箱 | 翔 | 璽 |
|---|---|---|---|---|---|---|---|---|---|
| 삼 삼 | 적삼 삼 | 스며들 삼 | 꽂을 삽 | 떫을 삽 | 학교 상 | 강 이름 상 | 상자 상 | 날 상 | 옥새 새 |

| 穡 | 牲 | 笙 | 壻 | 嶼 | 抒 | 曙 | 棲 | 犀 | 瑞 |
|---|---|---|---|---|---|---|---|---|---|
| 거둘 색 | 희생 생 | 생황 생 | 사위 서 | 섬 서 | 풀 서 | 새벽 서 | 깃들일 서 | 무소 서 | 상서 서 |

| 筮 | 胥 | 舒 | 薯 | 鋤 | 黍 | 鼠 | 奭 | 晳 | 汐 |
|---|---|---|---|---|---|---|---|---|---|
| 점 서 | 서로 서 | 펼 서 | 감자 서 | 호미 서 | 기장 서 | 쥐 서 | 클 석 | 밝을 석 | 조수 석 |

| 潟 | 碩 | 錫 | 扇 | 璿 | 癬 | 繕 | 羨 | 腺 | 膳 |
|---|---|---|---|---|---|---|---|---|---|
| 개펄 석 | 클 석 | 주석 석 | 부채 선 | 구슬 선 | 옴 선 | 기울 선 | 부러워할 선 | 샘 선 | 선물 선<br>반찬 선 |

| 蟬 | 詵 | 銑 | 卨 | 屑 | 楔 | 泄 | 薛 | 暹 | 纖 |
|---|---|---|---|---|---|---|---|---|---|
| 매미 선<br>날 선 | 많을 선/신 | 무쇠 선 | 사람 이름 설 | 가루 설 | 문설주 설 | 샐 설 | 성씨 설 | 햇살 치밀 섬<br>나라 이름 섬 | 가늘 섬 |

| 蟾 | 贍 | 閃 | 陝 | 燮 | 惺 | 晟 | 醒 | 貰 | 塑 |
|---|---|---|---|---|---|---|---|---|---|
| 두꺼비 섬 | 넉넉할 섬 | 번쩍일 섬 | 땅 이름 섬 | 불꽃 섭 | 깨달을 성 | 밝을 성 | 깰 성 | 세낼 세 | 흙 빚을 소 |

| 宵 | 巢 | 梳 | 沼 | 瀟 | 疎 | 簫 | 紹 | 蕭 | 逍 |
|---|---|---|---|---|---|---|---|---|---|
| 밤 소<br>닮을 초 | 새집 소 | 얼레빗 소 | 못 소 | 강 이름 소 | 성길 소 | 퉁소 소 | 이을 소<br>느슨할 초 | 쓸쓸할 소<br>맑은대쑥 소 | 노닐 소 |

| | | | | | | | | | |
|---|---|---|---|---|---|---|---|---|---|
| 遡 | 邵 | 韶 | 贖 | 巽 | 遜 | 飧 | 宋 | 碎 | 嫂 |
| 거스를 소 | 땅 이름 소<br>성씨 소 | 풍류 이름 소 | 속죄할 속 | 부드러울 손<br>손괘 손 | 겸손할 손 | 저녁밥 손 | 성씨 송<br>송나라 송 | 부술 쇄 | 형수 수 |
| 戍 | 洙 | 漱 | 燧 | 狩 | 瘦 | 穗 | 竪 | 粹 | 綏 |
| 수자리 수 | 물가 수 | 양치질할 수 | 부싯돌 수 | 사냥할 수 | 여월 수 | 이삭 수 | 세울 수 | 순수할 수<br>부술 쇄 | 편안할 수 |
| 綬 | 繡 | 羞 | 蒐 | 藪 | 袖 | 讐 | 酬 | 銖 | 隋 |
| 끈 수 | 수놓을 수 | 부끄러울 수 | 모을 수 | 늪 수 | 소매 수 | 원수 수 | 갚을 수/주 | 저울눈 수 | 수나라 수<br>떨어질 타 |
| 髓 | 鬚 | 塾 | 楯 | 洵 | 淳 | 盾 | 筍 | 舜 | 荀 |
| 뼛골 수 | 수염 수<br>모름지기 수 | 글방 숙 | 난간 순<br>방패 순 | 참으로 순<br>멀 현 | 순박할 순 | 방패 순 | 죽순 순 | 순임금 순 | 풀 이름 순 |
| 詢 | 醇 | 馴 | 嵩 | 瑟 | 膝 | 褶 | 丞 | 升 | 繩 |
| 물을 순 | 전국술 순 | 길들일 순<br>가르칠 훈 | 높은 산 숭 | 큰 거문고 슬 | 무릎 슬 | 주름 습 | 정승 승 | 되 승<br>오를 승 | 노끈 승 |
| 陞 | 匙 | 媤 | 尸 | 屍 | 弑 | 柴 | 翅 | 諡 | 柿 |
| 오를 승 | 숟가락 시 | 시집 시 | 주검 시 | 주검 시 | 윗사람<br>죽일 시 | 섶 시 | 날개 시 | 시호 시 | 감나무 시 |
| 殖 | 湜 | 蝕 | 軾 | 娠 | 紳 | 腎 | 薪 | 訊 | 迅 |
| 불릴 식 | 물 맑을 식 | 좀먹을 식 | 수레 앞턱<br>가로 나무 식 | 아이 밸 신 | 띠 신 | 콩팥 신 | 섶 신 | 물을 신 | 빠를 신 |

| 悉 | 瀋 | 什 | 俄 | 啞 | 娥 | 峨 | 蛾 | 衙 | 鵝 |
|---|---|---|---|---|---|---|---|---|---|
| 다 실 | 즙 낼 심<br>성씨 심 | 열 사람 십<br>세간 집 | 아까 아 | 벙어리 아 | 예쁠 아 | 높을 아 | 나방 아 | 마을 아 | 거위 아 |

| 嶽 | 堊 | 握 | 顎 | 按 | 晏 | 鞍 | 閼 | 庵 | 癌 |
|---|---|---|---|---|---|---|---|---|---|
| 큰 산 악 | 흰흙 악 | 쥘 악 | 턱 악 | 누를 안 | 늦을 안 | 안장 안 | 가로막을 알 | 암자 암<br>갑자기 엄 | 암 암 |

| 菴 | 鴨 | 昂 | 秧 | 厓 | 埃 | 崖 | 碍 | 艾 | 掖 |
|---|---|---|---|---|---|---|---|---|---|
| 암자 암 | 오리 압 | 밝을 앙<br>오를 앙 | 모 앙 | 언덕 애 | 티끌 애 | 언덕 애 | 거리낄 애 | 쑥 애<br>다스릴 예 | 겨드랑이 액<br>낄 액 |

| 液 | 腋 | 櫻 | 鶯 | 倻 | 冶 | 孃 | 攘 | 瘍 | 襄 |
|---|---|---|---|---|---|---|---|---|---|
| 진 액 | 겨드랑이 액 | 앵두 앵 | 꾀꼬리 앵 | 가야 야 | 풀무 야 | 아가씨 양 | 물리칠 양 | 헐 양 | 도울 양 |

| 釀 | 禦 | 堰 | 彦 | 諺 | 孼 | 儼 | 掩 | 繹 | 捐 |
|---|---|---|---|---|---|---|---|---|---|
| 술 빚을 양 | 막을 어 | 둑 언 | 선비 언 | 언문 언<br>속담 언 | 서자 얼 | 엄연할 엄 | 가릴 엄 | 풀 역 | 버릴 연 |

| 椽 | 淵 | 烟 | 硯 | 筵 | 衍 | 鳶 | 涅 | 厭 | 焰 |
|---|---|---|---|---|---|---|---|---|---|
| 서까래 연 | 못 연 | 연기 연 | 벼루 연<br>갈 연 | 대자리 연 | 넓을 연 | 솔개 연 | 개흙 열 | 싫어할 염<br>누를 엽 | 불꽃 염 |

| 艶 | 閻 | 髥 | 燁 | 暎 | 瑩 | 瀛 | 瓔 | 盈 | 穎 |
|---|---|---|---|---|---|---|---|---|---|
| 고울 염 | 마을 염 | 구레나룻 염 | 빛날 엽 | 비칠 영<br>희미할 양 | 밝을 영<br>의혹할 형 | 바다 영 | 옥돌 영 | 찰 영 | 이삭 영 |

| 纓 | 叡 | 曳 | 濊 | 睿 | 穢 | 芮 | 裔 | 預 | 伍 |
|---|---|---|---|---|---|---|---|---|---|
| 갓끈 영 | 밝을 예 | 끌 예 | 종족 이름 예 | 슬기 예 | 더러울 예 | 성씨 예<br>나라 이름 열 | 후손 예 | 맡길 예<br>미리 예 | 다섯 사람 오 |

| 吳 | 奧 | 旿 | 梧 | 鰲 | 沃 | 鈺 | 瘟 | 穩 | 蘊 |
|---|---|---|---|---|---|---|---|---|---|
| 성씨 오 | 깊을 오 | 밝을 오 | 오동나무 오 | 자라 오 | 기름질 옥 | 보배 옥 | 염병 온 | 편안할 온 | 쌓을 온 |

| 兀 | 甕 | 雍 | 饔 | 渦 | 窩 | 蛙 | 訛 | 婉 | 浣 |
|---|---|---|---|---|---|---|---|---|---|
| 우뚝할 올 | 독 옹 | 화할 옹 | 아침밥 옹 | 소용돌이 와 | 움집 와 | 개구리 와 | 그릇될 와 | 순할 완<br>아름다울 완 | 빨 완 |

| 玩 | 阮 | 腕 | 莞 | 頑 | 旺 | 汪 | 倭 | 歪 | 矮 |
|---|---|---|---|---|---|---|---|---|---|
| 희롱할 완 | 성씨 완<br>나라 이름 원 | 팔뚝 완 | 빙그레<br>웃을 완 | 완고할 완 | 왕성할 왕 | 넓을 왕 | 왜나라 왜 | 기울 왜/외 | 난쟁이 왜 |

| 巍 | 凹 | 堯 | 夭 | 妖 | 姚 | 擾 | 曜 | 瑤 | 窯 |
|---|---|---|---|---|---|---|---|---|---|
| 높고 클 외 | 오목할 요 | 요임금 요 | 어릴 요<br>일찍 죽을 요 | 요사할 요 | 예쁠 요 | 시끄러울 요 | 빛날 요 | 아름다운<br>옥 요 | 가와 가마 요 |

| 耀 | 饒 | 褥 | 傭 | 湧 | 溶 | 熔 | 茸 | 蓉 | 踊 |
|---|---|---|---|---|---|---|---|---|---|
| 빛날 요 | 넉넉할 요 | 요 욕 | 품 팔 용 | 물 솟을 용 | 녹을 용 | 쇠 녹일 용 | 풀 날 용<br>버섯 이 | 연꽃 용 | 뛸 용 |

| 鎔 | 鏞 | 佑 | 寓 | 瑀 | 盂 | 祐 | 禑 | 禹 | 虞 |
|---|---|---|---|---|---|---|---|---|---|
| 쇠 녹일 용 | 쇠북 용 | 도울 우 | 부칠 우<br>머무를 우 | 패옥 우 | 사발 우 | 복 우<br>도울 우 | 복 우 | 성씨 우 | 염려할 우<br>나라 이름 우 |

| 迂 | 隅 | 旭 | 昱 | 郁 | 耘 | 芸 | 隕 | 蔚 | 鬱 |
|---|---|---|---|---|---|---|---|---|---|
| 에돌 우<br>굽을 오 | 모퉁이 우 | 아침 해 욱 | 햇빛 밝을 욱 | 성할 욱 | 김맬 운 | 평지 운 | 떨어질 운<br>둘레 원 | 고을 이름 울<br>제비쑥 위 | 답답할 울 |

| 熊 | 垣 | 媛 | 寃 | 猿 | 苑 | 袁 | 尉 | 渭 | 萎 |
|---|---|---|---|---|---|---|---|---|---|
| 곰 웅 | 담 원 | 여자 원 | 원통할 원 | 원숭이 원 | 나라동산 원 | 성씨 원 | 벼슬 위 | 물 이름 위 | 시들 위 |

| 葦 | 韋 | 魏 | 兪 | 喻 | 宥 | 庾 | 愉 | 楡 | 游 |
|---|---|---|---|---|---|---|---|---|---|
| 갈대 위 | 가죽 위 | 나라 이름 위 | 대답할 유 | 깨우칠 유 | 너그러울 유 | 곳집 유 | 즐거울 유 | 느릅나무 유 | 헤엄칠 유<br>깃발 류 |

| 濡 | 瑜 | 癒 | 諭 | 踰 | 釉 | 鍮 | 堉 | 毓 | 允 |
|---|---|---|---|---|---|---|---|---|---|
| 적실 유 | 아름다운<br>옥 유 | 병 나을 유 | 타이를 유 | 넘을 유<br>멀 요 | 광택 유 | 놋쇠 유 | 기름진땅 육 | 기를 육 | 맏 윤<br>진실할 윤 |

| 尹 | 胤 | 戎 | 絨 | 融 | 殷 | 蔭 | 揖 | 膺 | 鷹 |
|---|---|---|---|---|---|---|---|---|---|
| 성씨 윤 | 자손 윤 | 병장기 융<br>오랑캐 융 | 가는 베 융 | 녹을 융 | 성할 은<br>은나라 은 | 그늘 음 | 읍할 읍<br>모을 집 | 가슴 응 | 매 응 |

| 倚 | 懿 | 擬 | 椅 | 毅 | 蟻 | 誼 | 伊 | 弛 | 彝 |
|---|---|---|---|---|---|---|---|---|---|
| 의지할 의<br>기이할 기 | 아름다울 의 | 비길 의<br>헤아릴 의 | 의자 의 | 굳셀 의 | 개미 의 | 정의<br>옳을 의 | 저 이 | 늦출 이<br>떨어질 치 | 떳떳할 이 |

| 怡 | 爾 | 珥 | 貳 | 餌 | 頤 | 瀷 | 翊 | 咽 | 刃 |
|---|---|---|---|---|---|---|---|---|---|
| 기쁠 이 | 너 이 | 귀고리 이 | 두 이<br>갖은두 이 | 미끼 이 | 턱 이 | 강 이름 익 | 도울 익 | 목구멍 인<br>목멜 열 | 칼날 인 |

| 靭 | 佾 | 壹 | 溢 | 鎰 | 駰 | 姙 | 荏 | 仍 | 剩 |
|---|---|---|---|---|---|---|---|---|---|
| 질길 인 | 줄 춤 일 | 한 일<br>갖은한 일 | 넘칠 일 | 무게 이름 일 | 역말 일 | 아이 밸 임 | 들깨 임 | 인할 잉 | 남을 잉 |

| 炙 | 咨 | 姉 | 滋 | 煮 | 瓷 | 磁 | 藉 | 諮 | 雌 |
|---|---|---|---|---|---|---|---|---|---|
| 구울 자/적 | 물을 자 | 손위누이 자 | 불을 자 | 삶을 자 | 사기그릇 자 | 자석 자 | 깔 자 | 물을 자 | 암컷 자 |

| 灼 | 綽 | 芍 | 雀 | 鵲 | 棧 | 盞 | 岑 | 箴 | 簪 |
|---|---|---|---|---|---|---|---|---|---|
| 불사를 작 | 너그러울 작 | 함박꽃 작 | 참새 작 | 까치 작 | 사다리 잔<br>성할 진 | 잔 잔 | 봉우리 잠 | 경계 잠 | 비녀 잠 |

| 蠶 | 仗 | 匠 | 庄 | 杖 | 欌 | 漿 | 獐 | 璋 | 蔣 |
|---|---|---|---|---|---|---|---|---|---|
| 누에 잠 | 의장 장 | 장인 장 | 전장 장 | 지팡이 장 | 장롱 장 | 즙 장 | 노루 장 | 홀 장 | 성씨 장 |

| 薔 | 贓 | 醬 | 梓 | 滓 | 齋 | 諍 | 儲 | 咀 | 杵 |
|---|---|---|---|---|---|---|---|---|---|
| 장미 장<br>여뀌 색 | 장물 장 | 장 장 | 가래나무<br>재/자 | 찌꺼기 재 | 재계할 재<br>집 재 | 간할 쟁 | 쌓을 저 | 씹을 저 | 공이 저 |

| 楮 | 沮 | 渚 | 猪 | 疽 | 箸 | 苧 | 藷 | 邸 | 嫡 |
|---|---|---|---|---|---|---|---|---|---|
| 닥나무 저 | 막을 저 | 물가 저 | 돼지 저 | 등창 저 | 젓가락 저<br>붙을 착 | 모시풀 저 | 감자 저/서 | 집 저 | 정실 적 |

| 狄 | 笛 | 翟 | 謫 | 蹟 | 迪 | 迹 | 佃 | 剪 | 塡 |
|---|---|---|---|---|---|---|---|---|---|
| 오랑캐 적 | 피리 적 | 꿩 적 | 귀양갈 적 | 자취 적 | 나아갈 적 | 자취 적 | 밭 갈 전 | 자를 전 | 메울 전<br>진정할 진 |

| 塼 | 奠 | 廛 | 栓 | 氈 | 澱 | 煎 | 甸 | 箋 | 箭 |
|---|---|---|---|---|---|---|---|---|---|
| 벽돌 전<br>뭉칠 단 | 정할 전<br>제사 전 | 가게 전 | 마개 전 | 모전 전 | 앙금 전 | 달일 전 | 경기 전 | 기록할 전 | 화살 전 |

| 篆 | 纏 | 詮 | 鈿 | 銓 | 顚 | 截 | 浙 | 岾 | 点 |
|---|---|---|---|---|---|---|---|---|---|
| 전자 전 | 얽을 전 | 설명할 전 | 비녀 전 | 사람 가릴 전 | 엎드러질 전<br>이마 전 | 끊을 절 | 강 이름 절 | 땅 이름 점<br>고개 재 | 점 점 |

| 粘 | 偵 | 呈 | 幀 | 挺 | 旌 | 晶 | 楨 | 汀 | 町 |
|---|---|---|---|---|---|---|---|---|---|
| 붙을 점 | 염탐할 정 | 드릴 정<br>한도 정 | 그림 족자<br>정/탱 | 빼어날 정 | 기 정 | 맑을 정 | 광나무 정 | 물가 정 | 밭두둑 정 |

| 禎 | 艇 | 鄭 | 釘 | 錠 | 靖 | 鼎 | 劑 | 悌 | 梯 |
|---|---|---|---|---|---|---|---|---|---|
| 상서로울 정 | 배 정 | 나라 이름 정 | 못 정 | 덩이 정 | 편안할 정 | 솥 정 | 약제 제 | 공손할 제 | 사다리 제 |

| 臍 | 蹄 | 霽 | 俎 | 嘲 | 彫 | 措 | 曺 | 曹 | 棗 |
|---|---|---|---|---|---|---|---|---|---|
| 배꼽 제 | 굽 제 | 비 갤 제 | 도마 조 | 비웃을 조 | 새길 조 | 둘 조<br>섞을 착 | 성씨 조 | 무리 조 | 대추 조 |

| 槽 | 漕 | 爪 | 祚 | 稠 | 粗 | 肇 | 藻 | 詔 | 趙 |
|---|---|---|---|---|---|---|---|---|---|
| 구유 조 | 배로 실어<br>나를 조 | 손톱 조 | 복 조 | 빽빽할 조 | 거칠 조 | 비롯할 조 | 마름 조 | 조서 조<br>소개할 소 | 조나라 조<br>찌를 조 |

| 躁 | 遭 | 釣 | 阻 | 雕 | 簇 | 鏃 | 倧 | 綜 | 腫 |
|---|---|---|---|---|---|---|---|---|---|
| 조급할 조 | 만날 조 | 낚을 조<br>낚시 조 | 막힐 조 | 독수리 조<br>새길 조 | 가는 대 족 | 화살촉 족/촉 | 상고 신인 종 | 모을 종 | 종기 종 |

| 鍾 | 挫 | 做 | 呪 | 廚 | 疇 | 籌 | 紂 | 紬 | 蛛 |
|---|---|---|---|---|---|---|---|---|---|
| 쇠북 종 | 꺾을 좌 | 지을 주 | 빌 주 | 부엌 주 | 이랑 주 | 살 주 | 주임금 주 | 명주 주 | 거미 주 |

| 註 | 誅 | 週 | 駐 | 胄 | 粥 | 准 | 埈 | 峻 | 浚 |
|---|---|---|---|---|---|---|---|---|---|
| 글 뜻 풀 주 | 벨 주 | 돌 주 | 머무를 주 | 투구 주 | 죽 죽 | 준할 준 | 높을 준 | 높을 준 준엄할 준 | 깊게 할 준 |

| 濬 | 駿 | 櫛 | 汁 | 拯 | 甑 | 址 | 旨 | 砥 | 祉 |
|---|---|---|---|---|---|---|---|---|---|
| 깊을 준 | 준마 준 | 빗 즐 | 즙 즙 | 건질 증 | 시루 증 | 터 지 | 뜻 지 | 숫돌 지 | 복 지 |

| 祇 | 肢 | 脂 | 芝 | 趾 | 稙 | 稷 | 晉 | 塵 | 津 |
|---|---|---|---|---|---|---|---|---|---|
| 다만 지 공경할 지 | 팔다리 지 | 기름 지 | 지초 지 | 발 지 | 올벼 직 | 피 직 | 나아갈 진 | 티끌 진 | 나루 진 |

| 疹 | 秦 | 診 | 賑 | 叱 | 帙 | 窒 | 膣 | 輯 | 澄 |
|---|---|---|---|---|---|---|---|---|---|
| 마마 진 | 성씨 진 나라 이름 진 | 진찰할 진 | 구휼할 진 | 꾸짖을 질 | 책권 차례 질 | 막힐 질 | 음도 질 | 모을 집 | 맑을 징 |

| 叉 | 箚 | 遮 | 搾 | 窄 | 鑿 | 撰 | 燦 | 瓚 | 竄 |
|---|---|---|---|---|---|---|---|---|---|
| 갈래 차 | 찌를 차 차자 차 | 가릴 차 | 짤 착 | 좁을 착 | 뚫을 착 | 지을 찬 가릴 선 | 빛날 찬 | 옥잔 찬 | 숨을 찬 |

| 纂 | 纘 | 餐 | 饌 | 刹 | 擦 | 札 | 僭 | 懺 | 斬 |
|---|---|---|---|---|---|---|---|---|---|
| 모을 찬 | 이을 찬 | 밥 찬 | 반찬 찬 지을 찬 | 절 찰 | 문지를 찰 | 편지 찰 | 주제넘을 참 | 뉘우칠 참 | 벨 참 |

| | | | | | | | | | |
|---|---|---|---|---|---|---|---|---|---|
| 站 | 讒 | 讖 | 倡 | 娼 | 廠 | 彰 | 敞 | 昶 | 槍 |
| 역마을 참<br>우두커니 설 참 | 참소할 참 | 예언 참 | 광대 창 | 창녀 창 | 공장 창 | 드러날 창 | 시원할 창 | 해 길 창<br>트일 창 | 창 창 |

| | | | | | | | | | |
|---|---|---|---|---|---|---|---|---|---|
| 滄 | 瘡 | 脹 | 菖 | 綵 | 蔡 | 采 | 柵 | 擲 | 滌 |
| 큰 바다 창 | 부스럼 창 | 부을 창 | 창포 창 | 비단 채 | 성씨 채<br>내칠 살 | 풍채 채 | 울타리 책 | 던질 척 | 씻을 척 |

| | | | | | | | | | |
|---|---|---|---|---|---|---|---|---|---|
| 脊 | 陟 | 隻 | 喘 | 穿 | 闡 | 凸 | 喆 | 撤 | 澈 |
| 등마루 척 | 오를 척 | 외짝 척 | 숨찰 천 | 뚫을 천 | 밝힐 천 | 볼록할 철 | 밝을 철<br>쌍길 철 | 거둘 철 | 맑을 철 |

| | | | | | | | | | |
|---|---|---|---|---|---|---|---|---|---|
| 綴 | 轍 | 僉 | 瞻 | 籤 | 籤 | 詹 | 帖 | 捷 | 牒 |
| 엮을 철 | 바퀴자국 철 | 다 첨<br>여러 첨 | 볼 첨 | 제비 첨<br>제첨 첨 | 제비 첨 | 이를 첨<br>넉넉할 담 | 문서 첩<br>체지 체 | 빠를 첩<br>이길 첩 | 편지 첩 |

| | | | | | | | | | |
|---|---|---|---|---|---|---|---|---|---|
| 疊 | 諜 | 貼 | 菁 | 締 | 諦 | 哨 | 椒 | 楚 | 樵 |
| 거듭 첩<br>겹쳐질 첩 | 염탐할 첩 | 붙일 첩 | 우거질 청<br>순무 정 | 맺을 체 | 살필 체 | 망볼 초 | 산초나무 초 | 초나라 초<br>회초리 초 | 나무할 초 |

| | | | | | | | | | |
|---|---|---|---|---|---|---|---|---|---|
| 炒 | 焦 | 硝 | 礁 | 蕉 | 醋 | 醮 | 鈔 | 囑 | 蜀 |
| 볶을 초 | 탈 초 | 화약 초 | 암초 초 | 파초 초 | 초 초<br>잔 돌릴 작 | 제사 지낼 초 | 좋은 쇠 초 | 부탁할 촉 | 나라 이름 촉 |

| | | | | | | | | | |
|---|---|---|---|---|---|---|---|---|---|
| 叢 | 塚 | 寵 | 摠 | 撮 | 崔 | 椎 | 楸 | 樞 | 芻 |
| 떨기 총<br>모일 총 | 무덤 총 | 사랑할 총<br>현 이름 룡 | 다 총<br>합할 총 | 모을 촬<br>사진 찍을 촬 | 성씨 최<br>높을 최 | 쇠몽치 추<br>등골 추 | 가래 추 | 지도리 추<br>나무 이름 우 | 꼴 추 |

| 趨 | 鄒 | 酋 | 錐 | 錘 | 竺 | 蹴 | 軸 | 椿 | 朮 |
|---|---|---|---|---|---|---|---|---|---|
| 달아날 추<br>재촉할 촉 | 추나라 추 | 우두머리 추 | 송곳 추 | 저울추 추 | 나라 이름 축<br>두터울 독 | 찰 축 | 굴대 축 | 참죽나무 춘 | 차조 출 |

| 黜 | 沖 | 衷 | 娶 | 翠 | 聚 | 鷲 | 仄 | 侈 | 峙 |
|---|---|---|---|---|---|---|---|---|---|
| 내칠 출 | 화할 충<br>찌를 충 | 속마음 충 | 장가들 취 | 푸를 취<br>물총새 취 | 모을 취 | 독수리 취 | 기울 측 | 사치할 치 | 언덕 치 |

| 痴 | 癡 | 稚 | 穉 | 緻 | 雉 | 馳 | 勅 | 鍼 | 秤 |
|---|---|---|---|---|---|---|---|---|---|
| 어리석을 치 | 어리석을 치 | 어릴 치 | 어릴 치 | 빽빽할 치<br>이를 치 | 꿩 치 | 달릴 치 | 칙서 칙<br>신칙할 칙 | 침 침 | 저울 칭 |

| 唾 | 惰 | 舵 | 陀 | 駝 | 擢 | 琢 | 託 | 鐸 | 呑 |
|---|---|---|---|---|---|---|---|---|---|
| 침 타 | 게으를 타 | 키 타 | 비탈질 타 | 낙타 타 | 뽑을 탁 | 다듬을 탁 | 부탁할 탁 | 방울 탁 | 삼킬 탄 |

| 嘆 | 坦 | 灘 | 耽 | 蕩 | 兌 | 台 | 汰 | 笞 | 胎 |
|---|---|---|---|---|---|---|---|---|---|
| 탄식할 탄 | 평탄할 탄<br>너그러울 탄 | 여울 탄 | 즐길 탐 | 방탕할 탕 | 바꿀 태<br>기쁠 태 | 별 이름 태<br>나 이 | 일 태 | 볼기칠 태 | 아이 밸 태 |

| 苔 | 撐 | 兎 | 桶 | 筒 | 堆 | 腿 | 頹 | 套 | 妬 |
|---|---|---|---|---|---|---|---|---|---|
| 이끼 태 | 버틸 탱 | 토끼 토 | 통 통<br>되 용 | 대통 통 | 쌓을 퇴 | 넓적다리 퇴 | 무너질 퇴 | 씌울 투<br>덮개 투 | 샘낼 투 |

| 坡 | 婆 | 巴 | 琶 | 芭 | 坂 | 瓣 | 辦 | 阪 | 佩 |
|---|---|---|---|---|---|---|---|---|---|
| 언덕 파 | 할머니 파 | 꼬리 파<br>땅 이름 파 | 비파 파 | 파초 파 | 언덕 판 | 외씨 판 | 힘들일 판 | 언덕 판 | 찰 패 |

| | | | | | | | | | |
|---|---|---|---|---|---|---|---|---|---|
| 唄 | 悖 | 浿 | 牌 | 稗 | 覇 | 彭 | 膨 | 扁 | 鞭 |
| 염불 소리 패 | 거스를 패<br>우쩍 일어날 발 | 강 이름 패 | 패 패 | 피 패 | 으뜸 패<br>두목 패 | 성씨 팽<br>곁 방 | 부를 팽 | 작을 편<br>넓적할 편 | 채찍 편 |
| 貶 | 坪 | 哺 | 圃 | 怖 | 抛 | 泡 | 疱 | 砲 | 脯 |
| 낮출 폄 | 들 평 | 먹일 포 | 채마밭 포 | 두려워할 포 | 던질 포 | 거품 포 | 물집 포 | 대포 포 | 포 포<br>회식할 보 |
| 苞 | 葡 | 蒲 | 袍 | 褒 | 逋 | 鋪 | 鮑 | 曝 | 瀑 |
| 쌀 포 | 포도 포 | 부들 포 | 도포 포 | 기릴 포<br>모을 부 | 도망갈 포 | 가게 포<br>펼 포 | 절인<br>물고기 포 | 쬘 폭/포 | 폭포 폭<br>소나기 포 |
| 杓 | 瓢 | 豹 | 稟 | 楓 | 諷 | 豊 | 馮 | 披 | 弼 |
| 북두 자루 표<br>구기 작 | 바가지 표 | 표범 표 | 여쭐 품<br>곳집 름 | 단풍 풍 | 풍자할 풍 | 풍년 풍 | 성씨 풍<br>업신여길 빙 | 헤칠 피 | 도울 필 |
| 乏 | 逼 | 廈 | 瑕 | 蝦 | 霞 | 虐 | 謔 | 翰 | 閒 |
| 모자랄 핍 | 핍박할 핍 | 문간방 하<br>큰집 하 | 허물 하 | 두꺼비 하<br>새우 하 | 노을 하 | 모질 학 | 희롱할 학 | 편지 한 | 한가할 한 |
| 轄 | 函 | 涵 | 艦 | 銜 | 鹹 | 哈 | 盒 | 蛤 | 閤 |
| 다스릴 할 | 함 함 | 젖을 함 | 큰 배 함 | 재갈 함 | 짤 함 | 물고기 많은<br>모양 합 | 합 합 | 대합조개 합 | 쪽문 합 |
| 陜 | 亢 | 杭 | 沆 | 肛 | 咳 | 楷 | 蟹 | 諧 | 骸 |
| 땅 이름 합<br>좁을 협 | 높을 항 | 건널 항 | 넓을 항 | 항문 항 | 어린아이<br>웃을 해 | 본보기 해 | 게 해 | 화할 해 | 뼈 해 |

| 劾 | 杏 | 珦 | 餉 | 饗 | 墟 | 歇 | 爀 | 赫 | 烌 |
|---|---|---|---|---|---|---|---|---|---|
| 꾸짖을 핵 | 살구 행 | 옥 이름 향 | 건량 향 | 잔치할 향 | 터 허 | 쉴 헐 | 불빛 혁 | 빛날 혁 | 빛날 혁 |

| 倪 | 峴 | 弦 | 炫 | 玹 | 眩 | 舷 | 鉉 | 頁 | 俠 |
|---|---|---|---|---|---|---|---|---|---|
| 염탐할 현 | 고개 현 | 시위 현 | 밝을 현 | 옥돌 현 | 어지러울 현 | 뱃전 현 | 솥귀 현 | 머리 혈 | 의기로울 협 |

| 夾 | 峽 | 挾 | 狹 | 脅 | 莢 | 型 | 瀅 | 炯 | 荊 |
|---|---|---|---|---|---|---|---|---|---|
| 낄 협 | 골짜기 협 | 낄 협 | 좁을 협 | 위협할 협<br>겨드랑이 협 | 꼬투리 협 | 모형 형 | 물 이름 형 | 빛날 형 | 가시나무 형 |

| 馨 | 彗 | 鞋 | 壕 | 壺 | 弧 | 扈 | 昊 | 濠 | 狐 |
|---|---|---|---|---|---|---|---|---|---|
| 꽃다울 형<br>향기 형 | 살별 혜 | 신 혜 | 해자 호 | 병 호 | 활 호 | 따를 호<br>파랑새 호 | 하늘 호 | 해자 호<br>호주 호 | 여우 호 |

| 琥 | 瑚 | 糊 | 鎬 | 酷 | 渾 | 琿 | 笏 | 虹 | 樺 |
|---|---|---|---|---|---|---|---|---|---|
| 호박 호 | 산호 호 | 풀칠할 호<br>죽 호 | 호경 호 | 심할 혹 | 흐릴 혼<br>뒤섞일 혼 | 아름다운<br>옥 혼 | 홀 홀 | 무지개 홍 | 벚나무 화<br>자작나무 화 |

| 畵 | 靴 | 喚 | 宦 | 幻 | 桓 | 煥 | 滑 | 闊 | 凰 |
|---|---|---|---|---|---|---|---|---|---|
| 그림 화<br>그을 획 | 신 화 | 부를 환 | 벼슬 환 | 헛보일 환 | 굳셀 환 | 불꽃 환<br>빛날 환 | 미끄러울 활<br>익살스러울 골 | 넓을 활 | 봉황 황 |

| 慌 | 晃 | 滉 | 煌 | 隍 | 廻 | 晦 | 檜 | 淮 | 澮 |
|---|---|---|---|---|---|---|---|---|---|
| 어리둥절<br>할 황 | 밝을 황 | 깊을 황 | 빛날 황 | 해자 황 | 돌 회 | 그믐 회 | 전나무 회 | 물 이름 회 | 봇도랑 회 |

| 灰 | 繪 | 膾 | 誨 | 梟 | 爻 | 酵 | 后 | 喉 | 嗅 |
|---|---|---|---|---|---|---|---|---|---|
| 재 회 | 그림 회 | 회 회 | 가르칠 회 | 올빼미 효 | 사귈 효<br>가로그을 효 | 삭힐 효 | 뒤 후<br>임금 후 | 목구멍 후 | 맡을 후 |

| 朽 | 暈 | 勛 | 勳 | 熏 | 燻 | 薰 | 萱 | 卉 | 彙 |
|---|---|---|---|---|---|---|---|---|---|
| 썩을 후 | 무리 훈 | 공 훈 | 공 훈 | 불길 훈 | 연기낄 훈 | 향풀 훈 | 원추리 훤 | 풀 훼 | 무리 휘<br>모을 휘 |

| 徽 | 暉 | 諱 | 恤 | 匈 | 欣 | 痕 | 屹 | 欠 | 欽 |
|---|---|---|---|---|---|---|---|---|---|
| 아름다울 휘<br>표기 휘 | 빛 휘 | 숨길 휘<br>꺼릴 휘 | 불쌍할 휼 | 오랑캐 흉 | 기쁠 흔 | 흔적 흔 | 우뚝솟을 흘 | 하품 흠<br>이지러질 결 | 공경할 흠 |

| 洽 | 僖 | 姬 | 嬉 | 憙 | 熙 | 熹 | 犧 | 禧 | 羲 |
|---|---|---|---|---|---|---|---|---|---|
| 흡족할 흡 | 기쁠 희 | 여자 희 | 아름다울 희 | 기뻐할 희 | 빛날 희 | 빛날 희 | 희생 희 | 복 희 | 복희씨 희 |

| 詰 |
|---|
| 꾸짖을 힐 |

知之爲知之, 不知爲不知, 是知也.

"아는 것을 안다고 하고, 모르는 것을 모른다고 말하는 것, 그것이 아는 것이다."

－ ≪논어≫, 〈위정(爲政)〉

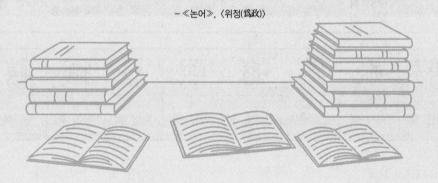

# 제2편

## 필수 사자성어

### 합격 Tip!

어휘 영역 40문항 중 15문항이 출제되는 사자성어!
출제 비중이 큰 만큼 꼼꼼히 익히자!

- 제1장 필수 사자성어

學而不思則罔, 思而不學則殆.

"배우기만 하고 생각하지 않으면 어리석어지고, 생각만 하고 배우지 않으면 위태롭다."

– ≪논어≫, 〈위정(爲政)〉

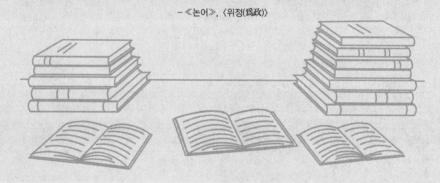

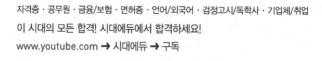

| | | | | |
|---|---|---|---|---|
| **苟斂誅求**<br>가렴주구 | 세금 같은 것을 가혹하게 거두어들이고 물건을 강제로 청구하여 국민을 못 살게 구는 일 | | **結草報恩**<br>결초보은 | 죽어서라도 은혜를 갚음<br>⑨ 각골난망(刻骨難忘) |
| **角者無齒**<br>각자무치 | 뿔이 있는 놈은 이가 없다는 뜻으로, 한 사람이 모든 복을 겸하지는 못함 | | **鷄卵有骨**<br>계란유골 | 달걀에도 뼈가 있다는 뜻으로, 복이 없는 사람은 아무리 좋은 기회를 만나도 덕을 보지 못함 |
| **甘呑苦吐**<br>감탄고토 | 달면 삼키고 쓰면 뱉는다는 뜻으로, 사리의 옳고 그름을 따지지 않고 자기 비위에 맞으면 좋아하고, 맞지 않으면 싫어한다는 말 | | **高談峻論**<br>고담준론 | 고상(高尙)하고 준엄(峻嚴)한 담론(談論) |
| **去頭截尾**<br>거두절미 | 머리와 꼬리를 잘라버린다는 뜻으로, 앞뒤의 잔사설을 빼놓고 요점만을 말함 | | **孤立無援**<br>고립무원 | 고립(孤立)되어 구원(救援)받을 데가 없음<br>⑨ 사면초가(四面楚歌) |
| **乾坤一擲**<br>건곤일척 | '하늘이냐 땅이냐'를 한 번 던져서 결정(決定)한다는 뜻으로, 흥망성패(興亡成敗)를 걸고 단판싸움을 함 | | **高屋建瓴**<br>고옥건령 | 높은 지붕 위에서 물을 담은 독을 기울여 쏟으면 그 내리쏟는 물살은 무엇으로도 막기 힘들다는 뜻으로, 기세가 왕성함을 이르는 말 |
| **格物致知**<br>격물치지 | 사물의 이치를 연구하여 자기의 지식을 확고하게 함 | | **苦盡甘來**<br>고진감래 | 괴로움이 다하면 즐거움이 온다는 말<br>⑩ 흥진비래(興盡悲來) |
| **見利思義**<br>견리사의 | 눈앞의 이익(利益)을 보거든 먼저 그것을 취함이 의리(義理)에 합당한지를 생각하라는 말 | | **空理空論**<br>공리공론 | 헛된 이치(理致)와 논의(論議)란 뜻으로, 사실에 맞지 않은 이론(理論)과 실제와 동떨어진 논의(論議) |

| | | | |
|---|---|---|---|
| **過猶不及**<br>과유불급 | 정도를 지나침은 미치지 못한 것과 같음<br>⊕ 과여불급(過如不及) | **累卵之勢**<br>누란지세 | 달걀을 포개어 놓은 것과 같은 몹시 위태로운 형세를 말함<br>⊕ 누란지위(累卵之危), 위여누란(危如累卵) |
| **膠柱鼓瑟**<br>교주고슬 | 비파나 거문고의 기러기발을 아교로 붙여 놓으면 음조를 바꾸지 못하여 한 가지 소리밖에 내지 못하듯이, 고지식하여 융통성이 전혀 없음 | **多多益善**<br>다다익선 | 많을수록 더욱 좋음<br>⊕ 다다익판(多多益辦) |
| **口尙乳臭**<br>구상유취 | 입에서 아직 젖내가 난다는 뜻으로, 언행이 매우 유치함 | **多才多能**<br>다재다능 | 재능이 많다는 말 |
| **九牛一毛**<br>구우일모 | 여러 마리의 소의 털 가운데서 한 가닥의 털. 곧, 아주 큰 물건 속에 있는 아주 작은 물건<br>⊕ 창해일속(滄海一粟) | **東問西答**<br>동문서답 | 동쪽을 묻는데 서쪽을 대답한다는 뜻으로, 묻는 말에 대하여 아주 딴판의 소리로 대답함 |
| **口耳之學**<br>구이지학 | 남에게 들은 것을 그대로 남에게 전할 정도밖에 되지 않는 천박한 학문 | **東奔西走**<br>동분서주 | 사방으로 이리저리 바삐 돌아다님<br>⊕ 남선북마(南船北馬) |
| **君子三樂**<br>군자삼락 | 맹자가 말한 군자의 세 가지 즐거움. 부모가 살아 계시고 형제가 무고한 것, 하늘에 부끄러울 것이 없고 천하의 뛰어난 인재를 얻어 교육하는 것 | **凍足放尿**<br>동족방뇨 | 언 발에 오줌 누기. 잠시의 효력이 있을 뿐, 마침내는 더 나쁘게 될 일을 함. 고식지계(姑息之計)를 비웃는 말 |
| **金科玉條**<br>금과옥조 | 금옥(金玉)과 같이 몹시 귀중한 법칙이나 규정 | **燈火可親**<br>등화가친 | 가을밤은 서늘하여 등불을 가까이 하여 글 읽기에 좋다는 말<br>⊕ 신량등화(新凉燈火) |
| **難兄難弟**<br>난형난제 | 누가 형이고 누가 아우인지 분간하기 어렵다는 뜻으로, 두 사물의 낫고 못함을 정하기 어려울 때를 비유하는 말 | **滿身瘡痍**<br>만신창이 | 온몸이 상처투성이라는 뜻으로, 아주 형편없이 엉망임을 형용해 이르는 말 |
| **囊中之錐**<br>낭중지추 | 주머니 속에 든 송곳은 끝이 뾰족하여 밖으로 나옴. 뛰어난 재주를 가진 사람은 숨기려 해도 저절로 드러난다는 뜻 | **亡羊之歎**<br>망양지탄 | 갈림길에서 양을 잃고 탄식한다는 뜻으로 학문의 길이 여러 갈래로 나뉘어 있어 진리를 찾기 어려움<br>⊕ 다기망양(多岐亡羊) |

| 四字成語 | 뜻풀이 |
|---|---|

**孟母三遷**
맹모삼천

맹자의 어머니가 맹자를 제대로 교육하기 위하여 집을 세 번이나 옮겼다는 뜻으로, 교육에는 주위 환경이 중요하다는 가르침

**明鏡止水**
명경지수

맑은 거울과 조용한 물이란 뜻으로, 고요하고 잔잔한 마음을 비유함

**明若觀火**
명약관화

밝기가 불을 보는 것과 같다는 뜻으로, 어떤 사실이 불을 보듯이 환함
윤 불문가지(不問可知)

**聞一知十**
문일지십

하나를 들으면 열을 안다는 뜻으로, 아주 총명함

**門前成市**
문전성시

권세를 드날리거나 부자가 되어 집의 문 앞이 방문객으로 저자(市)를 이루다시피 한다는 말
윤 문정약시(門庭若市)

**物我一體**
물아일체

바깥 사물과 나, 객관과 주관, 또는 물질계와 정신계가 어울려 한 몸으로 이루어진 그것

**博而不精**
박이부정

널리 알지만 능숙하거나 정밀하지 못함

**反哺之孝**
반포지효

까마귀 새끼가 자란 뒤에 늙은 어미에게 먹이를 물어다 주는 효성(孝誠)이라는 뜻으로, 자식이 자라서 부모를 봉양함

**發憤忘食**
발분망식

무엇을 이루려고 끼니조차 잊고 분발하여 노력함

**百年河淸**
백년하청

중국의 황하가 항상 흐려 맑을 때가 없다는 말로, 아무리 세월이 가도 일이 해결될 희망이 없음을 비유

**白面書生**
백면서생

오로지 글만 읽고 세상일에 경험이 없는 젊은이를 이르는 말

**富貴在天**
부귀재천

부귀(富貴)는 하늘이 부여하는 것이라 사람의 힘으로는 어찌할 수 없음을 이르는 말

**四面楚歌**
사면초가

사방이 다 적에게 둘러싸인 경우와 도움이 없이 고립된 상태를 이르는 말
윤 고립무원(孤立無援)

**山戰水戰**
산전수전

산에서 싸우고 물에서 싸웠다는 뜻으로, 세상일에 경험이 많음

**殺身成仁**
살신성인

자신의 몸을 죽여 인(仁)을 이룬다는 뜻으로, 자기의 몸을 희생하여 옳은 도리를 행함

**三顧草廬**
삼고초려

인재를 맞기 위해 참을성 있게 힘쓰는 것을 말함

**三人成虎**
삼인성호

세 사람이면 없던 호랑이도 만든다는 뜻으로, 거짓말이라도 여러 사람이 말하면 사실로 믿기 쉽다는 말

**三日天下**
삼일천하

사흘간의 천하라는 뜻으로, 권세의 허무를 일컫는 말

| 喪家之狗 | 초상집의 개라는 뜻으로, 별 대접을 받 |
|---|---|
| 상가지구 | 지 못하는 사람을 이르는 말. 여위고 지친 수척한 사람 |

| 桑梓之鄉 | |
|---|---|
| 상재지향 | 여러 대의 조상의 무덤이 있는 고향 |

| 桑田碧海 | 뽕나무 밭이 변하여 푸른 바다가 되었 다는 뜻으로, 세상일의 변천이 심하여 |
|---|---|
| 상전벽해 | 사물이 바뀜<br>⑨ 격세지감(隔世之感) |

| 席藁待罪 | 거적을 깔고 엎드려 벌 주기를 기다린 다는 뜻으로, 죄과(罪過)에 대한 처분 |
|---|---|
| 석고대죄 | 을 기다림 |

| 先公後私 | 공사(公事)를 먼저 하고 사사(私事)를 뒤로 미룸 |
|---|---|
| 선공후사 | ⑨ 지공무사(至公無私) |

| 雪上加霜 | 눈 위에 서리가 덮인다는 뜻으로, 불행 한 일이 거듭하여 겹침을 비유함. 엎친 |
|---|---|
| 설상가상 | 데 덮친 격 |

| 手不釋卷 | 손에서 책을 놓지 않는다는 뜻으로, |
|---|---|
| 수불석권 | 늘 책을 가까이하여 학문을 열심히 함 |

| 袖手傍觀 | 팔짱을 끼고 곁에서 보고만 있다는 뜻으 로, 직접 간여하지 않고 그대로 버려둠 |
|---|---|
| 수수방관 | ⑨ 오불관언(吾不關焉) |

| 水魚之交 | 물과 고기의 사이처럼 떨어질 수 없는 특별한 친분 |
|---|---|
| 수어지교 | ⑨ 수어지친(水魚之親) |

| 尸位素餐 | 재덕이나 공적도 없이 높은 자리에 앉 아 녹만 받는다는 뜻으로, 자기 직책을 |
|---|---|
| 시위소찬 | 다하지 않음을 이르는 말 |

| 識字憂患 | |
|---|---|
| 식자우환 | 글자를 아는 것이 도리어 근심이 됨 |

| 啞然失色 | 뜻밖의 일에 얼굴빛이 변할 정도로 크 |
|---|---|
| 아연실색 | 게 놀람 |

| 我田引水 | 자기 논에 물 대기. 자신에게만 이롭게 되도록 생각하거나 행동함 |
|---|---|
| 아전인수 | ⑫ 역지사지(易地思之) |

| 眼高手卑 | 눈은 높으나 손은 낮다는 뜻으로, 눈은 높으나 실력은 따라서 미치지 못함. 이 상만 높고 실천이 따르지 못함 |
|---|---|
| 안고수비 | ⑨ 안고수저(眼高手低) |

| 安貧樂道 | 가난한 생활을 하면서도 편안한 마음 으로 도를 즐겁게 지킴 |
|---|---|
| 안빈낙도 | ⑨ 안분지족(安分知足) |

| 眼下無人 | 눈 아래에 사람이 없다는 뜻으로, 사람 됨이 교만하여 남을 업신여김을 이르 |
|---|---|
| 안하무인 | 는 말 |

| 藥房甘草 | 무슨 일이나 빠짐없이 끼임. 반드시 끼 어야 할 사물 |
|---|---|
| 약방감초 | |

| 良藥苦口 | 효험이 좋은 약은 입에 쓰다는 뜻으로, 충언은 귀에는 거슬리나 자신에게 이 |
|---|---|
| 양약고구 | 롭다는 말 |

| 漁父之利 어부지리 | 두 사람이 이해 관계로 다투는 사이에 엉뚱한 사람이 이득을 보는 경우를 일컬음 ⊕ 견토지쟁(犬兔之爭) |
|---|---|
| 言中有骨 언중유골 | 말 속에 뼈가 있다는 뜻으로, 예사로운 표현 속에 만만치 않은 뜻이 들어 있음 ⊕ 언중유언(言中有言) |
| 溫故知新 온고지신 | 옛것을 익히고 그것으로 미루어 새것을 안다는 뜻 ⊕ 박고지금(博古知今) |
| 臥薪嘗膽 와신상담 | 섶에 눕고 쓸개를 맛본다는 뜻으로, 원수를 갚기 위해 괴로움과 어려움을 참고 견딤 |
| 外剛內柔 외강내유 | 겉으로는 굳게 보이나 속은 부드러움 ⊕ 외유내강(外柔內剛) |
| 牛刀割鷄 우도할계 | 소 잡는 칼로 닭을 잡는다는 뜻으로, 작은 일을 하면서 동작이 지나치게 큼을 비유 |
| 右往左往 우왕좌왕 | 오른쪽으로 갔다 왼쪽으로 갔다 하며 종잡지 못함. 사방으로 왔다 갔다 함 |
| 韋編三絶 위편삼절 | 독서를 열심히 함. 한 책을 되풀이하여 숙독함 |
| 益者三友 익자삼우 | 사귀어 자기에게 유익한 세 부류의 벗이라는 뜻으로, 정직한 사람, 친구의 도리를 지키는 사람, 지식이 있는 사람을 이르는 말 |

| 一面之交 일면지교 | 한 번 서로 인사를 한 정도로 아는 친분 ⊕ 반면지교(半面之交) |
|---|---|
| 一日三省 일일삼성 | 하루의 일 세 가지를 살핀다는 뜻으로, 하루에 세 번씩 자신의 행동을 반성(反省)함 |
| 日就月將 일취월장 | 날마다 달마다 성장하고 발전한다는 뜻으로, 학업이 날이 가고 달이 갈수록 진보함을 이름 ⊕ 괄목상대(刮目相對) |
| 一攫千金 일확천금 | 한꺼번에 많은 돈을 얻는다는 뜻으로, 노력 없이 벼락부자가 되는 것 |
| 張三李四 장삼이사 | 장 씨의 셋째 아들과 이 씨의 넷째 아들이란 뜻으로, 성명이나 신분이 특별하지 않은 평범한 사람들 ⊕ 갑남을녀(甲男乙女) |
| 赤手空拳 적수공권 | 맨손과 맨주먹이란 뜻으로, 곧 아무것도 가진 것이 없음 |
| 電光石火 전광석화 | 번갯불이나 부싯돌의 불이 번쩍이는 것처럼, 극히 짧은 시간, 아주 신속한 동작, 일이 매우 빠른 것을 가리키는 말 |
| 戰戰兢兢 전전긍긍 | 벌벌 떨며 매우 두려워함 |
| 輾轉反側 전전반측 | 누워서 이리저리 뒤척거리며 잠을 못 이룸 ⊕ 전전불매(輾轉不寐) |

| 轉禍爲福 | 화(禍)가 바뀌어 오히려 복이 됨 |
|---|---|
| 전화위복 | 유 새옹지마(塞翁之馬) |

| 寸鐵殺人 | 한 치의 쇠로 사람을 죽임. 간단한 말로 사람을 감동시킴. 또는 사물의 급소를 찌름 |
|---|---|
| 촌철살인 | 유 정문일침(頂門一鍼) |

| 切磋琢磨 | 옥, 돌, 상아 따위를 자르고 쪼아 갈고 닦아서 빛낸다는 뜻으로, 학문·덕행을 갈고 닦음 |
|---|---|
| 절차탁마 | |

| 推己及人 | 자신의 처지를 미루어 다른 사람의 형편을 헤아린다는 뜻 |
|---|---|
| 추기급인 | 유 혈구지도(絜矩之道) |

| 坐不安席 | 자리에 편안히 앉지 못한다는 뜻으로, 마음에 불안이나 근심 등이 있어 한자리에 오래 앉아 있지 못함 |
|---|---|
| 좌불안석 | |

| 追遠報本 | 조상의 덕을 추모(追慕)하여 제사를 지내고, 자기의 태어난 근본을 잊지 않고 은혜를 갚음 |
|---|---|
| 추원보본 | |

| 走馬加鞭 | 달리는 말에 채찍질한다는 속담의 한역. 형편이나 힘이 한창 좋을 때에 더욱 힘을 더한다는 말. 힘껏 하는데도 자꾸 더 하라고 격려함 |
|---|---|
| 주마가편 | |

| 兎死狗烹 | 토끼를 잡고 나면 사냥개는 삶아먹는다는 뜻으로, 필요할 때는 이용하고 이용 가치가 떨어졌을 때는 홀대하거나 제거하는 것을 말함 |
|---|---|
| 토사구팽 | |

| 走馬看山 | 말을 타고 달리며 산천을 구경한다는 뜻으로, 자세히 살피지 아니하고 대충 보고 지나감 |
|---|---|
| 주마간산 | |

| 波瀾萬丈 | 사람의 생활이나 일의 진행이 여러 가지 곡절과 시련이 많고 변화가 심함 |
|---|---|
| 파란만장 | 유 파란중첩(波瀾重疊) |

| 衆口難防 | 많은 사람이 마구 떠들어대는 소리는 막기가 어려움. 여러 사람이 마구 지껄이는 것을 이르는 말 |
|---|---|
| 중구난방 | |

| 破竹之勢 | 적을 거침없이 물리치고 쳐들어가는 당당한 기세 |
|---|---|
| 파죽지세 | |

| 天佑神助 | 하늘이 돕고 신이 도움 |
|---|---|
| 천우신조 | |

| 汗牛充棟 | 수레에 실으면 소가 땀을 흘릴 정도이고 방 안에 쌓으면 들보에 닿을 정도란 뜻으로, 책이 매우 많음 |
|---|---|
| 한우충동 | 유 오거지서(五車之書) |

| 千載一遇 | 천 년에 한 번 온 기회. 좀처럼 만나기 어려운 기회 |
|---|---|
| 천재일우 | 유 천재일시(千載一時) |

| 魂飛魄散 | '넋이 날아가고 넋이 흩어지다'라는 뜻으로, 몹시 놀라 어찌할 바를 모름 |
|---|---|
| 혼비백산 | |

| 天眞爛漫 | 천진함이 넘친다는 뜻으로, 조금도 꾸밈없이 아주 순진하고 참됨 |
|---|---|
| 천진난만 | |

| 花朝月夕 | '꽃이 핀 아침과 달 밝은 저녁'이란 뜻으로, '경치가 가장 좋은 때'를 이르는 말. 또는 음력 2월 보름과 8월 보름밤. 봄과 가을 |
|---|---|
| 화조월석 | |

# 제3편

## 최종모의고사

### 합격 Tip!

모의고사로 출제 경향 완벽히 파악하고
반복해서 틀리는 취약한 부분은 확실히 복습하자!

成事不說, 遂事不諫, 旣往不咎.

"이미 이루어진 일이니 말하지 않으며, 이미 끝난 일이니 충고하지 않으며,

이미 지나간 일이니 책망하지 않는 것이다."

– ≪논어≫, 〈팔일(八佾)〉

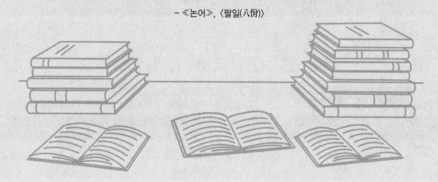

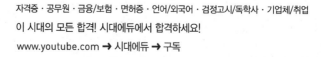

# 제1회 상공회의소 한자 시험 (2급) 최종모의고사

| 형별 | A형 | 제한<br>시간 | 80분 | 수험번호 | | 성 명 | |
|------|-----|------|------|----------|---|-------|---|
| | | | | | | | |

정답 142p

※ 다음 중 가장 알맞은 것을 고르시오.

<제1영역> 한자(漢字)

[1~11] 다음 한자(漢字)의 음(音)은 무엇입니까?

**01** 攪
① 교 ② 규 ③ 가 ④ 각 ⑤ 개

**02** 黎
① 란 ② 리 ③ 련 ④ 로 ⑤ 려

**03** 亮
① 양 ② 냥 ③ 당 ④ 량 ⑤ 창

**04** 蔓
① 면 ② 만 ③ 문 ④ 말 ⑤ 매

**05** 罵
① 독 ② 말 ③ 매 ④ 배 ⑤ 새

**06** 沸
① 비 ② 미 ③ 이 ④ 지 ⑤ 기

**07** 徙
① 서 ② 사 ③ 시 ④ 종 ⑤ 추

**08** 巽
① 속 ② 산 ③ 선 ④ 손 ⑤ 순

**09** 孼
① 얼 ② 연 ③ 언 ④ 양 ⑤ 염

**10** 匠
① 근 ② 장 ③ 정 ④ 건 ⑤ 존

**11** 餐
① 찬 ② 천 ③ 식 ④ 음 ⑤ 점

[12~18] 다음 음(音)을 가진 한자는 무엇입니까?

**12** 애
① 碍 ② 擬 ③ 蟻 ④ 晏 ⑤ 凝

**13** 문
① 畝 ② 曼 ③ 吻 ④ 蟹 ⑤ 隻

**14** 긍

    ① 冥   ② 肯   ③ 焦   ④ 叩   ⑤ 閣

**15** 준

    ① 舜   ② 尊   ③ 駿   ④ 騈   ⑤ 聰

**16** 서

    ① 戌   ② 束   ③ 粟   ④ 黍   ⑤ 棗

**17** 고

    ① 墾   ② 串   ③ 圭   ④ 励   ⑤ 股

**18** 와

    ① 彛   ② 癒   ③ 窩   ④ 懿   ⑤ 髙

[19~25] 다음 한자(漢字)와 음(音)이 같은 한자는 어느 것입니까?

**19** 奭

    ① 臘   ② 碩   ③ 纓   ④ 昨   ⑤ 蔓

**20** 撫

    ① 誣   ② 隻   ③ 矛   ④ 聚   ⑤ 塡

**21** 兜

    ① 臼   ② 杜   ③ 煉   ④ 濃   ⑤ 廠

**22** 鋤

    ① 俎   ② 釣   ③ 奚   ④ 鼠   ⑤ 嘲

**23** 坑

    ① 凱   ② 穹   ③ 羹   ④ 兎   ⑤ 炯

**24** 穗

    ① 壘   ② 粹   ③ 鞋   ④ 戮   ⑤ 磬

**25** 苔

    ① 秤   ② 撑   ③ 禎   ④ 峙   ⑤ 兌

[26~36] 다음 한자(漢字)의 뜻은 무엇입니까?

**26** 撰

    ① 짓다          ② 막다
    ③ 빼다          ④ 찾다
    ⑤ 버리다

**27** 歪

    ① 아니다      ② 바르다
    ③ 춤추다      ④ 그치다
    ⑤ 기울다

**28** 炙

    ① 씻다          ② 먹다
    ③ 자다          ④ 굽다
    ⑤ 눕다

**29** 魅

    ① 침            ② 열
    ③ 귀            ④ 사나이
    ⑤ 도깨비

30 鞍
① 책상　　　② 안장
③ 인형　　　④ 맷돌
⑤ 절구

31 耗
① 성하다　　② 줄이다
③ 채우다　　④ 늘리다
⑤ 세우다

32 狹
① 좁다　　　② 돕다
③ 뺏다　　　④ 갚다
⑤ 줍다

33 蒐
① 말다　　　② 볶다
③ 펴다　　　④ 모으다
⑤ 씻기다

34 甄
① 술병　　　② 술잔
③ 물병　　　④ 시루
⑤ 기와

35 孼
① 서자　　　② 제자
③ 양자　　　④ 세자
⑤ 적자

36 蛛
① 거미　　　② 개미
③ 모기　　　④ 매미
⑤ 나비

[37~43] 다음의 뜻을 가진 한자(漢字)는 무엇입니까?

37 드러나다
① 披　② 旱　③ 彰　④ 伎　⑤ 脂

38 무덤
① 坪　② 締　③ 棧　④ 塚　⑤ 佾

39 잔치
① 染　② 越　③ 旦　④ 宴　⑤ 炎

40 걸리다
① 罹　② 鍍　③ 沌　④ 腎　⑤ 劾

41 기쁘다
① 繪　② 怡　③ 擦　④ 升　⑤ 伎

42 넉넉하다
① 纖　② 獵　③ 贍　④ 晟　⑤ 攘

43 의지하다
① 撫　② 彌　③ 翔　④ 憑　⑤ 醱

[44~50] 다음 한자(漢字)와 뜻이 비슷한 한자는
　　　　어느 것입니까?

**44** 渾
　　① 汽　② 澹　③ 濁　④ 瀝　⑤ 潭

**45** 燦
　　① 煥　② 皁　③ 嶼　④ 尼　⑤ 燈

**46** 倦
　　① 槿　② 懶　③ 兌　④ 朗　⑤ 僻

**47** 朽
　　① 崑　② 腐　③ 餠　④ 嬪　⑤ 柑

**48** 斌
　　① 毘　② 陪　③ 彬　④ 嗣　⑤ 濱

**49** 萌
　　① 毓　② 薛　③ 芽　④ 埑　⑤ 蓋

**50** 燋
　　① 蕉　② 靴　③ 黔　④ 烽　⑤ 燁

〈제2영역〉 어휘(語彙)

[51~52] 다음 한자어(漢字語)와 그 새김의 방식이
　　　　같은 한자어는 어느 것입니까?

〈보기〉 年少 : ① 高山　② 下車　③ 往來
　　　　　　　 ④ 日出　⑤ 讀書
'年少'처럼 그 새김의 방식이 '주어와 서술어의 관
계'로 짜여진 한자어는 '日出(해가 뜨다)'이다. 따
라서 정답 ④를 골라 답란에 표기하면 된다.

**51** 苛酷
　　① 萌動　　　　　② 丕業
　　③ 煎茶　　　　　④ 牽引
　　⑤ 糾問

**52** 寒暑
　　① 乾燥　　　　　② 出沒
　　③ 靜寂　　　　　④ 飢餓
　　⑤ 解雇

[53~54] 다음 한자어(漢字語)의 음은 무엇입니까?

**53** 鷗鷺
　　① 구수　　　　　② 구로
　　③ 구호　　　　　④ 구극
　　⑤ 구심

**54** 輕霞

① 셩로 ② 경련

③ 경하 ④ 경전

⑤ 경축

[55~56] 다음 음(音)을 가진 한자어(漢字語)는 무엇입니까?

**55** 골계

① 滑稽 ② 骨格

③ 滑降 ④ 谷谿

⑤ 連繫

**56** 탁발

① 揮發 ② 活潑

③ 卓越 ④ 摘發

⑤ 托鉢

[57~59] 다음 한자(漢字)와 음(音)이 같은 한자는 어느 것입니까?

**57** 騷擾

① 俳優 ② 騷亂

③ 遭遇 ④ 逍遙

⑤ 騷動

**58** 補塡

① 補腎 ② 保全

③ 緩行 ④ 布陣

⑤ 迫眞

**59** 釣艇

① 調整 ② 鉤勒

③ 調練 ④ 破情

⑤ 躁動

[60] 다음 괄호 속 한자(漢字)의 음(音)이 다르게 발음되는 것은?

**60** ① (率)直 ② 能(率)

③ 引(率) ④ (率)先

⑤ (率)去

[61~62] 다음 한자어(漢字語)의 뜻풀이로 가장 적절한 것은 어느 것입니까?

**61** 推仰

① 의지하여 믿고 따름

② 높이 받들어 우러름

③ 사랑하며 그리워 함

④ 숭배하여 제사를 받듦

⑤ 신이나 부처 등의 종교적 대상을 우러러 신앙함

**62** 貰房

① 저잣거리

② 세상의 풍습

③ 임시로 쌓은 담벼락

④ 세를 내고 빌려 쓰는 방

⑤ 가게에 붙어 있는 작은 방

[63~64] 다음의 뜻에 맞는 한자어(漢字語)는 어느
것입니까?

**63** 속세를 피하여 은둔함

① 遁世　　　② 遁迹
③ 世襲　　　④ 塵世
⑤ 詢問

**64** 알에서 깬지 얼마 안 되는 어린 물고기

① 鮮魚　　　② 魚柴
③ 鱗紋　　　④ 魚卵
⑤ 稚魚

[65~70] 다음 단어들의 '□'에 공통으로 들어갈 알
맞은 한자(漢字)는 어느 것입니까?

**65** 兼□, 補□, □責

① 掌　② 總　③ 償　④ 職　⑤ 度

**66** □誇, □持, 自□

① 執　② 慢　③ 矜　④ 強　⑤ 宏

**67** 垂□, □惜, □憫

① 髮　② 憐　③ 簾　④ 鱗　⑤ 淳

**68** 寢□, 表□, □載

① 具　② 狀　③ 積　④ 裏　⑤ 室

**69** □約, 同□, □主

① 傑　② 志　③ 期　④ 袖　⑤ 盟

**70** □擢, 選□, 簡□

① 渤　② 跋　③ 易　④ 拔　⑤ 坊

[71~75] 다음 한자어(漢字語)와 뜻이 반대(反對)
이거나 상대(相對)되는 한자어는 어느 것
입니까?

**71** 冒瀆

① 模倣　　　② 暴露
③ 尊貴　　　④ 尊重
⑤ 諧謔

**72** 未洽

① 缺如　　　② 康寧
③ 合黨　　　④ 雄渾
⑤ 滿足

**73** 欽慕

① 純粹　　　② 永訣
③ 招聘　　　④ 輕蔑
⑤ 混沌

**74** 矮小

① 一蹴　　　② 健壯
③ 誇示　　　④ 綿延
⑤ 浪漫

**75** 散開

① 墨守　　② 發端
③ 壽命　　④ 集合
⑤ 永訣

[76~80] 다음 성어(成語)에서 '□'에 들어갈 알맞은 한자(漢字)는 어느 것입니까?

**76** □木之信

① 捷　② 徒　③ 徑　④ 徙　⑤ 彷

**77** 隱□自重

① 因　② 認　③ 忍　④ 印　⑤ 仁

**78** 無知蒙□

① 昧　② 薇　③ 罵　④ 遜　⑤ 蜜

**79** □衣之戲

① 斑　② 錦　③ 鉢　④ 憑　⑤ 紅

**80** 朝令□改

① 莫　② 暮　③ 卯　④ 葉　⑤ 冒

[81~85] 다음 성어(成語)의 뜻풀이로 적절한 것은 어느 것입니까?

**81** 蓬頭亂髮

① 구걸하는 거지
② 길머리에서 우연히 만남
③ 뒤얽힌 인연은 풀기 어려움
④ 더부룩하게 헝클어진 머리털
⑤ 혼잡한 길에서 만나 인사를 나누기 어려움

**82** 松茂柏悅

① 서로 경쟁함
② 이론과 실제가 같음
③ 궁핍한 삶을 이어감
④ 벗이 잘되는 것을 기뻐함
⑤ 이치에 맞지 않은 말을 억지로 끌어다 맞춤

**83** 纖纖玉手

① 가냘프고 고운 손
② 지극정성을 다함
③ 사려 깊이 처신함
④ 손발이 따로 움직임
⑤ 두 손 모아 간절히 빎

**84** 兔死狗烹

① 물길로 목적지에 다다름
② 백성들을 위해 강을 정비함
③ 작은 일도 힘을 보태면 쉽게 이뤄짐
④ 한 길 사람 속은 알기가 매우 어려움
⑤ 필요할 때는 쓰고 필요 없을 때는 버림

85 角者無齒

① 뿔이 있는 동물은 풀을 먹지 않음

② 뿔과 이는 갈고 닦지 않으면 오래가지 못함

③ 많은 사람과 함께 재주와 복을 나누어 가짐

④ 한 사람이 모든 재주나 복을 다 가질 수 없음

⑤ 뿔처럼 뾰족한 성격의 사람은 남의 험담을 잘함

[86~90] 다음의 뜻을 가장 잘 나타낸 성어(成語)는 어느 것입니까?

86 물가가 비싼 도회에서 고학함

① 海枯石爛　② 宿虎衝鼻

③ 市賈不貳　④ 苦集滅道

⑤ 桂玉之艱

87 무슨 일이든 알맞은 곳에서 해야 함

① 朝名市利　② 非禮勿視

③ 搖頭轉目　④ 首鼠兩端

⑤ 啞然失色

88 간섭하거나 거들지 않고 그대로 버려둠

① 因果應報　② 牽強附會

③ 自暴自棄　④ 袖手傍觀

⑤ 見利思義

89 융통성 없이 소견이 꼭 막힌 사람

① 膠柱鼓瑟　② 布衣寒士

③ 席藁待罪　④ 口尙乳臭

⑤ 磨斧作針

90 썩 많은 가운데 섞인 아주 적은 것

① 多多益善　② 作心三日

③ 山戰水戰　④ 九牛一毛

⑤ 尾生之信

〈제3영역〉 독해(讀解)

[91~97] 다음 문장에서 밑줄 친 한자어(漢字語)의 음(音)은 무엇입니까?

91 수철은 발표문을 읽고 필자의 주장에 대해 喝破했다.

① 주창　② 게시

③ 설파　④ 주장

⑤ 갈파

92 이곳은 물살이 느리기 때문에 토사의 堆積이 많다.

① 퇴적　② 퇴사

③ 퇴비　④ 토적

⑤ 적토

93 정권과 癒着하는 기업은 검찰이 철저히 조사해야 한다.

① 유지　② 유착

③ 유작　④ 유사

⑤ 유합

94 우승을 한 대표 팀은 국민들에게 박수喝采를 받았다.
① 찬미　　② 환호
③ 갈채　　④ 박수
⑤ 찬사

95 우리는 제대로 醱酵된 막걸리를 마셔보았다.
① 부패　　② 발산
③ 산화　　④ 발효
⑤ 포효

96 황제는 관리와 백성들에게 詔勅을 내렸다.
① 조사　　② 조침
③ 조칙　　④ 규칙
⑤ 어명

97 점점 새벽 黎明이 밝아 오고 있었다.
① 여명　　② 월명
③ 도명　　④ 해명
⑤ 청명

[98~102] 다음 문장에서 밑줄 친 한자어(漢字語)의 뜻풀이로 가장 적절한 것은 어느 것입니까?

98 이와 같은 대규모의 사건은 권력의 庇護를 받지 않고서는 일어날 수 없다.
① 공개적 지원
② 강력한 정책
③ 철저한 교육
④ 감싸고 보호함
⑤ 드러난 하자를 숨김

99 아파트 분양은 희망자에 한해 抽籤하여 분양한다.
① 시험을 봄　　② 기록을 잼
③ 제비를 뽑음　　④ 다투어 겨룸
⑤ 순서대로 정함

100 그는 아직 가설 단계라고 敷衍했다.
① 내용을 널리 터놓음
② 문장을 구성하는 단위
③ 설명을 간단하게 요약함
④ 설명을 덧붙여 자세히 말함
⑤ 다른 말 앞에 놓여 뜻을 분명하게 함

101 그는 사극 드라마에서 임금을 輔弼하는 충신 역을 맡았다.
① 웃어른을 받들어 섬김
② 윗사람의 일을 도와줌
③ 서로 힘든 일을 도와줌
④ 아랫사람의 일을 도와줌
⑤ 조상의 제사를 받들어 모심

102 나는 외국 유학을 다녀온 그에게 번역 일을 囑託했다.
① 빨리하도록 조름
② 일을 부탁하여 맡김
③ 빠른 시간 내에 완성함
④ 정해진 기한 내에 끝냄
⑤ 다그쳐서 빨리 나아가게 함

[103~107] 다음 문장에서 빈칸에 들어갈 가장 적절한 한자어(漢字語)는 어느 것입니까?

103 두 사람은 마을에 소문이 □□해지자 결국 야반도주 했다.
① 狼子　　　② 娘子
③ 破局　　　④ 狼藉
⑤ 狼頑

104 조선 시대에는 □□가 해안 지역을 빈번히 침략하여 백성들이 고통을 받았다.
① 倭亂　　　② 矮軀
③ 倭寇　　　④ 矮箭
⑤ 倭典

105 □□된 세부 항목들의 내용은 다음과 같다.
① 總額　　　② 總稱
③ 總則　　　④ 括弧
⑤ 總括

106 주위 사람들과 잘 □□하는 사람이 일도 잘하는 경향이 있다.
① 遭禍　　　② 混合
③ 融平　　　④ 融和
⑤ 獨樂

107 그가 맡은 일은 교내 신문을 □□하는 것이었다.
① 編輯　　　② 便紙
③ 輯要　　　④ 斷編
⑤ 極讚

[108~112] 다음 문장에서 밑줄 친 한자어(漢字語)의 한자표기(漢字表記)가 바르지 않은 것은 어느 것입니까?

108 탈춤이라고도 불리는 탈놀이는 지배층인 ① 兩班 혹은 ② 僧侶들에 대한 ③ 諷刺와 ④ 諧謔, 그리고 서민 생활의 ⑤ 實狀과 어려움들을 담고 있다.

109 ① 鐵道 건설은 토지 ② 補償 등 여러 가지 ③ 險難한 일이 있었으나 ④ 劃期的인 시간 ⑤ 切減 효과를 기대할 수 있다.

110 다른 사람과 좋은 ① 關係를 맺기 위해서는 타인에 대해 ② 綜合적으로 ③ 引識하여 그들을 이해하려는 ④ 寬容의 ⑤ 姿勢가 필요하다.

111 ① 品位를 ② 重要하게 생각하고 ③ 保守적인 ④ 價値觀을 가진 사람들은 옷차림에 ⑤ 神境을 쓴다.

112 ① 朝國의 ② 統一을 앞당기기 위해서는 남북 상호 간의 ③ 信賴 ④ 回復이 무엇보다 ⑤ 必要하다.

[113~120] 다음 문장에서 밑줄 친 단어(單語)를 한자 (漢字)로 바르게 쓴 것은 어느 것입니까?

113 항간에 떠도는 근거 없는 속설에 <u>현혹</u>되지 마십시오.

① 眩或　　② 眩惑
③ 眩酷　　④ 鉉惑
⑤ 鉉或

114 두 나라는 마침내 전쟁을 끝맺고 평화 협정 을 <u>체결</u>하였다.

① 締結　　② 締約
③ 約締　　④ 約條
⑤ 締條

115 노사 양측의 견해차를 어떻게 좁히느냐가 <u>초미</u>의 관심사이다.

① 昏迷　　② 初味
③ 稀微　　④ 焦眉
⑤ 炒迷

116 그녀는 <u>결벽증</u>이 심해 남이 쓰던 물건은 만지지도 않는다.

① 潔闢　　② 潔癖
③ 缺僻　　④ 缺癖
⑤ 潔僻

117 서로 자기 이익만을 내세우게 되면 <u>갈등</u>만 점점 더 심해진다.

① 葛藤　　② 渴藤
③ 葛燈　　④ 葛症
⑤ 褐藤

118 영토 문제를 놓고 두 나라의 <u>분쟁</u>이 본격화 되었다.

① 分爭　　② 紛爭
③ 紛戰　　④ 冷爭
⑤ 紛冷

119 대기 오염이 심해지면서 <u>천식</u> 증상을 보이 는 환자들이 많아졌다.

① 喘息　　② 呑息
③ 嘆息　　④ 穿息
⑤ 賤息

120 수배자의 <u>은닉</u>을 도와준 사람은 처벌 대상 이 되므로 경계해야 한다.

① 殷溺　　② 隱溺
③ 隱匿　　④ 殷匿
⑤ 銀溺

[121~125] 다음 문장에서 밑줄 친 단어(單語)나 어 구(語句)의 뜻을 가장 잘 나타낸 한자 (漢字) 또는 한자어(漢字語)는 어느 것 입니까?

121 소송을 파악하기 위해 두 사건이 <u>이어져 있는 관계</u>를 알아야 한다.

① 脈絡　　② 魁頭
③ 乖離　　④ 關係
⑤ 通察

**122** 힘들 때는 자신의 속마음을 털어놓고 말하는 것도 중요하다.

① 忠言　　　　② 披瀝

③ 折衷　　　　④ 衷誠

⑤ 衷情

**123** 겉모습만 보고 판단하지 말고 사물의 참된 모습이나 내용을 제대로 봐야 한다.

① 眞僞　　　　② 眞影

③ 眞相　　　　④ 醜態

⑤ 眞率

**124** 장기 불황으로 생산 활동이 쭈그러들게 되자 소비 활동도 줄게 되었다.

① 憤慨　　　　② 生疎

③ 櫛比　　　　④ 解弛

⑤ 萎縮

**125** 네 이야기의 내용은 앞뒤가 맞질 않아 이해하기가 어렵다.

① 束縛　　　　② 塵埃

③ 釀造　　　　④ 穀部

⑤ 矛盾

[126~130] 다음 글을 읽고 물음에 답하시오.

　내가 안의 ㉠ 현감으로 정사를 보던 이듬해 계축년(1793)의 어느 날이었다. ㉡ 날이 새려 할 무렵 내가 잠에서 반쯤 깨었을 때 ㉢ 동헌 앞에서 사람들 몇이 소곤거리다가 또 슬퍼하며 탄식하는 소리가 들렸다. 아마 무슨 다급한 일이 있는데 나의 잠을 깨울까 ㉣ 조심하는 것 같았다. 나는 큰소리로

물었다. "닭이 울었느냐?" 곁에 있던 사람이 말하기를 "벌써 서너 홰나 울었습니다." "밖에 무슨 일이 있느냐?" "통인 박상효의 조카딸이 함양으로 시집을 갔다가 일찍 홀로 되었는데 삼년상을 마치고 나서 ㉤ 독약을 먹고 ㉥ 위독하다고 합니다. 얼른 와서 돌보라는 ㉦ 기별을 받았는데 상효가 시방 당번이라 감히 가보지 못하고 있습니다." 나는 빨리 가보라고 명했다. 저녁나절에 함양 과부가 살았냐고 물었더니 곁에 있던 사람이 "이미 죽었습니다."라고 하였다. 나는 '어허' 탄식하며 "㉧ 열이로다. 이 여자여" 라고 하고 고을 아전을 불러서 물었다. ······.

신호열·김명호 옮김, 〈열녀함양박씨전〉

**126** ㉠ '현감'을 한자로 쓸 때 '현'자와 같은 한자를 사용한 것은?

① 顯官　　　　② 玄關

③ 懸弧　　　　④ 縣吏

⑤ 彈絃

**127** ㉡ '날이 새려 할 무렵'을 한자어로 가장 잘 나타낸 것은?

① 午夜　　　　② 黎明

③ 除夜　　　　④ 曉霧

⑤ 三朝

**128** ㉢ '동헌'과 ㉣ '조심'의 한자 표기로 바른 것은?

① 東軒 - 操心　　② 棟憲 - 操心

③ 東軒 - 彫心　　④ 東憲 - 彫心

⑤ 棟軒 - 操心

129 ⑩ '독약', ⑪ '위독', ⑫ '기별'의 한자 표기로 바른 것은?

① 毒藥 – 危督 – 寄別
② 毒藥 – 危篤 – 期別
③ 毒藥 – 危督 – 期別
④ 牘藥 – 危督 – 期別
⑤ 毒藥 – 危篤 – 奇別

130 글의 내용으로 보아 ◎ '열'과 같은 부수를 사용한 한자는?

① 焚        ② 劍
③ 灣        ④ 嫁
⑤ 裸

# 제2회 상공회의소 한자 시험 (2급) 최종모의고사

| 형별 | A형 | 제한<br>시간 | 80분 | 수험번호 | | 성 명 |
|---|---|---|---|---|---|---|
| | | | | | | |

정답 155p

※ 다음 중 가장 알맞은 것을 고르시오.

〈제1영역〉 한자(漢字)

[1~11] 다음 한자(漢字)의 음(音)은 무엇입니까?

**01** 疊
① 낭 ② 남 ③ 담 ④ 당 ⑤ 판

**02** 幇
① 방 ② 리 ③ 련 ④ 로 ⑤ 려

**03** 攪
① 도 ② 교 ③ 탁 ④ 각 ⑤ 고

**04** 顆
① 인 ② 자 ③ 사 ④ 과 ⑤ 차

**05** 誨
① 후 ② 효 ③ 해 ④ 희 ⑤ 회

**06** 鑄
① 주 ② 수 ③ 우 ④ 무 ⑤ 부

**07** 譽
① 오 ② 예 ③ 응 ④ 언 ⑤ 옹

**08** 臂
① 비 ② 시 ③ 기 ④ 지 ⑤ 이

**09** 瞬
① 운 ② 준 ③ 목 ④ 순 ⑤ 잠

**10** 臘
① 랍 ② 압 ③ 섭 ④ 월 ⑤ 량

**11** 拈
① 남 ② 순 ③ 념 ④ 접 ⑤ 점

[12~18] 다음 음(音)을 가진 한자는 무엇입니까?

**12** 진
① 娠 ② 秦 ③ 蟻 ④ 雙 ⑤ 押

**13** 광
① 丘 ② 棄 ③ 濃 ④ 匡 ⑤ 戚

14 학
① 諧 ② 謔 ③ 械 ④ 欠 ⑤ 髮

15 시
① 劤 ② 昱 ③ 湜 ④ 柿 ⑤ 捺

16 열
① 閱 ② 閨 ③ 閣 ④ 閨 ⑤ 閶

17 편
① 評 ② 輯 ③ 扁 ④ 扇 ⑤ 逸

18 범
① 泛 ② 乏 ③ 虎 ④ 廚 ⑤ 碧

[19~25] 다음 한자(漢字)와 음(音)이 같은 한자는
어느 것입니까?

19 駿
① 沖 ② 濬 ③ 駐 ④ 騈 ⑤ 聰

20 鋤
① 奭 ② 纓 ③ 筮 ④ 昨 ⑤ 嘗

21 裔
① 函 ② 屑 ③ 閃 ④ 睿 ⑤ 醋

22 鏞
① 趾 ② 鼓 ③ 鍾 ④ 鍮 ⑤ 踊

23 襟
① 汲 ② 衾 ③ 拈 ④ 奧 ⑤ 膽

24 峴
① 弦 ② 岐 ③ 岸 ④ 崎 ⑤ 峽

25 鍍
① 鑛 ② 蹈 ③ 鑑 ④ 鈍 ⑤ 錦

[26~36] 다음 한자(漢字)의 뜻은 무엇입니까?

26 諱
① 꺼리다　　　② 끼우다
③ 메우다　　　④ 늘리다
⑤ 채우다

27 靖
① 줍다　　　　② 쏘이다
③ 기록하다　　④ 편안하다
⑤ 휘날리다

28 雀
① 나방　　　　② 모기
③ 참새　　　　④ 오리
⑤ 갈매기

29 棗
① 감자　　　　② 대추
③ 오이　　　　④ 보리
⑤ 포도

**30** 蝦
① 개구리      ② 베짱이
③ 두꺼비      ④ 올챙이
⑤ 잠자리

**31** 驢
① 너구리      ② 당나귀
③ 망아지      ④ 얼룩말
⑤ 코끼리

**32** 闊
① 넓다      ② 깊다
③ 뺏다      ④ 갚다
⑤ 좁다

**33** 塚
① 궁궐      ② 집터
③ 동네      ④ 무덤
⑤ 언덕

**34** 毓
① 살리다      ② 흐르다
③ 싸우다      ④ 기르다
⑤ 거칠다

**35** 岎
① 계곡      ② 광야
③ 폭포      ④ 연못
⑤ 봉우리

**36** 鷹
① 매      ② 꾀꼬리
③ 병아리      ④ 부엉이
⑤ 비둘기

[37~43] 다음의 뜻을 가진 한자(漢字)는 무엇입니까?

**37** 매미
① 螢 ② 融 ③ 蛾 ④ 蝕 ⑤ 蟬

**38** 보배
① 鈺 ② 鎔 ③ 靖 ④ 悌 ⑤ 珥

**39** 밟다
① 薦 ② 賤 ③ 踐 ④ 遷 ⑤ 跳

**40** 심다
① 稽 ② 稼 ③ 穗 ④ 稻 ⑤ 穫

**41** 어리다
① 妖 ② 夫 ③ 雍 ④ 旺 ⑤ 夭

**42** 무너지다
① 塡 ② 壞 ③ 埈 ④ 嶺 ⑤ 峯

**43** 사랑하다
① 寵 ② 龕 ③ 憾 ④ 憬 ⑤ 亮

[44~50] 다음 한자(漢字)와 뜻이 비슷한 한자는
어느 것입니까?

44 憙
① 熹 ② 喜 ③ 濁 ④ 熙 ⑤ 希

45 澹
① 晶 ② 汀 ③ 潭 ④ 湛 ⑤ 品

46 遯
① 遍 ② 遣 ③ 竊 ④ 逃 ⑤ 窄

47 奭
① 奧 ② 奠 ③ 套 ④ 夾 ⑤ 碩

48 胥
① 互 ② 腎 ③ 脊 ④ 亞 ⑤ 疎

49 溺
① 泊 ② 汎 ③ 沒 ④ 溟 ⑤ 沸

50 渡
① 涉 ② 涅 ③ 涯 ④ 洲 ⑤ 浦

〈제2영역〉 어휘(語彙)

[51~52] 다음 한자어(漢字語)와 그 새김의 방식이
같은 한자어는 어느 것입니까?

〈보기〉 年少 : ① 高山 ② 下車 ③ 往來
④ 日出 ⑤ 讀書
'年少'처럼 그 새김의 방식이 '주어와 서술어의 관
계'로 짜여진 한자어는 '日出(해가 뜨다)'이다. 따
라서 정답 ④를 골라 답란에 표기하면 된다.

51 造船
① 參政 ② 純潔
③ 植樹 ④ 出生
⑤ 枯葉

52 緩急
① 洗濯 ② 遠近
③ 謹愼 ④ 懸賞
⑤ 懷古

[53~54] 다음 한자어(漢字語)의 음은 무엇입니까?

53 呈訴
① 정소 ② 장소
③ 정언 ④ 호소
⑤ 구언

54 羈寓
① 기려 ② 기우
③ 기수 ④ 기만
⑤ 기일

[55~56] 다음 음(音)을 가진 한자어(漢字語)는 무엇입니까?

**55**  찬란

① 燦爛　　② 燦然
③ 輝煌　　④ 燦煌
⑤ 贊冠

**56**  주사

① 酒宴　　② 奏御
③ 呪辭　　④ 稠密
⑤ 竄走

[57~59] 다음 한자(漢字)와 음(音)이 같은 한자는 어느 것입니까?

**57**  嗚咽

① 誤譯　　② 惡寒
③ 傲慢　　④ 悟悅
⑤ 嗚泣

**58**  濃淡

① 籠球　　② 農畜
③ 弄談　　④ 濃厚
⑤ 濃艷

**59**  哨舍

① 蔬食　　② 消暢
③ 廳舍　　④ 哨所
⑤ 焦思

[60] 다음 괄호 속 한자(漢字)의 음(音)이 다르게 발음되는 것은?

**60**  ① 排(便)　　② 郵(便)
③ 鳩(便)　　④ (便)覽
⑤ 增(便)

[61~62] 다음 한자어(漢字語)의 뜻풀이로 가장 적절한 것은 어느 것입니까?

**61**  歸寧

① 아무 탈 없이 편안함
② 나라가 잘 다스려져서 태평함
③ 고향으로 돌아가거나 돌아오는 길
④ 시집간 딸이 친정에 가서 부모를 뵘
⑤ 객지에서 부모를 뵈러 고향에 돌아감

**62**  除夕

① 밤을 새움
② 해가 질 무렵
③ 저녁때의 하늘
④ 저녁때의 경치
⑤ 섣달 그믐날 밤

[63~64] 다음의 뜻에 맞는 한자어(漢字語)는 어느 것입니까?

**63**  음식상이나 제사상을 거두어 치움

① 撤去　　② 撤床
③ 撤排　　④ 飯床
⑤ 望床

**64** 큰북을 치거나 큰북 소리가 울리는 모양

① 塡排　　　② 塡築
③ 擊鼓　　　④ 傲然
⑤ 塡然

[65~70] 다음 단어들의 '□'에 공통으로 들어갈 알맞은 한자(漢字)는 어느 것입니까?

**65** 垂□, □惜, □愍
① 髮　② 簾　③ 憐　④ 範　⑤ 哀

**66** 誇□, 驕□, □恤
① 張　② 矜　③ 慢　④ 求　⑤ 奢

**67** 殘□, 鋼□, □炭
① 滓　② 板　③ 額　④ 酷　⑤ 鐵

**68** 瑕□, 繫□, □譯
① 桿　② 跡　③ 瑾　④ 累　⑤ 飜

**69** □降, 貶□, □仙
① 神　② 斥　③ 謫　④ 下　⑤ 霜

**70** 角□, 放□, □斥
① 逐　② 學　③ 帽　④ 流　⑤ 除

[71~75] 다음 한자어(漢字語)와 뜻이 반대(反對)이거나 상대(相對)되는 한자어는 어느 것입니까?

**71** 媤宅
① 媤家　　　② 親戚
③ 親切　　　④ 濃縮
⑤ 親庭

**72** 閃光
① 糞尿　　　② 纖細
③ 漆黑　　　④ 暗示
⑤ 暗默

**73** 懶怠
① 勤勉　　　② 耽溺
③ 翡翠　　　④ 行態
⑤ 勤務

**74** 纏縛
① 勝利　　　② 解脫
③ 纖麗　　　④ 跋扈
⑤ 拒斧

**75** 豊饒
① 貧道　　　② 挫折
③ 騷亂　　　④ 貧困
⑤ 豊盛

[76~80] 다음 성어(成語)에서 '□'에 들어갈 알맞은 한자(漢字)는 어느 것입니까?

76 三□九食

① 句 ② 分 ③ 旬 ④ 荀 ⑤ 詢

77 大巧□拙

① 若 ② 弱 ③ 約 ④ 掠 ⑤ 藥

78 □玉之艱

① 梨 ② 柳 ③ 松 ④ 林 ⑤ 桂

79 日□途遠

① 暮 ② 募 ③ 冥 ④ 莫 ⑤ 墓

80 懸梁刺□

① 腹 ② 股 ③ 顧 ④ 攷 ⑤ 腔

[81~85] 다음 성어(成語)의 뜻풀이로 적절한 것은 어느 것입니까?

81 明鏡止水

① 깨끗한 마음
② 매우 영리한 사람
③ 자연의 아름다운 모습
④ 너무 순수해서 친구가 없음
⑤ 물처럼 어느 자리에나 잘 적응함

82 燈火可親

① 가을은 불을 밝히고 책 읽기에 좋음
② 등불이 밝으면 벗들이 모이기에 좋음
③ 등불 아래에서 어버이를 모시고 노님
④ 등불을 밝게 켜고 손님을 친히 맞이함
⑤ 등불을 밝게 켜고 옛날이야기를 들려줌

83 眼高手卑

① 안목은 없으나 실력은 좋음
② 눈은 하늘처럼 높으나 솜씨는 서툼
③ 벼슬의 꿈을 높이 세웠지만 수단이 부족함
④ 이상을 크게 갖고 어려운 일부터 시작해야 함
⑤ 안목이 높으면 같은 눈높이의 사람을 만날 수 있음

84 博覽强記

① 오래 노력하면 못 이룰 것이 없음
② 여러 가지 책을 널리 읽고 기억을 잘함
③ 남의 것을 흉내 내다 자기 것을 잃어버림
④ 사물을 자세히 보고 비판할 줄 알아야 함
⑤ 여기저기 여행하며 보고 들은 것을 기록함

85 阪上走丸

① 언덕 위에서 일을 시작할 때 회의를 함
② 언덕 위에서 걸으면서 들은 음악이 생각남
③ 세련되고 아름다운 행동을 하기 위해 노력함
④ 길을 잃어서 구슬이나 공을 굴려서 방향을 찾음
⑤ 어떤 세력에 힘입어 일을 꾀하면 쉽게 이루어지거나 잘 진전됨

[86~90] 다음의 뜻을 가장 잘 나타낸 성어(成語)
는 어느 것입니까?

86 늘 글을 읽고 열심히 공부함
① 識字憂患　　② 口耳之學
③ 金科玉條　　④ 物我一體
⑤ 手不釋卷

87 일이 몹시 꼬여 임시변통으로 맞춰 겨우
유지함
① 眼下無人　　② 經年閱歲
③ 上下撑石　　④ 渴而穿井
⑤ 空理空論

88 벼슬로 속박 받기보다 자유로운 은거 생활
이 더 나음
① 見利思義　　② 曳尾塗中
③ 白面書生　　④ 山中豪傑
⑤ 漱石枕流

89 팔은 안으로 굽지 밖으로 굽지 않음
① 臂不外曲　　② 外柔內剛
③ 門前雀羅　　④ 亡子計齒
⑤ 赤手空拳

90 세상사에 관계하지 않고 한가롭게 지내는
사람
① 燕雁代飛　　② 物外閑人
③ 西施捧心　　④ 波瀾萬丈
⑤ 道聽塗說

〈제3영역〉 독해(讀解)

[91~97] 다음 문장에서 밑줄 친 한자어(漢字語)의
음(音)은 무엇입니까?

91 그의 주옥같은 작품은 아직까지 사람들에
게 膾炙되고 있다.
① 광고　　　　② 배포
③ 가창　　　　④ 공감
⑤ 회자

92 그는 열심히 사는 친구에게 刺戟을 받아
열심히 공부하게 되었다.
① 자극　　　　② 극복
③ 풍자　　　　④ 영향
⑤ 숙제

93 컴퓨터 오류로 시스템 운영에 障碍가 발생
했다.
① 고장　　　　② 장애
③ 신고　　　　④ 장벽
⑤ 접수

94 농약의 본격적인 撒布가 시작되었다.
① 살수　　　　② 재배
③ 살포　　　　④ 봉사
⑤ 역포

**95** 신도시가 늘어나면서 수도권이 점점 膨脹하고 있다.

① 팽창　　　　② 발산

③ 발화　　　　④ 포화

⑤ 황폐

**96** 경찰은 사회 질서의 攪亂을 노리는 불순세력을 뿌리 뽑기로 했다.

① 요란　　　　② 혼란

③ 문란　　　　④ 교란

⑤ 분란

**97** 밤만 되면 들려오는 음악 소리 때문에 換腸하겠다.

① 환장　　　　② 환기

③ 환호　　　　④ 환영

⑤ 환담

[98~102] 다음 문장에서 밑줄 친 한자어(漢字語)의 뜻풀이로 가장 적절한 것은 어느 것입니까?

**98** 남의 약점을 떠들추는 것은 卑怯한 일이다.

① 한쪽으로 치우침

② 잘못되고 모자라는 점

③ 상대방을 가르치려 함

④ 모든 것을 겁내지는 않음

⑤ 떳떳하지 못하고 겁이 많음

**99** 이번 일은 어떻게 彌縫했지만 다음이 문제다.

① 임시변통　　　② 임시방편

③ 임시처변　　　④ 임시저장

⑤ 임시규정

**100** 누구를 迎入해야 할지는 투표 결과에 달려 있다.

① 환영식을 치러줌

② 정중히 예를 갖춰 우대함

③ 사람들에게 널리 사정을 알림

④ 불필요한 사람 대신 누군가를 꾸어 옴

⑤ 필요한 사람을 맞이해 들임

**101** 주자의 도루를 막기 위해 투수나 포수의 牽制가 필요하다.

① 서로의 뜻이 매우 잘 맞음

② 눈빛으로 서로의 마음을 읽음

③ 거리낌 없이 마음껏 공을 던짐

④ 자유롭게 행동하지 못하도록 묶어둠

⑤ 간섭하거나 거들지 않고 그대로 버려둠

**102** 우리는 나라를 구한 이순신 장군을 영웅으로 推仰한다.

① 의지하여 믿고 따름

② 높이 받들어 우러름

③ 사랑하며 그리워 함

④ 숭배하여 제사를 받듦

⑤ 죽은 사람을 그리며 생각함

[103~107] 다음 문장에서 빈칸에 들어갈 가장 적절한 한자어(漢字語)는 어느 것입니까?

**103** 사람들은 자기가 사는 곳에 □□ 시설의 설치를 반대한다.

① 驅逐　　　　② 飜覆

③ 嫌惡　　　　④ 踏襲

⑤ 汚名

**104** 유명 커피 회사의 □□이 교정 안에 들어오게 될 거라고 한다.

① 分半　　② 分節
③ 分點　　④ 分店
⑤ 分食

**105** 친한 사이라도 돈을 빌려 쓰려면 □□(으)로 잡힐 게 있어야 떳떳하다.

① 保護　　② 保管
③ 確保　　④ 保險
⑤ 擔保

**106** 경찰들이 □□하게 사건 현장에 덮쳐들었다.

① 敏捷　　② 傲慢
③ 過敏　　④ 叡敏
⑤ 拙速

**107** 응원단의 등장으로 선수들의 사기는 더욱 □□되었다.

① 渴仰　　② 昂揚
③ 崇仰　　④ 特殊
⑤ 餘映

[108~112] 다음 문장에서 밑줄 친 한자어(漢字語)의 한자표기(漢字表記)가 바르지 않은 것은 어느 것입니까?

**108** ① 昆蟲은 ② 脫披와 ③ 變態를 통해 ④ 完全히 다른 모습으로 ⑤ 재誕生한다.

**109** 상품으로서의 ① 媒力을 모두 ② 消盡하고 난 ③ 製品들은 ④ 割引 판매의 대상으로 ⑤ 轉換된다.

**110** ① 迅問 과정에서 ② 辯護인의 ③ 參與를 ④ 認定하지 않는 것은 헌법에 ⑤ 違背된다.

**111** 자기 ① 過誤를 ② 誠察하지 못한 채 우리들을 적으로만 ③ 看做하더니 이윽고 ④ 骨髓에 맺힌 ⑤ 怨恨이라도 풀려는 양 달려들었다.

**112** 불행했던 ① 植民의 기억은 자신에 대한 깊은 ② 冒蔑과 존재에 대한 ③ 過敏한 ④ 反應들을 ⑤ 誘發했다.

[113~120] 다음 문장에서 밑줄 친 단어(單語)를 한자(漢字)로 바르게 쓴 것은 어느 것입니까?

**113** 감시가 소홀한 때를 틈타 도망갔다.

① 騷越　　② 掃忽
③ 消忽　　④ 疏忽
⑤ 疏越

**114** 그는 건강이 좋지 않아서 여행 가는 것을 포기했다.

① 抛置　　② 放置
③ 暴棄　　④ 泡起
⑤ 抛棄

115 나는 이번 달 세금 공제의 혜택을 받았다.
　① 控除　　　　② 工程
　③ 提控　　　　④ 割引
　⑤ 貢制

116 한 번의 패배로 좌절해서는 안 된다.
　① 敗拜　　　　② 敗北
　③ 貝北　　　　④ 貝拜
　⑤ 覇背

117 패륜아 문제는 우리 사회가 책임져야 할 부분이기도 하다.
　① 悖惡　　　　② 悖妄
　③ 悖倫　　　　④ 怖悖
　⑤ 逆倫

118 그는 족보를 위조하여 양반 행세를 했다.
　① 遺族　　　　② 族親
　③ 族閥　　　　④ 族譜
　⑤ 族屬

119 부유물들이 침전되고 남은 물을 가지고 실험에 임해야 한다.
　① 沈澱　　　　② 寢殿
　③ 沈着　　　　④ 沈滯
　⑤ 沈沒

120 몇 번 물어보았으나 아무런 응대도 없었다.
　① 期待　　　　② 應對
　③ 應辯　　　　④ 反應
　⑤ 應答

[121~125] 다음 문장에서 밑줄 친 단어(單語)나 어구(語句)의 뜻을 가장 잘 나타낸 한자(漢字) 또는 한자어(漢字語)는 어느 것입니까?

121 손님을 마을 어귀까지 공손히 배웅하고 돌아오너라.
　① 追送　　　　② 奉送
　③ 放送　　　　④ 訪客
　⑤ 返送

122 명절에는 온 식구들이 모여 서로 잘되기를 바라는 말을 주고받는다.
　① 忠言　　　　② 俗談
　③ 德談　　　　④ 會談
　⑤ 情談

123 낡은 관습을 바꾸어 새롭게 하지 않으면 앞으로 우리 기업의 미래는 없다고 봐야 한다.
　① 革新　　　　② 革命
　③ 改善　　　　④ 準備
　⑤ 改備

124 회사 안의 기성세력들은 새로 부임한 대표를 반대해 몰아내고자 뭉치기 시작했다.
　① 背叛　　　　② 排斥
　③ 告發　　　　④ 告訴
　⑤ 警告

**125** 여행객은 공포로 <u>다리가 떨려</u> 꼼짝도 못하였다.

① 股筋　　　② 股間
③ 股慄　　　④ 戰慄
⑤ 震慄

[126~130] 다음 글을 읽고 물음에 답하시오.

---

"서리 내려 나뭇잎 질 때 성긴 숲속으로 들어가 나무 ㉠<u>그루터기</u> 위에 앉는다. 바람에 나부끼는 노란 잎은 옷소매에 점점이 떨어지고, 들새는 나무 우듬지에서 날아올라 사람을 엿본다. ㉡<u>황량한</u> 땅이 이 순간 맑고 드넓어진다."

조선 중기 문인 상촌 신흠의 글 「野言」의 한 대목이다. 서리 내리는 ㉢<u>節氣</u> 상강 무렵의 청신한 기운이 물씬 풍긴다.

漢詩 하면 ㉣<u>吟風(　　)月</u>이 아니면 충효나 예의 범절 같은 ㉤<u>의무</u>와 ㉥<u>구속</u>부터 떠올리는 이들이 적지 않다. 가난의 뼈아픔과 노동의 활력을 노래한 이달의 「시골집」은 그것이 한갓 선입견에 지나지 않음을 보여준다.

---

**126** ㉠'그루터기'의 뜻을 가진 것은?

① 株　　　② 刊
③ 壞　　　④ 丘
⑤ 桂

**127** ㉡'황량'의 '황'의 한자 표기가 바른 것은?

① 況　　　② 輝
③ 荒　　　④ 抗
⑤ 黃

**128** ㉢'節氣'의 '節'과 독음이 다른 것은?

① 竊　　　② 折
③ 切　　　④ 妥
⑤ 絶

**129** ㉣'吟風(　　)月'에서 (　　)에 들어갈 적절한 것은?

① 弄　　　② 樂
③ 農　　　④ 望
⑤ 歲

**130** ㉤'의무'와 ㉥'구속'의 한자 표기를 바르게 짝지은 것은?

① 義務 – 舊俗　　② 義務 – 拘束
③ 醫務 – 舊俗　　④ 醫務 – 拘束
⑤ 意務 – 構束

# 제3회 상공회의소 한자 시험 (2급) 최종모의고사

| 형별 | A형 | 제한<br>시간 | 80분 | 수험번호 | 성 명 |
|---|---|---|---|---|---|
| | | | | | |

정답 169p

※ 다음 중 가장 알맞은 것을 고르시오.

〈제1영역〉 한자(漢字)

[1~11] 다음 한자(漢字)의 음(音)은 무엇입니까?

01 喝
   ① 검 ② 근 ③ 건 ④ 갈 ⑤ 감

02 鍛
   ① 가 ② 간 ③ 권 ④ 금 ⑤ 단

03 櫓
   ① 루 ② 로 ③ 림 ④ 양 ⑤ 영

04 罵
   ① 말 ② 마 ③ 승 ④ 추 ⑤ 매

05 撥
   ① 귀 ② 등 ③ 발 ④ 수 ⑤ 정

06 森
   ① 삼 ② 임 ③ 목 ④ 수 ⑤ 진

07 匙
   ① 서 ② 시 ③ 신 ④ 수 ⑤ 막

08 嶽
   ① 도 ② 겸 ③ 산 ④ 악 ⑤ 견

09 倚
   ① 거 ② 대 ③ 각 ④ 가 ⑤ 의

10 煮
   ① 어 ② 지 ③ 자 ④ 초 ⑤ 흑

11 祉
   ① 지 ② 선 ③ 시 ④ 복 ⑤ 순

[12~18] 다음 음(音)을 가진 한자는 무엇입니까?

12 희
   ① 支 ② 禁 ③ 浴 ④ 僖 ⑤ 福

13 종
   ① 鍾 ② 卷 ③ 兆 ④ 著 ⑤ 蝗

**14** 량

① 領　② 凉　③ 投　④ 素　⑤ 閒

**15** 추

① 構　② 棄　③ 集　④ 錐　⑤ 楚

**16** 도

① 踏　② 桃　③ 慢　④ 綿　⑤ 悟

**17** 묵

① 默　② 額　③ 睦　④ 鉛　⑤ 漂

**18** 박

① 絆　② 措　③ 錨　④ 柏　⑤ 舶

[19~25] 다음 한자(漢字)와 음(音)이 같은 한자는
　　　　어느 것입니까?

**19** 個

① 改　② 犬　③ 季　④ 烏　⑤ 偈

**20** 射

① 殺　② 使　③ 識　④ 視　⑤ 蝕

**21** 賴

① 縣　② 雷　③ 猛　④ 幕　⑤ 速

**22** 廟

① 苗　② 霧　③ 策　④ 秩　⑤ 嘲

**23** 賠

① 煩　② 傍　③ 裵　④ 潤　⑤ 罵

**24** 勃

① 犁　② 逗　③ 捺　④ 鉢　⑤ 俸

**25** 彬

① 弁　② 斌　③ 騈　④ 舒　⑤ 婁

[26~36] 다음 한자(漢字)의 뜻은 무엇입니까?

**26** 徑

① 지름길　　　② 숲
③ 고난　　　　④ 어깨
⑤ 무거움

**27** 菊

① 엎드리다　　② 국화
③ 등　　　　　④ 치다
⑤ 버섯

**28** 納

① 바늘　　　　② 닦다
③ 비단　　　　④ 실
⑤ 들이다

**29** 瓜

① 외롭다　　　② 괴롭다
③ 오이　　　　④ 대추
⑤ 수세미

**30** 橘

① 다리　　　　② 교만하다

③ 가로지르다　④ 귤

⑤ 건너다

**31** 囊

① 양보하다　　② 주머니

③ 벌　　　　　④ 개미

⑤ 찌르다

**32** 袒

① 다만　　　　② 웃통 벗다

③ 지나다　　　④ 통하다

⑤ 제단

**33** 屠

① 죽이다　　　② 재단하다

③ 줍다　　　　④ 펼치다

⑤ 세다

**34** 黎

① 기장　　　　② 녹두

③ 검다　　　　④ 식히다

⑤ 분주하다

**35** 罹

① 잉어　　　　② 문득

③ 오직　　　　④ 그물

⑤ 걸리다

**36** 畝

① 참다　　　　② 집

③ 넝쿨　　　　④ 이랑

⑤ 오래다

**[37~43] 다음의 뜻을 가진 한자(漢字)는 무엇입니까?**

**37** 군사

① 走　② 卒　③ 街　④ 祖　⑤ 崔

**38** 익히다

① 練　② 待　③ 綠　④ 尾　⑤ 蒸

**39** 잔

① 丙　② 杯　③ 否　④ 倫　⑤ 陶

**40** 맏이

① 盲　② 萌　③ 竟　④ 豚　⑤ 孟

**41** 눈썹

① 睦　② 苗　③ 眉　④ 默　⑤ 悶

**42** 동이

① 剝　② 捐　③ 忿　④ 牡　⑤ 盆

**43** 크다

① 卞　② 丕　③ 梵　④ 邀　⑤ 匪

[44~50] 다음 한자(漢字)와 뜻이 비슷한 한자는
어느 것입니까?

44 慨
① 懼 ② 慣 ③ 憤 ④ 寬 ⑤ 棺

45 愼
① 雅 ② 謹 ③ 謁 ④ 譯 ⑤ 解

46 飢
① 殃 ② 懼 ③ 欺 ④ 餓 ⑤ 殖

47 潔
① 泥 ② 培 ③ 漠 ④ 廉 ⑤ 結

48 佳
① 倬 ② 麗 ③ 霞 ④ 睢 ⑤ 殼

49 馨
① 芬 ② 紆 ③ 肱 ④ 夭 ⑤ 荊

50 呑
① 吼 ② 諍 ③ 答 ④ 儲 ⑤ 訊

<제2영역> 어휘(語彙)

[51~52] 다음 한자어(漢字語)와 그 새김의 방식이
같은 한자어는 어느 것입니까?

〈보기〉 年少 : ① 高山 ② 下車 ③ 往來
④ 日出 ⑤ 讀書
'年少'처럼 그 새김의 방식이 '주어와 서술어의 관
계'로 짜여진 한자어는 '日出(해가 뜨다)'이다. 따
라서 정답 ④를 골라 답란에 표기하면 된다.

51 波瀾
① 憧憬 ② 燔肉
③ 濯足 ④ 刮目
⑤ 長孫

52 折枝
① 疲勞 ② 播種
③ 倉庫 ④ 排斥
⑤ 疑惑

[53~54] 다음 한자어(漢字語)의 음은 무엇입니까?

53 旺盛
① 옥왕 ② 장수
③ 장성 ④ 왕왕
⑤ 왕성

54 濯足
① 집족 ② 탁족
③ 집적 ④ 탁발
⑤ 행로

[55~56] 다음 음(音)을 가진 한자어(漢字語)는 무
엇입니까?

55 천식
  ① 喘息        ② 天障
  ③ 喘促        ④ 喘急
  ⑤ 遷度

56 우수
  ① 郵政        ② 憂愁
  ③ 優劣        ④ 雨傘
  ⑤ 憂哭

[57~59] 다음 한자(漢字)와 음(音)이 같은 한자는
어느 것입니까?

57 建造
  ① 簡素        ② 建築
  ③ 健康        ④ 乾燥
  ⑤ 乾癬

58 究明
  ① 牛角        ② 存在
  ③ 救命        ④ 最高
  ⑤ 究察

59 歡迎
  ① 銅鏡        ② 瞳孔
  ③ 幻想        ④ 靜境
  ⑤ 幻影

[60] 다음 괄호 속 한자(漢字)의 음(音)이 다르게
발음되는 것은?

60 ① 減(殺)      ② 屠(殺)
   ③ (殺)身      ④ (殺)人
   ⑤ (殺)伐

[61~62] 다음 한자어(漢字語)의 뜻풀이로 가장 적
절한 것은 어느 것입니까?

61 見責
  ① 미래를 내다 봄
  ② 남을 꾸짖음
  ③ 실수를 면함
  ④ 몰래 훔쳐봄
  ⑤ 책망을 당함

62 暴露
  ① 세차게 내리는 비
  ② 가늘게 내리는 비
  ③ 남의 비밀을 파헤쳐 드러냄
  ④ 남을 거칠게 제압함
  ⑤ 넓은 길

[63~64] 다음의 뜻에 맞는 한자어(漢字語)는 어느
것입니까?

63 물가, 주가 등이 갑자기 오름
  ① 橫暴        ② 瀑布
  ③ 爆笑        ④ 暴騰
  ⑤ 爆竹

**64** 검사하여 찾음

① 索寞　　② 檢索
③ 索引　　④ 索出
⑤ 色盲

[65~70] 다음 단어들의 '□'에 공통으로 들어갈 알맞은 한자(漢字)는 어느 것입니까?

**65** 就□, □臺, □牀
① 樓　② 矜　③ 寢　④ 敖　⑤ 玧

**66** 屈□, □張, □縮
① 斷　② 責　③ 伸　④ 止　⑤ 楊

**67** □遇, 期□, 冷□
① 困　② 約　③ 晉　④ 乘　⑤ 待

**68** 金□, □數, 半□
① 額　② 宅　③ 捉　④ 鑑　⑤ 敕

**69** 水□, □蟲, 公□
① 廚　② 平　③ 求　④ 報　⑤ 害

**70** □事, □決, □明
① 度　② 到　③ 病　④ 判　⑤ 半

[71~75] 다음 한자어(漢字語)와 뜻이 반대(反對)이거나 상대(相對)되는 한자어는 어느 것입니까?

**71** 直接
① 曲線　　② 間接
③ 處地　　④ 來年
⑤ 看守

**72** 散在
① 密度　　② 深化
③ 密集　　④ 認識
⑤ 蜜蓋

**73** 複雜
① 純化　　② 善行
③ 探索　　④ 單純
⑤ 多端

**74** 供給
① 需要　　② 受諾
③ 負傷　　④ 瑕疵
⑤ 共知

**75** 拘禁
① 條件　　② 巨利
③ 彈劾　　④ 拉致
⑤ 釋放

[76~80] 다음 성어(成語)에서 '□'에 들어갈 알맞은 한자(漢字)는 어느 것입니까?

**76** 君子三□

① 入  ② 樂  ③ 行  ④ 得  ⑤ 洛

**77** 見□思義

① 利  ② 金  ③ 大  ④ 千  ⑤ 理

**78** 孟母三□

① 千  ② 天  ③ 遷  ④ 泉  ⑤ 瞻

**79** □禍爲福

① 全  ② 傳  ③ 殿  ④ 轉  ⑤ 塼

**80** 切□琢磨

① 搾  ② 蹉  ③ 差  ④ 稍  ⑤ 磋

[81~85] 다음 성어(成語)의 뜻풀이로 적절한 것은 어느 것입니까?

**81** 風樹之嘆

① 부모에게 효도하려 생각할 때는 이미 돌아가셔서 뜻을 이룰 수 없음
② 가지 많은 나무에 바람 잘 날 없음
③ 착한 일을 많이 하면 복을 받음
④ 집 앞에는 강이, 집 뒤에는 산이 있어야 함
⑤ 바람이 세게 불어야 나무가 크게 흔들림

**82** 白面書生

① 나태한 사람
② 학식이 높은 사람
③ 추운 지역에 사는 사람
④ 세상일에 조금도 경험이 없는 사람
⑤ 용모가 빼어나고 학식을 두루 갖춘 사람

**83** 燈火可親

① 등잔 밑이 어두움
② 지나침은 모자람과 같음
③ 어버이에게 효도하는 사람
④ 가을밤은 서늘하므로 책 읽기에 좋음
⑤ 작은 일에 충실해야 큰 일을 할 수 있음

**84** 堂狗風月

① 여러 번 반복해도 실력이 늘지 않음
② 작은 일에 지레 놀람
③ 모든 일에 대해 정성을 다하여 임함
④ 여러 방면으로 널리 알기는 하나 정통하지 못함
⑤ 유식한 사람과 사귀면 견문이 넓어짐

**85** 乾坤一擲

① 땅과 하늘이 하나 됨
② 전원에서 편안하게 즐김
③ 운명을 걸고 단판에 승부를 겨룸
④ 화를 세 번 참으면 어떠한 재앙도 막을 수 있음
⑤ 길게 늘어진 것을 하나로 잇는 통찰력

[86~90] 다음의 뜻을 가장 잘 나타낸 성어(成語)
　　　　는 어느 것입니까?

86　견문이 매우 좁음
　　① 坐井觀天　　② 一日三省
　　③ 三日天下　　④ 殺身成仁
　　⑤ 多才多能

87　서로 뜻이 통하는 친한 벗
　　① 益者三友　　② 言中有骨
　　③ 東問西答　　④ 知己之友
　　⑤ 不問曲直

88　세상이 복잡하여 살기 어려움
　　① 明若觀火　　② 九折羊腸
　　③ 苦盡甘來　　④ 過猶不及
　　⑤ 難兄難弟

89　도리나 사정을 생각지 않고 경솔하게 행동함
　　① 桑田碧海　　② 鷄卵有骨
　　③ 喪家之狗　　④ 漁父之利
　　⑤ 輕擧妄動

90　몹시 놀라 얼굴빛이 하얗게 변함
　　① 大驚失色　　② 苛斂誅求
　　③ 韋編三絶　　④ 甘呑苦吐
　　⑤ 格物致知

<제3영역> 독해(讀解)

[91~97] 다음 문장에서 밑줄 친 한자어(漢字語)의
　　　　음(音)은 무엇입니까?

91　저 상점의 물건들은 품질이 良好하다.
　　① 우수　　　　② 적당
　　③ 상당　　　　④ 양호
　　⑤ 우호

92　勇氣있는 사람만이 사랑을 쟁취할 수 있
　　다.
　　① 의기　　　　② 신용
　　③ 용기　　　　④ 신념
　　⑤ 의기

93　학교까지 往復 한 시간이 걸립니다.
　　① 왕복　　　　② 보통
　　③ 평균　　　　④ 대개
　　⑤ 편도

94　김회장은 사업을 확장하여 자동차 製造 분
　　야에도 손을 대기 시작했다.
　　① 제조　　　　② 제작
　　③ 창제　　　　④ 창조
　　⑤ 부품

95　나의 참을성이 限界에 다다랐다.
　　① 세계　　　　② 경계
　　③ 한계　　　　④ 위계
　　⑤ 징계

**96** 과거의 방식을 <u>踏襲</u>하기만 해서는 안 된다.

① 도습      ② 답품

③ 담론      ④ 모방

⑤ 답습

**97** 그는 오랜 <u>煩悶</u> 끝에 어려운 결정을 내렸다.

① 고심      ② 번민

③ 고민      ④ 번뇌

⑤ 고뇌

[98~102] 다음 문장에서 밑줄 친 한자어(漢字語)의 뜻풀이로 가장 적절한 것은 어느 것입니까?

**98** 우리 국민의 평균 <u>勞動</u>시간이 점차 줄어들고 있다고 합니다.

① 노력을 지나치게 기울임

② 양이나 수치가 급격하게 줄어듦

③ 유용한 곳에 쓰기 위해 자신의 몸속에 에너지를 충분히 모아 둠

④ 생활에 필요한 물자를 얻기 위해 육체적·정신적 노력을 들이는 행위

⑤ 권력과 부귀를 마음껏 누리는 일

**99** 이 제도를 도입하기까지 직원들의 <u>激烈</u>한 반대가 있었다고 합니다.

① 비밀이 새어 나감

② 정보를 서로 주고받음

③ 말이나 행동이 세차고 사나움

④ 여러 사람이 협력하여 일을 함

⑤ 힘을 합하여 서로 도움

**100** 정해진 계좌에 <u>送金</u>하신 뒤에 다시 연락해 주세요.

① 금을 판매함      ② 돈을 모아 둠

③ 돈을 넣음      ④ 돈이 갑자기 생김

⑤ 돈을 부쳐 보냄

**101** 여러분 개인의 <u>權益</u>을 보호하기 위해 최선을 다하겠습니다.

① 재산을 증대시킴

② 놓치지 않고 꽉 잡음

③ 권리와 그에 따르는 이익

④ 사회적으로 주어지는 의무

⑤ 사람으로서의 권리

**102** 그의 행동은 <u>倫理</u>적으로 큰 문제가 된다.

① 사람으로서 마땅히 행하거나 지켜야 할 도리

② 남을 지배하고 억누르려는 마음

③ 어떤 이익을 주장할 수 있는 법률상의 조건

④ 법을 지키지 않는 행위

⑤ 모든 형태의 인간의 집단적 생활을 일컬음

[103~107] 다음 문장에서 빈칸에 들어갈 가장 적절한 한자어(漢字語)는 어느 것입니까?

**103** 시위대가 □□(으)로 진출하는 것을 막아 주십시오.

① 角度      ② 病室

③ 家口      ④ 街頭

⑤ 家內

04 백제의 미술은 □□하고 세련되었다.
　① 鈍重　　　　② 有數
　③ 優雅　　　　④ 深慮
　⑤ 愚作

05 철수는 오늘부터 우리 부서에서 □□하
게 되었다.
　① 訪問　　　　② 勤務
　③ 休學　　　　④ 課業
　⑤ 化粧

06 소화제를 □□ 섭취하는 것은 좋지 않습니
다.
　① 多量　　　　② 定量
　③ 多數　　　　④ 定數
　⑤ 度量

07 사람들이 동생을 형으로 □□하는 경우
가 많다.
　① 吟味　　　　② 家族
　③ 勝因　　　　④ 唯一
　⑤ 誤認

[108~112] 다음 문장에서 밑줄 친 한자어(漢字語)
의 한자표기(漢字表記)가 바르지 <u>않은</u>
것은 어느 것입니까?

08 ① <u>先生</u>님의 ② <u>說明</u>을 잘 듣고 ③ <u>課題</u>와
④ <u>復習</u>을 ⑤ <u>自臣</u>이 알아서 하도록 하세요.

109 이 사람은 수많은 ① <u>構聲員</u>들을 ② <u>苦
痛</u>의 질곡에서 ③ <u>幸福</u>의 길로 ④ <u>引導</u>
한 ⑤ <u>英雄</u>입니다.

110 ① <u>患亂</u>을 ② <u>克服</u>하기 위해 ③ <u>神</u>께 ④
<u>祈壽</u>하고 있는 우리들을 ⑤ <u>凌蔑</u>하지 마
시오.

111 지난 ① <u>聖誕節</u>에 ② <u>峽谷</u>에서 ③ <u>失踪</u>된
사람이 어제 ④ <u>隣近</u>에서 ⑤ <u>發見</u>되었다.

112 세상사에 ① <u>厭增</u>을 느낀 그는 ② <u>故鄕</u>에
서 ③ <u>蟄居</u> ④ <u>生活</u>을 하기로 ⑤ <u>決心</u>했다.

[113~120] 다음 문장에서 밑줄 친 단어(單語)를 한자
(漢字)로 바르게 쓴 것은 어느 것입니까?

113 죄인들은 <u>포박</u>당한 채 한 줄로 늘어서 있었다.
　① 匍箔　　　　② 浦亳
　③ 捕縛　　　　④ 匏搏
　⑤ 包薄

114 일의 <u>형세</u>를 잘 보고 판단하시기 바랍니다.
　① 現勢　　　　② 現世
　③ 形勢　　　　④ 形世
　⑤ 現歲

115 각 <u>과목</u>마다 교과서가 정해져 있습니다.
　① 科木　　　　② 果目
　③ 果木　　　　④ 科睦
　⑤ 科目

116 이번 대통령 선거에서는 어떤 사람이 당선
될는지에 대해 귀추가 주목되고 있다.
① 善去　　　② 選去
③ 善擧　　　④ 選擧
⑤ 線居

117 <u>난방</u> 장치가 고장 나서 지금 실내가 매우
춥다고 합니다.
① 暖房　　　② 卵房
③ 暖放　　　④ 卵放
⑤ 暖傍

118 이 책은 제가 <u>번역</u>하였습니다.
① 繁亦　　　② 飜譯
③ 煩易　　　④ 負役
⑤ 叛逆

119 그는 오늘 <u>호피</u> 무늬 외투를 입었다.
① 好皮　　　② 號豊
③ 虎皮　　　④ 湖豊
⑤ 好被

120 화초에 물을 <u>분무</u>한 뒤에 거실을 청소합시다.
① 奮懋　　　② 雾懋
③ 分霧　　　④ 噴霧
⑤ 雾霧

[121~125] 다음 문장에서 밑줄 친 단어(單語)나 어
구(語句)의 뜻을 가장 잘 나타낸 한자
(漢字) 또는 한자어(漢字語)는 어느 것
입니까?

121 이 분야에는 <u>새로이 등장한</u> 세력들이 적극
적으로 참여합니다.
① 市長　　　② 節電
③ 新進　　　④ 皇帝
⑤ 魁奇

122 그 연극은 무대장치와 등장인물들이 <u>서로</u>
<u>잘 어울린다.</u>
① 調和　　　② 相好
③ 朝會　　　④ 神用
⑤ 登用

123 그의 어머니가 남에게 알려지지 않은 덕행
을 하여서인가? 그에게는 언제나 운이 따
른다.
① 武力　　　② 他德
③ 仁德　　　④ 運動
⑤ 陰德

124 어제의 회의에서는 세 가지 안건을 모두
그 자리에서 처리하지 않고 나중으로 미
루어 두었다.
① 在席　　　② 後日
③ 處理　　　④ 保留
⑤ 殘留

**125** 평론가는 그의 작품에 대하여 <u>아름다움과 추함</u>을 분석하여 가치를 논하였다.

① 美醜　　② 批評
③ 分析　　④ 輸入
⑤ 薄色

[126~130] 다음 글을 읽고 물음에 답하시오.

　　사슴이나 산양처럼 평소에는 얌전하기 짝이 없는 동물들이 짝짓기 철만 되면 피 흘리는 싸움도 마다 않는 ( ㉠ )함을 보이게 된다. 싸우는 것은 대개 ㉡ <u>웅성</u>이고, ㉢ <u>자성</u>은 옆에서 조용히 지켜보다가 싸움이 끝나면 주저 없이 이긴 녀석을 짝으로 선택한다. 오랜 진화 과정에서 익힌 버릇임에 틀림없을 텐데, 건강한 상대와 짝짓기를 하는 것이 종족 보존에 ㉣ <u>우조</u>가 되기 때문에 그런 버릇이 생겼을 것이다. 겉보기만으로는 상대방의 건강을 알 수 없는 상황에서, 싸움에 이겼다는 사실이 자신은 건강하다는 ㉤ <u>신호</u>를 상대방에게 전달하는 역할을 하는 셈이다.
　　수컷들은 싸움 이외에도 다양한 방법을 통해 상대방에게 자신의 건강에 대한 신호를 보내고 있다. 예를 들어 ㉥ <u>공작</u>의 화려한 깃털, 물고기의 반짝거리는 비늘, 사슴의 우람한 뿔, 그리고 두꺼비의 크고 굵은 울음소리 같은 것들이 모두 신호 발송의 수단으로 사용된다.
　　사람과 사람 사이에서의 만남에서도 이와 같은 신호를 보내는 사례를 자주 발견할 수 있다. 값비싼 차 혹은 값비싼 옷으로 자기를 잘 모르는 상대방에게 자신의 ㉦ <u>풍요</u>로움을 은연중에 전달하려고 하는 것이 그 좋은 예다.
　　그렇다면 우리가 흔히 말하는 과시적 소비가 단지 허영심의 산물이 아니고, 경우에 따라서는 자신에 관한 정보를 전달하는 수단으로 사용되고 있

는지도 모른다. 사업가뿐 아니라, ㉧ <u>辯護</u>사, 부동산 중개업자, 실내 ㉨ <u>장식</u>가 등 낯선 고객들과 접할 기회가 많은 사람들도 이런 목적에서 과시적 소비를 할 경우가 많을 것으로 짐작할 수 있다.

**126** 문맥상 ㉠에 가장 알맞은 것은?

① 窮僻　　② 倂合
③ 亂暴　　④ 奢侈
⑤ 狩獵

**127** ㉡~㉥에서 한자 표기가 바르지 <u>않은</u> 것은?

① ㉡ 雄性　　② ㉢ 雌性
③ ㉣ 佑助　　④ ㉤ 紳號
⑤ ㉥ 孔雀

**128** ㉦ '풍요'의 한자 표기가 바른 것은?

① 豊饒　　② 富饒
③ 風謠　　④ 諷搖
⑤ 濃謠

**129** ㉧ '辯護'의 독음이 바른 것은?

① 간호　　② 변리
③ 조종　　④ 영양
⑤ 변호

**130** ㉨ '장식'의 '장'과 같은 한자가 사용된 것은?

① 檻籠　　② 將壇
③ 裝塡　　④ 贓物
⑤ 匠色

# 제4회 상공회의소 한자 시험 (2급) 최종모의고사

| 형별 | A형 | 제한<br>시간 | 80분 | 수험번호 | 성 명 |
|---|---|---|---|---|---|
| | | | | | |

정답 181p

※ 다음 중 가장 알맞은 것을 고르시오.

〈제1영역〉 한자(漢字)

[1~11] 다음 한자(漢字)의 음(音)은 무엇입니까?

**01** 賠
① 비  ② 배  ③ 방  ④ 수  ⑤ 벽

**02** 彎
① 만  ② 운  ③ 진  ④ 매  ⑤ 민

**03** 谿
① 언  ② 기  ③ 계  ④ 만  ⑤ 탁

**04** 櫓
① 형  ② 종  ③ 영  ④ 초  ⑤ 로

**05** 秘
① 위  ② 기  ③ 보  ④ 비  ⑤ 피

**06** 沐
① 우  ② 복  ③ 목  ④ 빈  ⑤ 민

**07** 諧
① 해  ② 약  ③ 경  ④ 척  ⑤ 작

**08** 癒
① 유  ② 시  ③ 추  ④ 미  ⑤ 매

**09** 涯
① 기  ② 애  ③ 매  ④ 와  ⑤ 방

**10** 娩
① 찬  ② 단  ③ 번  ④ 선  ⑤ 만

**11** 炘
① 기  ② 근  ③ 은  ④ 흔  ⑤ 개

[12~18] 다음 음(音)을 가진 한자는 무엇입니까?

**12** 환
① 閈  ② 彗  ③ 煥  ④ 察  ⑤ 權

**13** 도
① 傅  ② 燈  ③ 堪  ④ 徒  ⑤ 杜

**14** 첨

① 徹  ② 拙  ③ 詹  ④ 崔  ⑤ 肯

**15** 석

① 翁  ② 員  ③ 庶  ④ 畏  ⑤ 晳

**16** 선

① 射  ② 相  ③ 宇  ④ 膳  ⑤ 舒

**17** 인

① 損  ② 咽  ③ 仄  ④ 焰  ⑤ 景

**18** 당

① 棠  ② 膽  ③ 銅  ④ 貸  ⑤ 昧

[19~25] 다음 한자(漢字)와 음(音)이 같은 한자는
어느 것입니까?

**19** 赦

① 租  ② 飼  ③ 洵  ④ 殘  ⑤ 翔

**20** 炯

① 塔  ② 毫  ③ 忽  ④ 型  ⑤ 眩

**21** 蟻

① 椅  ② 泣  ③ 也  ④ 伊  ⑤ 隅

**22** 尉

① 慰  ② 索  ③ 逝  ④ 衰  ⑤ 損

**23** 愍

① 末  ② 都  ③ 瘟  ④ 枚  ⑤ 悶

**24** 稠

① 指  ② 爪  ③ 絶  ④ 滓  ⑤ 咀

**25** 芙

① 茂  ② 房  ③ 待  ④ 訃  ⑤ 輔

[26~36] 다음 한자(漢字)의 뜻은 무엇입니까?

**26** 呑

① 토하다　　　② 탐내다
③ 삼키다　　　④ 삼가다
⑤ 속이다

**27** 踰

① 닫다　　　② 쫓다
③ 묻다　　　④ 넘다
⑤ 잡다

**28** 宦

① 용서　　　② 벼슬
③ 고개　　　④ 불꽃
⑤ 골짜기

**29** 束

① 빠르다　　　② 오르다
③ 뒤섞다　　　④ 잇다
⑤ 묶다

**30** 奸

① 일어나다    ② 도망가다

③ 위태롭다    ④ 항복하다

⑤ 간사하다

**31** 濃

① 엷다    ② 짙다

③ 쓰다    ④ 깊다

⑤ 차다

**32** 渠

① 거리    ② 사이

③ 저울    ④ 개천

⑤ 언덕

**33** 蒐

① 모으다    ② 맞추다

③ 무겁다    ④ 사귀다

⑤ 오르다

**34** 楓

① 얼굴    ② 종

③ 비늘    ④ 벼루

⑤ 단풍

**35** 顚

① 대문    ② 몸통

③ 눈썹    ④ 꼬리

⑤ 이마

**36** 衾

① 이불    ② 지금

③ 치마    ④ 소매

⑤ 연기

[37~43] 다음의 뜻을 가진 한자(漢字)는 무엇입니까?

**37** 펴다

① 始 ② 近 ③ 留 ④ 舒 ⑤ 誌

**38** 뽑다

① 擢 ② 蕉 ③ 全 ④ 打 ⑤ 賁

**39** 돕다

① 鐵 ② 襄 ③ 證 ④ 哉 ⑤ 彰

**40** 기록하다

① 獲 ② 燁 ③ 揮 ④ 稀 ⑤ 箋

**41** 답답하다

① 毁 ② 鬱 ③ 酷 ④ 扈 ⑤ 渾

**42** 저물다

① 麥 ② 梧 ③ 暮 ④ 錄 ⑤ 聲

**43** 막다

① 沮 ② 輯 ③ 綜 ④ 諉 ⑤ 續

[44~50] 다음 한자(漢字)와 뜻이 비슷한 한자는
　　　　어느 것입니까?

44 補
　　① 弼　② 遂　③ 珠　④ 憎　⑤ 脂

45 捕
　　① 憤　② 臭　③ 負　④ 捉　⑤ 津

46 欺
　　① 周　② 妥　③ 詐　④ 替　⑤ 誼

47 蓮
　　① 荷　② 薦　③ 菜　④ 菌　⑤ 菟

48 怠
　　① 衡　② 赦　③ 歎　④ 縮　⑤ 慢

49 騷
　　① 嗇　② 擾　③ 琢　④ 佈　⑤ 粗

50 墮
　　① 鐸　② 宕　③ 墜　④ 泓　⑤ 鐘

[51~52] 다음 한자어(漢字語)와 그 새김의 방식이
　　　　같은 한자어는 어느 것입니까?

〈보기〉 年少 : ① 高山　② 下車　③ 往來
　　　　　　　　④ 日出　⑤ 讀書
'年少'처럼 그 새김의 방식이 '주어와 서술어의 관
계'로 짜여진 한자어는 '日出(해가 뜨다)'이다. 따
라서 정답 ④를 골라 답란에 표기하면 된다.

51 仇讐
　　① 闕席　　　　② 籠球
　　③ 闇票　　　　④ 荊棘
　　⑤ 勝率

52 刮目
　　① 佯狂　　　　② 匿名
　　③ 訛傳　　　　④ 訊問
　　⑤ 田畓

[53~54] 다음 한자어(漢字語)의 음은 무엇입니까?

53 研究
　　① 부흥　　　　② 연구
　　③ 원근　　　　④ 왕래
　　⑤ 야기

54 施設
　　① 시선　　　　② 소원
　　③ 수렴　　　　④ 수상
　　⑤ 시설

[55~56] 다음 음(音)을 가진 한자어(漢字語)는 무엇입니까?

**55** 균등

① 均等  ② 尊敬
③ 授業  ④ 復活
⑤ 相剋

**56** 첨부

① 處地  ② 撤去
③ 締結  ④ 礎石
⑤ 添附

[57~59] 다음 한자(漢字)와 음(音)이 같은 한자는 어느 것입니까?

**57** 夏季

① 向方  ② 親家
③ 充實  ④ 下界
⑤ 好感

**58** 筆耕

① 傾斜  ② 陰性
③ 華麗  ④ 職場
⑤ 畢竟

**59** 妖氣

① 桎梏  ② 惹起
③ 療飢  ④ 戍樓
⑤ 汨沒

[60] 다음 괄호 속 한자(漢字)의 음(音)이 다르게 발음되는 것은?

**60** ① (契)員  ② 交(契)
③ (契)券  ④ (契)丹
⑤ (契)主

[61~62] 다음 한자어(漢字語)의 뜻풀이로 가장 적절한 것은 어느 것입니까?

**61** 寃痛

① 사물을 있는 그대로 그려 냄
② 불쌍하고 가엾음
③ 힘써 잘 경계함
④ 분하고 억울함
⑤ 즐거워하고 화목함

**62** 眩惑

① 남의 위세를 믿고 의지함
② 어지럽게 하여 홀리게 함
③ 생각이나 도량이 좁고 편벽됨
④ 스스로 자기를 비웃음
⑤ 원수를 갚음

[63~64] 다음의 뜻에 맞는 한자어(漢字語)는 어느 것입니까?

**63** 널리 번지어 퍼짐

① 索寞  ② 痲痺
③ 兩顎  ④ 革新
⑤ 蔓延

**64** 다 쓰고 난 나머지

① 咽喉　　② 剩餘
③ 慈悲　　④ 明晳
⑤ 妄想

[65~70] 다음 단어들의 '□'에 공통으로 들어갈 알
맞은 한자(漢字)는 어느 것입니까?

**65** □限, 失□, □益
① 氣　② 權　③ 手　④ 利　⑤ 裙

**66** □務, 善□, 參□
① 政　② 尙　③ 良　④ 舞　⑤ 閭

**67** 爐□, □境, 底□
① 享　② 要　③ 芒　④ 力　⑤ 邊

**68** □讚, □頌, 詐□
① 稱　② 德　③ 吟　④ 欺　⑤ 琢

**69** □憤, □勵, 感□
① 疾　② 獎　③ 激　④ 染　⑤ 嘆

**70** □茶, □煙, 滿□
① 綠　② 燦　③ 腔　④ 喫　⑤ 津

[71~75] 다음 한자어(漢字語)와 뜻이 반대(反對)
이거나 상대(相對)되는 한자어는 어느 것
입니까?

**71** 祖上
① 滿月　　② 數代
③ 皮骨　　④ 子孫
⑤ 故鄕

**72** 飢餓
① 豫告　　② 傲氣
③ 飽食　　④ 誕辰
⑤ 解說

**73** 乾燥
① 濕潤　　② 熟鍊
③ 朔望　　④ 敍述
⑤ 遮斷

**74** 柔弱
① 歡喜　　② 安靜
③ 針線　　④ 唯我
⑤ 强固

**75** 驕慢
① 拗體　　② 破碎
③ 牢落　　④ 謙遜
⑤ 紊亂

[76~80] 다음 성어(成語)에서 '□'에 들어갈 알맞은 한자(漢字)는 어느 것입니까?

**76** 結草報□

① 好  ② 宇  ③ 思  ④ 恩  ⑤ 慮

**77** 支離□裂

① 滅  ② 畏  ③ 訴  ④ 奔  ⑤ 殃

**78** 永□不變

① 去  ② 久  ③ 短  ④ 送  ⑤ 盾

**79** 切磋□磨

① 烹  ② 坌  ③ 縟  ④ 打  ⑤ 琢

**80** 刎□之友

① 頸  ② 肛  ③ 刈  ④ 渥  ⑤ 駢

[81~85] 다음 성어(成語)의 뜻풀이로 적절한 것은 어느 것입니까?

**81** 臥薪嘗膽

① 부지런한 생활
② 물이 흐르듯 자연스러움
③ 조금도 꾸밈없이 아주 순진하고 참됨
④ 마음먹은 것을 이루기 위해 온갖 괴로움을 견딤
⑤ 뛰어난 재주를 가진 이는 숨기려 해도 티가 남

**82** 反哺之孝

① 늙지 않고 오래 삶
② 원수에게 덕으로 보답함
③ 우열의 차이 없이 엇비슷함
④ 손뼉을 치면서 크게 웃음
⑤ 자식이 자라서 부모를 봉양함

**83** 道聽塗說

① 큰소리로 슬피 욺
② 넓고 커서 끝이 없는 자비
③ 한갓 애만 쓰고 이로움이 없음
④ 길거리에 떠돌아다니는 뜬소문
⑤ 진흙탕에 빠지고 숯불에 타는 듯한 고생

**84** 甘吞苦吐

① 자기의 비위에 맞으면 취하고 싫으면 버림
② 좋은 약은 입에 씀
③ 남의 비위에 맞도록 꾸민 달콤한 말과 이로운 조건
④ 고립되어 구원받을 데가 없음
⑤ 괴로움이 다하면 즐거움이 온다는 말

**85** 膠柱鼓瑟

① 북과 거문고를 잘 연주하여 유명해짐
② 고지식하고 융통성이 없는 사람
③ 기둥에 아교풀을 붙여 북과 거문고를 걸어둠
④ 영리하여 시세를 잘 파악하는 사람
⑤ 거문고와 비파 소리가 조화를 이룸

[86~90] 다음의 뜻을 가장 잘 나타낸 성어(成語)
는 어느 것입니까?

86 아무리 바라고 기다려도 이루기 어려움
① 非一非再　　② 起死回生
③ 多多益善　　④ 百年河淸
⑤ 朝三暮四

87 아무 것도 하는 일 없이 먹고 놀기만 함
① 雪上加霜　　② 結者解之
③ 無爲徒食　　④ 始終如一
⑤ 燈下不明

88 말하는 것이 전혀 이치에 맞지 않음
① 語不成說　　② 言中有骨
③ 因果應報　　④ 自業自得
⑤ 會者定離

89 세상의 변천이 매우 심함
① 眼下無人　　② 束手無策
③ 隱忍自重　　④ 脣亡齒寒
⑤ 桑田碧海

90 가혹하게 세금이나 금품을 긁어모아 백성
을 못 살게 함
① 苛斂誅求　　② 蝸角之爭
③ 焚書坑儒　　④ 鷄鳴狗吠
⑤ 附和雷同

---

〈제3영역〉 독해(讀解)

[91~97] 다음 문장에서 밑줄 친 한자어(漢字語)의
음(音)은 무엇입니까?

91 우리는 勝利의 깃발을 높이 치켜들었다.
① 환희　　　　② 시작
③ 성공　　　　④ 승리
⑤ 노력

92 그의 將來가 기대된다.
① 미래　　　　② 시대
③ 장래　　　　④ 공부
⑤ 결과

93 어제 길에서 잊고 지내던 恩師를 만났다.
① 교사　　　　② 고모
③ 은사　　　　④ 친구
⑤ 신사

94 아무리 노력해도 限界을(를) 극복하기 어
려웠다.
① 한계　　　　② 천재
③ 결점　　　　④ 타인
⑤ 실패

95 화려하게 裝飾한 겉모습이 아름답다.
① 장식　　　　② 치장
③ 수식　　　　④ 화장
⑤ 변신

**96** 麥酒은(는) 몸에 크게 이롭지 않다.

① 소주　　　　② 육류

③ 맥주　　　　④ 과음

⑤ 음주

**97** 그는 일부러 襤褸한 차림으로 거리를 나섰다.

① 군색　　　　② 정숙

③ 성숙　　　　④ 화려

⑤ 남루

[98~102] 다음 문장에서 밑줄 친 한자어(漢字語)의 뜻풀이로 가장 적절한 것은 어느 것입니까?

**98** 陽地에서 풀이 잘 자란다.

① 기름진 땅

② 물이 풍부한 땅

③ 볕이 바로 드는 땅

④ 바람이 잘 통하고 높은 땅

⑤ 대자연의 넓고 큰 땅

**99** 텔레비전에서 신상품을 廣告하고 있다.

① 많이 생산함

② 빠르게 전달함

③ 세상에 널리 알림

④ 사람들에게 판매함

⑤ 사람들에게 나누어줌

**100** 그는 정의를 擁護하느라고 평생 외롭게 살았다.

① 받들어 섬김

② 따르지 아니하고 맞서 거스름

③ 껴안아 차지함

④ 배척하여 물리침

⑤ 편들어 지킴

**101** 선생님께서는 반장의 행동을 叱責하셨다.

① 뚜렷이 밝히어 나타냄

② 꾸짖어서 나무람

③ 몹시 시기함

④ 기뻐하고 즐거워 함

⑤ 기운을 북돋우어 힘쓰도록 함

**102** 그는 貧寒하게 살았다.

① 가난하고 쓸쓸함

② 화려하고 풍족함

③ 욕심을 크게 부림

④ 가난하지만 용기 있음

⑤ 서로 뜻이 맞고 정다움

[103~107] 다음 문장에서 빈칸에 들어갈 가장 적절한 한자어(漢字語)는 어느 것입니까?

**103** 여름밤 □□에 기대어 시원한 바람을 느꼈다.

① 園藝　　　　② 船窓

③ 料量　　　　④ 植民

⑤ 紳士

104 여름이 되자 거리의 가로수에는 잎이 □□해졌다.

① 潔白　　② 快晴
③ 溫暖　　④ 茂盛
⑤ 敏捷

105 네가 한 일이 법에 □□되지 않으니 크게 상심할 필요 없다.

① 抵觸　　② 折衝
③ 虛誕　　④ 牽引
⑤ 看做

106 그는 자신의 일에 늘 □□을(를) 느낀다.

① 友情　　② 先唱
③ 滿足　　④ 虎患
⑤ 懺悔

107 □□에는 무궁무진한 비밀이 감추어져 있다.

① 熱望　　② 每日
③ 雲集　　④ 氣焰
⑤ 宇宙

[108~112] 다음 문장에서 밑줄 친 한자어(漢字語)의 한자표기(漢字表記)가 바르지 않은 것은 어느 것입니까?

108 ① 慕集할 ② 人員이 너무 적어 ③ 優秀한 ④ 人才들을 많이 ⑤ 選拔하기가 어렵다.

109 ① 建物에는 새로운 ② 施設이 갖추어져 있어 ③ 溫道와 ④ 通風이 저절로 ⑤ 調節된다.

110 ① 映畫에서 ② 俳優들이 ③ 閃光이 번쩍이는 포화 속으로 ④ 匍蔔해 들어가다 ⑤ 散華하는 모습이 감동적이었다.

111 ① 突然 ② 周衛를 의식한 듯 터져 나오려는 ③ 痛哭을 ④ 艱辛히 틀어막고 안으로만 ⑤ 鳴咽하는 울음소리가 들려왔다.

112 ① 爽快한 기분으로 숲속을 ② 逍遙하고 있는데 갑자기 ③ 寺刹에서 ④ 演奏하는 ⑤ 梵唄 소리가 들려왔다.

[113~120] 다음 문장에서 밑줄 친 단어(單語)를 한자(漢字)로 바르게 쓴 것은 어느 것입니까?

113 그는 맨 선두에 서서 악대를 지휘했다.

① 星斗　　② 先頭
③ 官道　　④ 流頭
⑤ 羨望

114 우리나라에는 2백 개가 넘는 성씨가 있다.

① 星數　　② 性情
③ 聲勢　　④ 傳貫
⑤ 姓氏

**115** 흉년이 들어 물가가 크게 올랐다.

① 現實　　　② 老化

③ 凶年　　　④ 絶色

⑤ 匈奴

**116** 이곳은 금연구역입니다.

① 給與　　　② 禁煙

③ 極端　　　④ 今年

⑤ 禁忌

**117** 그는 옷을 재단하는 일에 종사하고 있다.

① 再拜　　　② 財團

③ 排除　　　④ 裁斷

⑤ 齋戒

**118** 그에게는 절약하는 습관이 몸에 배어 있다.

① 絶對　　　② 節約

③ 習字　　　④ 截斷

⑤ 顚覆

**119** 남에게 관용을 베풀지 못할지언정 인색하지는 않아야 한다.

① 吝嗇　　　② 湮滅

③ 怡然　　　④ 執贄

⑤ 靭帶

**120** 이 섬은 연륙해 있어서, 주말이면 낚시꾼들이 많이 찾는다.

① 次等　　　② 取消

③ 連陸　　　④ 音律

⑤ 筆硯

**[121~125]** 다음 문장에서 밑줄 친 단어(單語)나 어구(語句)의 뜻을 가장 잘 나타낸 한자(漢字) 또는 한자어(漢字語)는 어느 것입니까?

**121** 폭 넓은 지식을 쌓기 위해서는 여러 가지 책을 널리 읽어야 한다.

① 徒涉　　　② 涉獵

③ 獵奇　　　④ 交涉

⑤ 爕理

**122** 힌두교도들은 소를 우러러 공경한다.

① 渴望　　　② 相逢

③ 淑氣　　　④ 崇拜

⑤ 淳朴

**123** 너는 홀로서기가 얼마나 어려운가를 아느냐?

① 獨立　　　② 自己

③ 敬愛　　　④ 對比

⑤ 燦爛

**124** 우리 민족이 원하는 바는 남북통일이다.

① 消化　　　② 市都

③ 預金　　　④ 高等

⑤ 所願

**125** 병원에 가서 벌레 먹은 이를 뽑았다.

① 風致　　　② 蟲齒

③ 判明　　　④ 吉鳥

⑤ 彫刻

[126~130] 다음 글을 읽고 물음에 답하시오.

나는 그 자리에서 일어나서 풀밭으로 가 보기로 한다. 풀밭에는 암소 한 마리가 있다. 소의 뿔은 벌써 소의 무기도 아니다. 소의 뿔은 오직 안경의 재료일 따름이다. 소는 사람에게 얻어맞기로 위주니까 소에게는 무기가 필요 없다. 소의 뿔은 오직 동물학자를 위한 ( ㉠ )이다. 야우 시대에는 이것으로 적을 돌격한 일도 있습니다–하는 마치 ㉡ 폐병의 가슴에 달린 ㉢ 훈장처럼 그 추억성이 애상적이다.

암소의 뿔은 수소의 그것보다도 더 한층 겸허하다. 이 애상적인 뿔이 나를 받을 리 없으니 나는 마음 놓고 그 곁 풀밭에 가 누워도 좋다. 나는 더워서 우선 소를 본다.

소는 잠시 ㉣ 반추를 그치고 나를 ㉤ 응시한다. '이 사람의 얼굴이 왜 이리 창백하냐. 아마 병인가 보다. 내 생명에 ㉥ 위해를 가하려는 거나 아닌지 나는 조심해야 되지.'

이렇게 소는 속으로 나를 ㉦ 심리하였으리라. 그러나 5분 후에는 소는 다시 반추를 계속하였다. 소보다도 내가 마음을 놓는다.

소는 식욕의 즐거움조차를 냉대할 수 있는 지상 최대의 ㉧ 倦怠자다. 얼마나 권태에 지질렸길래 이미 위에 들어간 식물을 다시 게워 그 시금털털한 반소화물의 미각을 역설적으로 향락하는 체해 보임이리오? 소의 체구가 크면 클수록 그의 권태도 크고 슬프다. 나는 소 앞에 누워 내 ㉨ 세균같이 사소한 고독을 겸손해하면서 나도 사색의 반추는 가능할는지 몰래 좀 생각해 본다.

## 126 문맥상 ㉠에 가장 알맞은 것은?

① 表紙　　　② 標識
③ 標紙　　　④ 簞瓢
⑤ 表裏

## 127 ㉡~㉥에서 한자 표기가 바르지 않은 것은?

① ㉡ 廢兵　　　② ㉢ 勳章
③ ㉣ 反芻　　　④ ㉤ 膺視
⑤ ㉥ 危害

## 128 ㉦ '심리'의 한자 표기가 바른 것은?

① 心理　　　② 審理
③ 瀋理　　　④ 心裏
⑤ 審裏

## 129 ㉧ '倦怠'의 독음이 바른 것은?

① 권태　　　② 나태
③ 과태　　　④ 타태
⑤ 근태

## 130 ㉨ '세균'의 '세'와 같은 한자가 사용된 것은?

① 傳貰　　　② 誘說
③ 驛勢圈　　　④ 歲雉
⑤ 纖細

# 국가공인 자격검정
# 제5회 상공회의소 한자 시험 (2급) 최종모의고사

| 형별 | A형 | 제한<br>시간 | 80분 | 수험번호 | | 성  명 |
|------|-----|------|------|---------|--|--------|
| | | | | | | |

정답 194p

※ 다음 중 가장 알맞은 것을 고르시오.

<제1영역> 한자(漢字)

[1~11] 다음 한자(漢字)의 음(音)은 무엇입니까?

**01** 懶
① 속  ② 라  ③ 침  ④ 심  ⑤ 련

**02** 歪
① 정  ② 불  ③ 묵  ④ 긍  ⑤ 왜

**03** 捐
① 연  ② 손  ③ 부  ④ 제  ⑤ 숙

**04** 箋
① 잔  ② 천  ③ 전  ④ 찬  ⑤ 작

**05** 覇
① 조  ② 혁  ③ 패  ④ 서  ⑤ 출

**06** 菱
① 모  ② 추  ③ 릉  ④ 파  ⑤ 시

**07** 龕
① 귀  ② 합  ③ 총  ④ 갑  ⑤ 감

**08** 撑
① 당  ② 탱  ③ 척  ④ 착  ⑤ 접

**09** 癒
① 폐  ② 함  ③ 병  ④ 유  ⑤ 축

**10** 醇
① 주  ② 정  ③ 향  ④ 순  ⑤ 숙

**11** 儲
① 저  ② 제  ③ 작  ④ 신  ⑤ 착

[12~18] 다음 음(音)을 가진 한자는 무엇입니까?

**12** 잉
① 剩  ② 庇  ③ 雌  ④ 悉  ⑤ 牟

**13** 섬
① 爕  ② 閃  ③ 稷  ④ 斑  ⑤ 婆

14 혁
① 唾 ② 鈴 ③ 煉 ④ 歇 ⑤ 驢

15 파
① 坂 ② 巴 ③ 扈 ④ 沂 ⑤ 黍

16 구
① 誼 ② 旭 ③ 筒 ④ 垢 ⑤ 痺

17 반
① 輦 ② 璣 ③ 貊 ④ 繡 ⑤ 攀

18 모
① 稜 ② 碁 ③ 帽 ④ 爻 ⑤ 釣

[19~25] 다음 한자(漢字)와 음(音)이 같은 한자는
어느 것입니까?

19 蝦
① 趨 ② 霞 ③ 壺 ④ 腔 ⑤ 釀

20 籬
① 畝 ② 儺 ③ 奎 ④ 痢 ⑤ 邐

21 窺
① 拿 ② 萱 ③ 蹟 ④ 葵 ⑤ 尤

22 做
① 廚 ② 藁 ③ 勾 ④ 殮 ⑤ 躁

23 竄
① 塵 ② 曼 ③ 燦 ④ 麓 ⑤ 菖

24 樑
① 茂 ② 窄 ③ 澄 ④ 綵 ⑤ 亮

25 閣
① 紋 ② 苔 ③ 賞 ④ 瑚 ⑤ 蛤

[26~36] 다음 한자(漢字)의 뜻은 무엇입니까?

26 箸
① 감자　　　② 벼슬
③ 무리　　　④ 젓가락
⑤ 호박

27 撰
① 별　　　② 서옥
③ 규소　　　④ 돌보다
⑤ 헤아리다

28 滉
① 깊다　　　② 뽑다
③ 타다　　　④ 빛나다
⑤ 모자라다

29 敝
① 작다　　　② 밝다
③ 시원하다　　　④ 빽빽하다
⑤ 호소하다

**30** 苞

① 깊다      ② 주다
③ 갚다      ④ 싸다
⑤ 사다

**31** 祜

① 기도      ② 귀신
③ 복        ④ 팔
⑤ 발

**32** 鍼

① 초       ② 침
③ 쇠       ④ 약
⑤ 때

**33** 綾

① 숫돌      ② 가죽
③ 목화      ④ 유리
⑤ 비단

**34** 甄

① 시루      ② 벼슬
③ 기와      ④ 움집
⑤ 부엌

**35** 黎

① 붉다      ② 밝다
③ 푸르다    ④ 검다
⑤ 엮다

**36** 輯

① 숨다      ② 치다
③ 붙다      ④ 만나다
⑤ 모으다

**[37~43]** 다음의 뜻을 가진 한자(漢字)는 무엇입니까?

**37** 쑥

① 蓬   ② 蕉   ③ 莢   ④ 茸   ⑤ 梧

**38** 사자

① 籤   ② 鷲   ③ 兎   ④ 獅   ⑤ 駝

**39** 편지

① 秤   ② 楮   ③ 梵   ④ 牒   ⑤ 貼

**40** 잡다

① 剃   ② 旼   ③ 秉   ④ 捗   ⑤ 挾

**41** 난쟁이

① 仇   ② 矮   ③ 聾   ④ 蛾   ⑤ 癩

**42** 벙어리

① 凹   ② 凸   ③ 喘   ④ 唄   ⑤ 啞

**43** 게으르다

① 惰   ② 悖   ③ 悌   ④ 悸   ⑤ 惺

[44~50] 다음 한자(漢字)와 뜻이 비슷한 한자는 어느 것입니까?

44 奭
① 芸 ② 渤 ③ 伊 ④ 丕 ⑤ 潘

45 縛
① 纏 ② 藜 ③ 禦 ④ 饔 ⑤ 獐

46 晶
① 隕 ② 烙 ③ 彝 ④ 琵 ⑤ 澹

47 耽
① 翰 ② 嗜 ③ 鮑 ④ 摠 ⑤ 郁

48 儷
① 逑 ② 濬 ③ 昱 ④ 鵝 ⑤ 組

49 渾
① 彬 ② 曇 ③ 臍 ④ 裔 ⑤ 琿

50 匪
① 犀 ② 兜 ③ 諱 ④ 轄 ⑤ 詹

〈제2영역〉 어휘(語彙)

[51~52] 다음 한자어(漢字語)와 그 새김의 방식이 같은 한자어는 어느 것입니까?

〈보기〉 治山 : ① 國歌 ② 民主 ③ 評價
④ 平等 ⑤ 往來
'治山'처럼 그 새김의 방식이 '서술어와 목적어 관계'로 짜여진 한자어는 '評價(가격을 매기다)'이다. 따라서 정답 ④를 골라 답란에 표기하면 된다.

51 白鷗
① 股肱 ② 葛根
③ 灌漑 ④ 肝膽
⑤ 蹈襲

52 錦綺
① 饑饉 ② 脫硫
③ 芬芳 ④ 碎身
⑤ 豹變

[53~54] 다음 한자어(漢字語)의 음은 무엇입니까?

53 穿鑿
① 천공 ② 아전
③ 반찬 ④ 아쟁
⑤ 천착

54 菩薩
① 복욱 ② 병탕
③ 보살 ④ 방조
⑤ 빈종

[55~56] 다음 음(音)을 가진 한자어(漢字語)는 무엇입니까?

**55** 번겁
① 樊祇     ② 煩簡
③ 卑怯     ④ 燔劫
⑤ 藩鎭

**56** 봉투
① 鳳池     ② 封套
③ 浸透     ④ 捧納
⑤ 築造

[57~59] 다음 한자(漢字)와 음(音)이 같은 한자는 어느 것입니까?

**57** 邱報
① 城堡     ② 痘瘡
③ 訃報     ④ 硫酸
⑤ 矩步

**58** 新粧
① 鼠銃     ② 悲酸
③ 腎臟     ④ 薪採
⑤ 訊鞫

**59** 苑沼
① 猿嘯     ② 芒履
③ 泥塑     ④ 繫辭
⑤ 步哨

[60] 다음 괄호 속 한자(漢字)의 음(音)이 다르게 발음되는 것은?

**60**
① (什)器     ② (什)物
③ 佳(什)     ④ (什)長
⑤ (什)具

[61~62] 다음 한자어(漢字語)의 뜻풀이로 가장 적절한 것은 어느 것입니까?

**61** 鄙陋
① 낡아 해짐
② 높고 엄숙함
③ 선뜻 내어줌
④ 너절하고 더러움
⑤ 기운이 없고 약함

**62** 膨脹
① 부풀어 커짐
② 파괴되어 황폐해짐
③ 싫어하고 미워함
④ 공기 중에 떠다님
⑤ 제자리에 머무름

[63~64] 다음의 뜻에 맞는 한자어(漢字語)는 어느 것입니까?

**63** 잘 배치하거나 처리함
① 闊步     ② 彈劾
③ 按排     ④ 玩繹
⑤ 措置

**64** 잘난 체하며 뽐내고 건방짐

① 驕慢　　② 民譚
③ 罵倒　　④ 糞尿
⑤ 詰難

[65~70] 다음 단어들의 '□'에 공통으로 들어갈 알맞은 한자(漢字)는 어느 것입니까?

**65** □地, □衍, □設
① 璧　② 蔓　③ 腱　④ 敷　⑤ 窮

**66** 姓□, 職□, 名□
① 銜　② 卻　③ 撒　④ 誡　⑤ 湘

**67** 咀□, □文, □術
① 灼　② 呪　③ 諺　④ 葬　⑤ 魔

**68** □藥, □醉, 脚□
① 魔　② 摩　③ 瑩　④ 痲　⑤ 賭

**69** □農, 乾□, 駝□
① 駱　② 烙　③ 酪　④ 珞　⑤ 洛

**70** □動, 脈□, □殺
① 搖　② 搏　③ 絡　④ 悖　⑤ 屠

[71~75] 다음 한자어(漢字語)와 뜻이 반대(反對)이거나 상대(相對)되는 한자어는 어느 것입니까?

**71** 樂天
① 厭世　　② 傀儡
③ 嘆息　　④ 囑望
⑤ 彫琢

**72** 埋沒
① 怖伏　　② 休憩
③ 嬌態　　④ 發掘
⑤ 痙攣

**73** 明朗
① 巫覡　　② 憂鬱
③ 氣魄　　④ 翡翠
⑤ 撮影

**74** 稱讚
① 駐屯　　② 揭揚
③ 詰難　　④ 甕器
⑤ 繁殖

**75** 優待
① 虐待　　② 搬出
③ 碩學　　④ 准將
⑤ 憾情

76 隔□搔痒
  ① 棺  ② 橘  ③ 槿  ④ 靴  ⑤ 桐

77 吐□握髮
  ① 哺  ② 脯  ③ 逋  ④ 鋪  ⑤ 蒲

78 萬壽無□
  ① 彊  ② 薑  ③ 綱  ④ 强  ⑤ 疆

79 □項懸鈴
  ① 猫  ② 描  ③ 狗  ④ 拘  ⑤ 溜

80 乾坤一□
  ① 滌  ② 諜  ③ 擲  ④ 撤  ⑤ 脊

[81~85] 다음 성어(成語)의 뜻풀이로 적절한 것은 어느 것입니까?

81 肝膽相照
  ① 점점 흥미로운 경지로 들어감
  ② 서로 속마음을 터놓고 가까이 사귐
  ③ 고립되어 도움 받을 만한 곳이 없음
  ④ 당장의 편안함만을 꾀하는 일시적인 방편
  ⑤ 마음속에서 느끼는 감동이나 느낌이 끝이 없음

82 天眞爛漫
  ① 하늘에서 미리 정해 준 연분
  ② 몹시 두려워 벌벌 떨며 조심함
  ③ 남의 권세를 빌려 위세를 부림
  ④ 못난 사람이 종작없이 덤벙이는 일
  ⑤ 말이나 행동에 아무런 꾸밈이 없이 순진함

83 魂飛魄散
  ① 몹시 놀라 넋을 잃음
  ② 몹시 마음을 쓰며 애를 태움
  ③ 집에만 있고 바깥출입을 아니함
  ④ 생각, 행동, 의지 등이 완전히 하나가 됨
  ⑤ 제 비위에 따라서 사리의 옳고 그름을 판단함

84 斑衣之戱
  ① 늙어서 효도함
  ② 이미 일을 실패한 뒤에 뉘우쳐도 소용이 없음
  ③ 말이나 행동이 앞뒤가 서로 맞지 않고 모순됨
  ④ 입을 다물고 아무 말도 하지 아니함
  ⑤ 간섭하거나 거들지 아니하고 그대로 버려둠

85 橫說竪說
  ① 어떤 일의 요점만 간단히 말함
  ② 한 군데도 빠짐이 없는 모든 곳
  ③ 좋은 일에는 흔히 방해되는 일이 많음
  ④ 조리가 없이 말을 이러쿵저러쿵 지껄임
  ⑤ 잘못한 사람이 잘못이 없는 사람을 나무람

[86~90] 다음의 뜻을 가장 잘 나타낸 성어(成語)는 어느 것입니까?

86 꿈과 같이 헛된 한때의 부귀영화
① 杞人之憂　　② 百年偕老
③ 南柯一夢　　④ 主客顚倒
⑤ 捲土重來

87 광채가 나서 눈부시게 번쩍임
① 琴瑟之樂　　② 靑出於藍
③ 玉石俱焚　　④ 輝煌燦爛
⑤ 換骨奪胎

88 매우 좁아 조금의 여유도 없음
① 磨斧爲針　　② 立錐之地
③ 一網打盡　　④ 一瀉千里
⑤ 寤寐不忘

89 생각을 터놓고 말할 만큼 거리낌이 없고 솔직함
① 十匙一飯　　② 平沙落雁
③ 膾炙人口　　④ 阿鼻叫喚
⑤ 虛心坦懷

90 사람의 생활이나 일의 진행이 곡절이 많고 변화가 심함
① 波瀾萬丈　　② 針小棒大
③ 虎視眈眈　　④ 曲學阿世
⑤ 滿身瘡痍

<제3영역> 독해(讀解)

[91~97] 다음 문장에서 밑줄 친 한자어(漢字語)의 음(音)은 무엇입니까?

91 성공과 실패의 岐路에 서있다.
① 과로　　　　② 기로
③ 산로　　　　④ 고도
⑤ 편도

92 瑕疵있는 제품을 환불 받았다.
① 흔적　　　　② 결점
③ 문제　　　　④ 하자
⑤ 결함

93 노력에도 불구하고 별다른 進陟을 보지 못했다.
① 진보　　　　② 진척
③ 추이　　　　④ 추세
⑤ 추적

94 국력의 衰退을(를) 늘 경계해야 한다.
① 쇠퇴　　　　② 쇠망
③ 쇠잔　　　　④ 피폐
⑤ 퇴폐

95 아기는 麒麟을(를) 보자마자 울음을 터뜨렸다.
① 여우　　　　② 타조
③ 주작　　　　④ 거미
⑤ 기린

**96** 온갖 어려움에도 <u>毅然</u>함을 잃지 않았다.

① 당연      ② 태연

③ 의연      ④ 정연

⑤ 확연

**97** 임원들의 <u>推戴</u>(으)로 그는 회장이 되었다.

① 추천      ② 접대

③ 옹립      ④ 초대

⑤ 추대

[98~102] 다음 문장에서 밑줄 친 한자어(漢字語)의 뜻풀이로 가장 적절한 것은 어느 것입니까?

**98** 말이 <u>語訥</u>하다.

① 기준에 미치지 못함

② 익숙하지 못하여 서투름

③ 말을 잘하는 재주나 솜씨

④ 일을 해 나가는 재주와 솜씨

⑤ 유창하지 못하고 떠듬떠듬함

**99** <u>誤謬</u>를 바로잡다.

① 저지른 잘못

② 비어있는 자리

③ 이치에 맞지 않는 일

④ 기울어진 상태나 정도

⑤ 서로 벌어져 다른 정도

**100** 기계의 <u>磨耗</u>가 심하다.

① 시끄러운 소리

② 썩어서 문드러짐

③ 물체가 깨지거나 상함

④ 마찰 부분이 닳아서 없어짐

⑤ 사물의 성질이 바뀌어 달라짐

**101** 그는 재치 있게 <u>應酬</u>했다.

① 마주 응함

② 맞이하여 접대함

③ 요구를 받아들임

④ 수요나 요구에 응함

⑤ 해답이나 제 뜻을 말함

**102** 그녀의 <u>妖艶</u>한 자태를 보아라.

① 교만하고 방자함

② 사람을 호릴 만큼 매우 아리따움

③ 솜씨나 재주 등이 정교하고 치밀함

④ 사사로운 욕심이나 못된 생각이 없음

⑤ 사소한 것에 얽매이지 않으며 너그러움

[103~107] 다음 문장에서 빈칸에 들어갈 가장 적절한 한자어(漢字語)는 어느 것입니까?

**103** 세종대왕은 훈민정음을 □□했다.

① 頒布      ② 斬戮

③ 赦免      ④ 開墾

⑤ 叩謝

**104** 정부는 각계각층의 여론을 □□했다.

① 復讐　　　② 收斂

③ 鬚髥　　　④ 截取

⑤ 蕩盡

**105** 흉년이 들어 □□이(가) 생기다.

① 驕慢　　　② 筋肉

③ 楷書　　　④ 饑饉

⑤ 允玉

**106** 요구르트는 우유를 □□시켜 만든 식품이다.

① 乖離　　　② 攪亂

③ 醱酵　　　④ 總括

⑤ 蠶室

**107** 유목인은 보온을 위해 □□을(를) 바닥에 깔거나 벽에 건다.

① 瞳孔　　　② 閨秀

③ 蜜蠟　　　④ 絨緞

⑤ 塡補

[108~112] 다음 문장에서 밑줄 친 한자어(漢字語)의 한자표기(漢字表記)가 바르지 <u>않은</u> 것은 어느 것입니까?

**108** 초음파 진단법은 ① <u>超音波</u>의 반사와 ② <u>吸收</u>에 의해 생기는 ③ <u>映象</u>으로 인체 내부를 영상화 하고 ④ <u>診察</u>하는 ⑤ <u>醫療</u> 기술이다.

**109** ① <u>鞍馬</u>의 양다리 들기나 ② <u>鐵棒</u>의 크게 휘돌기에서 운동의 크기에 ③ <u>結陷</u>이 있거나 움직임의 리듬이나 조화에 결함이 있는 경우 ④ <u>探點</u>에 있어서 감점 ⑤ <u>要因</u>이 된다.

**110** 고소는 ① <u>訴追</u>·처벌을 요구하는 ② <u>積棘的</u> 의사 표시로 ③ <u>被害者</u> 또는 고소권자 아닌 제3자가 하는 고발과 구별되고, 또 자기의 ④ <u>犯罪</u>사실을 신고하는 ⑤ <u>自首</u>와 구별된다.

**111** 정치적 현실과 세상 ① <u>風潮</u>, 기타 일반적으로 인간 세상의 결함·② <u>惡弊</u>·불합리·우열·허위 등에 가해지는 ③ <u>機智</u> 넘치는 비판적 또는 ④ <u>嘲笑</u>적인 발언을 ⑤ <u>風刺</u>라고 한다.

**112** 최근에는 ① <u>頸耘</u>·정지에서부터 작물의 ② <u>收穫</u>에 이르기까지 각종 작업을 ③ <u>移秧機</u>·바인더·콤바인 등을 중심으로 한 기계화가 진행되어 중노동의 농작업에서 ④ <u>解放</u>될 수 있고, ⑤ <u>勞動生産性</u>을 높일 수 있다.

[113~120] 다음 문장에서 밑줄 친 단어(單語)를 한자(漢字)로 바르게 쓴 것은 어느 것입니까?

**113** 신문 <u>구독</u>을 중단하다.

① 冒瀆　　　② 溝瀆

③ 軀讀　　　④ 購讀

⑤ 溝讀

**114** 커피에 <u>설탕</u>을 넣다.

① 纖維　　　② 屑糖

③ 萎縮　　　④ 堤塘

⑤ 雪撞

**115** 며칠째 <u>설사</u>가 멈추지 않는다.

① 泄瀉　　　② 泄泗

③ 滲透　　　④ 洙泗

⑤ 洙瀉

**116** 해를 묵혀 걸쭉해진 <u>농장</u>이 항아리에 담겨 있다.

① 濃醬　　　② 濃粧

③ 農庄　　　④ 農匠

⑤ 弄杖

**117** 그는 <u>참회</u>의 눈물을 흘렸다.

① 參晦　　　② 讖膾

③ 僭悔　　　④ 懺悔

⑤ 譏悔

**118** 천인공노할 <u>만행</u>을 저지르다.

① 灣杏　　　② 萬幸

③ 萬行　　　④ 彎行

⑤ 蠻行

**119** 화산이 폭발하여 화산재와 <u>용암</u>이 분출되고 있다.

① 溶巖　　　② 溶暗

③ 鋪庵　　　④ 鎔癌

⑤ 鎔巖

**120** 아내 생일에 <u>장미</u> 한 다발을 선물했다.

① 贓美　　　② 薔薇

③ 櫨微　　　④ 蔣迷

⑤ 漿彌

[121~125] 다음 문장에서 밑줄 친 단어(單語)나 어구(語句)의 뜻을 가장 잘 나타낸 한자(漢字) 또는 한자어(漢字語)는 어느 것입니까?

**121** 그는 <u>직위의 등급이 오를</u> 기회를 놓쳤다.

① 激昻　　　② 陞進

③ 犧牲　　　④ 峨冠

⑤ 兀頭

**122** <u>넉넉함</u> 속의 빈곤

① 豐饒　　　② 折衷

③ 解雇　　　④ 溢喜

⑤ 胤玉

**123** 분노가 극에 달하여 <u>앞뒤 생각하지 않고 덤볐다.</u>

① 寃痛　　　② 深奧

③ 野狩　　　④ 猪突

⑤ 取扱

**124** 유가족에게 <u>죽음을 슬퍼하는</u> 마음을 나타냈다.

① 黙禱　　　② 寞寞

③ 苛酷　　　④ 救恤

⑤ 哀悼

**25** 나의 제안을 <u>기쁘고 유쾌하게</u> 받아들였다.

① 粗雜　　　② 安靖

③ 欣快　　　④ 純粹

⑤ 慌惚

[126~130] 다음 글을 읽고 물음에 답하시오.

선암사(仙巖寺) 가는 길에는 독특한 미감을 자아내는 돌다리인 승선교(昇仙橋)가 있다. 승선교는 ( ㉠ )한 속세와 ㉡ 경건한 세계의 경계로서 옛사람들은 산사에 이르기 위해 이 다리를 건너야 했다. 승선교는 가운데에 무지개 모양의 홍예(虹霓)를 세우고 그 좌우에 ㉢ 석축을 쌓아 올린 홍예다리로서, 계곡을 가로질러 산길을 이어 준다.

승선교는 홍예와 더불어, 홍예 좌우와 위쪽 일부에 주위의 막돌을 쌓아올려 석축을 세웠는데 이로써 승선교는 온전한 다리의 형상을 갖게 되고 사람이 다닐 수 있는 길의 일부가 된다. 층의 구분이 없이 무질서하게 쌓인 듯 보이는 석축은 잘 다듬어진 홍예석과 대비가 되면서 전체적으로는 변화감 있는 조화미를 이룬다. 한편 승선교의 홍예 천장에는 용머리 모양의 ㉣ 장식 돌이 물길을 향해 ㉤ 돌출되어 있다. 이런 장식은 용이 다리를 건너는 사람들이 물로부터 화를 입는 것을 방지한다고 여겨 만든 것이다.

계곡 아래쪽에서 멀찌감치 승선교를 바라보면 계곡 위쪽에 있는 강선루(降仙樓)와 산자락이 승선교 홍예의 반원을 통해 ㉥ 초점화되어 보인다.

승선교는 뭇사람들이 산사로 가기 위해 계곡을 건너가는 길목에 세운 다리다. 그러기에 ㉦ 호사스러운 ㉧ 治粧이나 장식을 할 까닭은 없었을 것이다. 그럼에도 이 다리가 아름다운 것은 주변 경관과의 조화를 중시하는 옛사람들의 자연스러운 미

의식이 반영된 덕택이다. 승선교가 오늘날 세사의 번잡함에 지친 우리에게 자연의 소박하고 조화로운 미감을 ㉨ 선사하는 것은 바로 이 때문이다.

**126** 문맥상 ㉠에 가장 알맞은 것은?

① 煩雜　　　② 試錐

③ 秘密　　　④ 嘉俳

⑤ 巽風

**127** ㉡~㉥에서 한자 표기가 바르지 <u>않은</u> 것은?

① ㉡ 敬虔　　② ㉢ 石竺

③ ㉣ 裝飾　　④ ㉤ 突出

⑤ ㉥ 焦點

**128** ㉦ '호사'의 한자 표기가 바른 것은?

① 豪華　　　② 豪畜

③ 家著　　　④ 家畜

⑤ 豪奢

**129** ㉧ '治粧'의 독음이 바른 것은?

① 단장　　　② 태장

③ 태정　　　④ 치장

⑤ 치정

**130** ㉨ '선사'의 '선'과 같은 한자가 사용된 것은?

① 繕寫　　　② 扇風機

③ 羨望　　　④ 饌膳

⑤ 甲狀腺

# 제1회 상공회의소 한자 시험 (2급)
## 최종모의고사 정답 및 해설

| | | | | | | | | | | | | | | | | | | | | | | | | |
|---|---|---|---|---|---|---|---|---|---|---|---|---|---|---|---|---|---|---|---|---|---|---|---|---|
| 1 | 2 | 3 | 4 | 5 | 6 | 7 | 8 | 9 | 10 | 11 | 12 | 13 | 14 | 15 | 16 | 17 | 18 | 19 | 20 | 21 | 22 | 23 | 24 | 25 |
| ① | ⑤ | ④ | ② | ③ | ① | ② | ④ | ① | ② | ① | ① | ③ | ② | ③ | ④ | ⑤ | ③ | ② | ① | ② | ④ | ③ | ② | ⑤ |
| 26 | 27 | 28 | 29 | 30 | 31 | 32 | 33 | 34 | 35 | 36 | 37 | 38 | 39 | 40 | 41 | 42 | 43 | 44 | 45 | 46 | 47 | 48 | 49 | 50 |
| ① | ⑤ | ④ | ⑤ | ② | ② | ① | ④ | ④ | ① | ① | ③ | ④ | ④ | ① | ② | ③ | ④ | ③ | ① | ② | ② | ③ | ③ | ④ |

**⟨제1영역⟩ 한자(漢字)**

### [1~11] 한자의 음 알기

**01** [정답] 攪(흔들 교)

**02** [정답] 黎(검을 려)

**03** [정답] 亮(밝을 량)

**04** [정답] 蔓(덩굴 만)

**05** [정답] 罵(꾸짖을 매)

**06** [정답] 沸(끓을 비)

**07** [정답] 徙(옮길 사)

**08** [정답] 巽(부드러울 손)

**09** [정답] 孼(서자 얼)

**10** [정답] 匠(장인 장)

**11** [정답] 餐(밥 찬)

### [12~18] 음에 맞는 한자 고르기

**12** [정답] ① 碍(거리낄 애)
[해설]
② 擬(비길 의)    ③ 蟻(개미 의)
④ 晏(늦을 안)    ⑤ 凝(엉길 응)

**13** [정답] ③ 吻(입술 문)
[해설]
① 畝(이랑 무)    ② 曼(길게 끌 만)
④ 蟹(게 해)    ⑤ 隻(외짝 척)

**14** [정답] ② 肯(즐길 긍)
[해설]
① 冥(어두울 명)    ③ 焦(탈 초)
④ 叩(두드릴 고)    ⑤ 閣(집 각)

**15** [정답] ③ 駿(준마 준)
[해설]
① 舜(순임금 순)    ② 尊(높을 존)
④ 騈(나란히 할 병)    ⑤ 聰(귀 밝을 총)

16 [정답] ④ 黍(기장 서)
[해설]
① 戍(수자리 수)　　② 束(묶을 속)
③ 粟(조 속)　　　　⑤ 棗(대추 조)

17 [정답] ⑤ 股(넓적다리 고)
[해설]
① 墾(개간할 간)　　② 串(땅 이름 곶)
③ 圭(서옥/홀 규)　　④ 劤(힘셀 근)

18 [정답] ③ 窩(움집 와)
[해설]
① 彛(떳떳할 이)　　② 癒(병 나을 유)
④ 懿(아름다울 의)　⑤ 卨(사람 이름 설)

[19~25] 음이 같은 한자 고르기

19 [정답] 奭(클/쌍백 석) – ② 碩(클 석)
[해설]
① 臘(섣달 랍)　　　③ 纓(갓끈 영)
④ 旿(밝을 오)　　　⑤ 蔓(덩굴 만)

20 [정답] 撫(어루만질 무) – ① 誣(속일 무)
[해설]
② 隻(외짝 척)　　　③ 矛(창 모)
④ 聚(모을 취)　　　⑤ 塡(메울 전)

21 [정답] 兜(투구 두) – ② 杜(막을 두)
[해설]
① 臼(절구 구)　　　③ 煉(달굴 련)
④ 濃(짙을 농)　　　⑤ 廠(공장 창)

22 [정답] 鋤(호미 서) – ④ 鼠(쥐 서)
[해설]
① 俎(도마 조)　　　② 釣(낚을/낚시 조)
③ 奚(어찌 해)　　　⑤ 嘲(비웃을 조)

23 [정답] 坑(구덩이 갱) – ③ 羹(국 갱)
[해설]
① 凱(개선할 개)　　② 穹(하늘 궁)
④ 兎(토끼 토)　　　⑤ 炯(빛날 형)

24 [정답] 穗(이삭 수) – ② 粹(순수할 수)
[해설]
① 壘(보루 루)　　　③ 鞋(신 혜)
④ 戮(죽일 륙)　　　⑤ 磬(경쇠 경)

25 [정답] 苔(이끼 태) – ⑤ 兌(바꿀/기쁠 태)
[해설]
① 秤(저울 칭)　　　② 撑(버틸 탱)
③ 禎(상서로울 정)　④ 峙(언덕 치)

[26~36] 한자의 뜻 알기

26 [정답] 撰(지을 찬)

27 [정답] 歪(기울 왜/기울 외)

28 [정답] 炙(구울 자/구울 적)

29 [정답] 魅(도깨비 매)

30 [정답] 鞍(안장 안)

31 [정답] 耗(소모할 모)

32 [정답] 狹(좁을 협)

33 [정답] 蒐(모을 수)

34 [정답] 甑(시루 증)

35 [정답] 孼(서자 얼)

36 [정답] 蛛(거미 주)

## [37~43] 뜻에 맞는 한자 고르기

**37** 정답 ③ 彰(드러날 창)
해설
① 披(헤칠 피)　② 早(이를 조)
④ 伎(재간 기)　⑤ 脂(기름 지)

**38** 정답 ④ 塚(무덤 총)
해설
① 坪(들 평)　② 締(맺을 체)
③ 棧(사다리 잔)　⑤ 佾(줄 춤 일)

**39** 정답 ④ 宴(잔치 연)
해설
① 染(물들 염)　② 越(넘을 월)
③ 曰(가로 왈)　⑤ 炎(불꽃 염)

**40** 정답 ① 罹(걸릴 리)
해설
② 鍍(도금할 도)　③ 沌(엉길 돈)
④ 腎(콩팥 신)　⑤ 劾(꾸짖을 핵)

**41** 정답 ② 怡(기쁠 이)
해설
① 繪(그림 회)　③ 擦(문지를 찰)
④ 升(되 승)　⑤ 伎(재간 기)

**42** 정답 ③ 贍(넉넉할 섬)
해설
① 纖(가늘 섬)　② 獵(사냥 렵)
④ 晟(밝을 성)　⑤ 攘(물리칠 양)

**43** 정답 ④ 憑(기댈/의지할 빙)
해설
① 撫(어루만질 무)　② 彌(미륵/오랠 미)
③ 翔(날 상)　⑤ 醱(술 괼 발)

## [44~50] 뜻이 비슷한 한자 고르기

**44** 정답 渾(흐릴/섞일 혼) - ③ 濁(흐릴 탁)
해설
① 汽(물 끓는 김 기)　② 澹(맑을 담)
④ 瀝(스밀 력)　⑤ 潭(못 담)

**45** 정답 燦(빛날 찬) - ① 煥(빛날 환)
해설
② 阜(언덕 부)　③ 嶼(섬 서)
④ 尼(여승 니)　⑤ 燈(등 등)

**46** 정답 倦(게으를 권) - ② 懶(게으를 라)
해설
① 槿(무궁화 근)　③ 兌(바꿀/기쁠 태)
④ 朗(밝을 랑)　⑤ 僻(궁벽할 벽)

**47** 정답 朽(썩을 후) - ② 腐(썩을 부)
해설
① 崑(산 이름 곤)
③ 餅(떡 병)
④ 嬪(궁녀 벼슬 이름 빈)
⑤ 柑(귤 감)

**48** 정답 斌(빛날 빈) - ③ 彬(빛날 빈)
해설
① 毘(도울 비)　② 陪(모실 배)
④ 嗣(이을 사)　⑤ 濱(물가 빈)

**49** 정답 萌(싹 맹) - ③ 芽(싹 아)
해설
① 毓(기를 육)　② 薛(성씨 설)
④ 堉(기름진 땅 육)　⑤ 蓋(덮을 개)

**50** 정답 燧(봉화 수) - ④ 烽(봉화 봉)
해설
① 蕉(파초 초)　② 靴(신 화)
③ 黔(검을 검)　⑤ 燁(빛날 엽)

| 51 | 52 | 53 | 54 | 55 | 56 | 57 | 58 | 59 | 60 | 61 | 62 | 63 | 64 | 65 | 66 | 67 | 68 | 69 | 70 |
|----|----|----|----|----|----|----|----|----|----|----|----|----|----|----|----|----|----|----|----|
| ④ | ② | ② | ③ | ① | ⑤ | ④ | ② | ① | ② | ② | ④ | ① | ⑤ | ④ | ③ | ② | ① | ⑤ | ④ |

| 71 | 72 | 73 | 74 | 75 | 76 | 77 | 78 | 79 | 80 | 81 | 82 | 83 | 84 | 85 | 86 | 87 | 88 | 89 | 90 |
|----|----|----|----|----|----|----|----|----|----|----|----|----|----|----|----|----|----|----|----|
| ④ | ⑤ | ④ | ② | ④ | ④ | ③ | ① | ① | ② | ④ | ④ | ① | ④ | ④ | ⑤ | ① | ④ | ① | ④ |

## [51~52] 한자어의 짜임 알기

**51** 정답 苛酷(가혹 _ 가혹할 가, 심할 혹) : 매우 혹독함(유사 관계) – ④ 牽引(견인 _ 이끌 견, 끌 인) : 끌어당김(유사 관계)

해설
① 萌動(맹동 _ 움 맹, 움직일 동) : 싹이 틈(주술 관계)
② 丕業(비업 _ 클 비, 업 업) : 큰 사업(수식 관계)
③ 煎茶(전다 _ 달일 전, 차 다) : 차를 달임(술목 관계)
⑤ 糾問(규문 _ 얽힐 규, 물을 문) : 죄를 따져가며 물음(수식 관계)

**52** 정답 寒暑(한서 _ 찰 한, 더울 서) : 추위와 더위(대립 관계) – ② 出沒(출몰 _ 날 출, 빠질 몰) : 어떤 현상이나 대상 등이 나타났다 사라졌다 함(대립 관계)

해설
① 乾燥(건조 _ 마를 건, 마를 조) : 습기나 물기가 없음(유사 관계)
③ 靜寂(정적 _ 고요할 정, 고요할 적) : 고요하고 쓸쓸함(유사 관계)
④ 飢餓(기아 _ 주릴 기, 주릴 아) : 굶주림(유사 관계)
⑤ 解雇(해고 _ 풀 해, 품팔 고) : 고용주가 고용 계약을 해제하여 피고용인을 내보냄(술목 관계)

## [53~54] 한자어의 음 고르기

**53** 정답 鷗鷺(구로 _ 갈매기 구, 해오라기/백로 로) : 갈매기와 해오라기

**54** 정답 輕霞(경하 _ 가벼울 경, 노을 하) : 아침이나 저녁의 엷은 노을

## [55~56] 음에 맞는 한자어 고르기

**55** 정답 ① 滑稽(골계 _ 뼈 골, 머무를 계)

해설
② 骨格(골격 _ 뼈 골, 격식 격)
③ 滑降(활강 _ 미끄러울 활, 내릴 강)
④ 谷谿(곡계 _ 골 곡, 시내 계)
⑤ 連繫(연계 _ 잇닿을 련(연), 맬 계)

**56** 정답 ⑤ 托鉢(탁발 _ 맡길 탁, 바리때 발)

해설
① 揮發(휘발 _ 휘두를 휘, 필 발)
② 活潑(활발 _ 살 활, 물뿌릴 발)
③ 卓越(탁월 _ 높을 탁, 넘을 월)
④ 摘發(적발 _ 딸 적, 필 발)

57 정답 騷擾(소요 _ 떠들 소, 시끄러울 요) : 많은 사람이 떠들썩하게 들고일어나 술렁거림 – ④ 逍遙 (소요 _ 노닐 소, 멀 요) : 자유롭게 이리저리 슬슬 거닐며 돌아다님

해설
① 俳優(배우 _ 배우 배, 넉넉할 우) : 연극이나 영화에 출연하여 연기하는 사람
② 騷亂(소란 _ 떠들 소, 어지러울 란) : 시끄럽고 어수선함
③ 遭遇(조우 _ 만날 조, 만날 우) : 어떤 인물이나 사물, 경우를 우연히 만나거나 마주침. 신하가 뜻이 맞는 임금을 만남
⑤ 騷動(소동 _ 떠들 소, 움직일 동) : 사람들이 놀라거나 흥분하여 시끄럽게 법석거리고 떠들어 대는 일

58 정답 補塡(보전 _ 도울 보, 메울 전) : 부족한 부분을 보태어 채움 – ② 保全(보전 _ 지킬 보, 온전할 전) : 온전하게 보호하여 유지함

해설
① 補腎(보신 _ 도울 보, 콩팥 신) : 보약을 먹어 정력을 도움
③ 緩行(완행 _ 느릴 완, 다닐 행) : 느리게 감. 빠르지 않은 속도로 운행하면서 각 역마다 모두 정차하는 열차
④ 布陣(포진 _ 베 포, 진 칠 진) : 전쟁이나 경기 따위를 치르기 위하여 진을 침
⑤ 迫眞(박진 _ 핍박할 박, 참 진) : 표현 등이 진실에 가까움

59 정답 釣艇(조정 _ 낚을/낚시 조, 배 정) : 낚시로 고기잡이하는 데 쓰는 배 – ① 調整(조정 _ 고를 조, 가지런할 정) : 어떤 기준이나 실정에 맞도록 조절하여 정돈함

해설
② 鉤勒(구륵 _ 갈고리 구, 굴레 륵) : 동양화에서, 먼저 물체의 윤곽을 가늘고 엷은 쌍선으로 그린 다음에 그 안을 색칠하는 화법
③ 調練(조련 _ 고를 조, 익힐 련) : 군인으로서 전투에 필요한 여러 가지 동작이나 작업 등을 훈련함. 훈련을 거듭하여 쌓음
④ 破情(파정 _ 깨뜨릴 파, 뜻 정) : 혼미한 생각을 깨뜨려 없앰
⑤ 躁動(조동 _ 조급할 조, 움직일 동) : 조급하고 망령되게 움직임

60 정답 率 거느릴 솔, 비율 률(율)
② 能率(능률 _ 능할 능, 비율 률(율)) : 정한 시간에 할 수 있는 일의 비율

해설
① 率直(솔직 _ 거느릴 솔, 곧을 직) : 거짓이나 숨김이 없이 바르고 곧음
③ 引率(인솔 _ 끌 인, 거느릴 솔) : 사람을 이끌고 거느림
④ 率先(솔선 _ 거느릴 솔, 먼저 선) : 남보다 앞서 함
⑤ 率去(솔거 _ 거느릴 솔, 갈 거) : 여러 사람을 거느리고 감

61 정답 推仰(추앙 _ 밀 추, 우러를 앙) : 높이 받들어 우러러봄

62 정답 貰房(셋방 _ 세놓을 세, 방 방) : 세를 내고 빌려 쓰는 방

## [63~64] 뜻에 맞는 한자어(漢字語) 알기

**63** 정답 ① 遁世(둔세 _ 숨을 둔, 세상/대 세) : 속세를
피하여 은둔함

해설

② 遁迹(둔적 _ 숨을 둔, 자취 적) : 종적을 감춤

③ 世襲(세습 _ 세상/대 세, 엄습할 습) : 한집안의
재산이나 신분, 직업 등을 대대로 물려주고 물
려받음

④ 塵世(진세 _ 티끌 진, 세상/대 세) : 정신에 고통
을 주는 복잡하고 어수선한 세상

⑤ 詢問(순문 _ 물을 순, 물을 문) : 임금이 신하나
백성에게 물음

**64** 정답 ⑤ 稚魚(치어 _ 어릴 치, 물고기 어) : 알에서
깬 지 얼마 안 되는 어린 물고기

해설

① 鮮魚(선어 _ 생선/고울 선, 물고기 어) : 신선한
물고기

② 魚柴(어시 _ 물고기 어, 섶 시) : 물고기를 잡기
위하여 물 속에 넣어 두는 섶나무

③ 鱗紋(인문 _ 비늘 린(인), 무늬 문) : 비늘 모양으
로 놓은 무늬

④ 魚卵(어란 _ 물고기 어, 알 란) : 물고기의 알

## [65~70] 세 개의 어휘에 공통되는 한자 고르기

**65** 정답 兼職(겸직 _ 겸할 겸, 직분 직)
補職(보직 _ 도울 보, 직분 직)
職責(직책 _ 직분 직, 꾸짖을 책)

해설

① 掌(손바닥 장)       ② 總(다 총)
③ 償(갚을 상)         ⑤ 度(법도 도)

**66** 정답 矜誇(긍과 _ 자랑할 긍, 자랑할 과)
矜持(긍지 _ 자랑할 긍, 가질 지)
自矜(자긍 _ 스스로 자, 자랑할 긍)

해설

① 執(잡을 집)         ② 慢(거만할 만)
④ 强(강할 강)         ⑤ 宏(클 굉)

**67** 정답 垂憐(수련 _ 드리울 수, 불쌍히 여길 련(연))
憐惜(연석 _ 불쌍히 여길 련(연), 아낄 석)
憐憫(연민 _ 불쌍히 여길 련(연), 민망할 민)

해설

① 髮(터럭 발)         ③ 簾(발 렴)
④ 鱗(비늘 린)         ⑤ 淳(순박할 순)

**68** 정답 寢具(침구 _ 잘 침, 갖출 구)
表具(표구 _ 겉 표, 갖출 구)
具載(구재 _ 갖출 구, 실을 재)

해설

② 狀(형상 상/문서 장)
③ 積(쌓을 적)
④ 裏(속 리)
⑤ 室(집 실)

**69** 정답 盟約(맹약 _ 맹세 맹, 맺을 약)
同盟(동맹 _ 한가지 동, 맹세 맹)
盟主(맹주 _ 맹세 맹, 주인 주)

해설

① 傑(뛰어날 걸)       ② 志(뜻 지)
③ 期(기약할 기)       ④ 袖(소매 수)

**70** 정답 拔擢(발탁 _ 뽑을 발, 뽑을 탁)
選拔(선발 _ 가릴 선, 뽑을 발)
簡拔(간발 _ 대쪽/간략할 간, 뽑을 발)

해설

① 渤(바다 이름 발)
② 跋(밟을 발)
③ 易(쉬울 이/바꿀 역)
⑤ 坊(동네 방)

## [71~75] 제시된 한자어의 반대어 · 상대어 고르기

**71** 정답 冒瀆(모독 _ 무릅쓸 모, 도랑/더럽힐 독) ↔ ④ 尊重(존중 _ 높을 존, 무거울 중)

해설
① 模倣(모방 _ 본뜰 모, 본뜰 방)
② 暴露(폭로 _ 사나울 폭, 이슬 로)
③ 尊貴(존귀 _ 높을 존, 귀할 귀)
⑤ 諧謔(해학 _ 화할 해, 희롱할 학)

**72** 정답 未洽(미흡 _ 아닐 미, 흡족할 흡) ↔ ⑤ 滿足(만족 _ 찰 만, 발 족)

해설
① 缺如(결여 _ 이지러질 결, 같을 여)
② 康寧(강녕 _ 편안 강, 편안할 녕)
③ 合黨(합당 _ 합할 합, 무리 당)
④ 雄渾(웅혼 _ 수컷 웅, 흐릴/섞일 혼)

**73** 정답 欽慕(흠모 _ 공경할 흠, 그릴 모) ↔ ④ 輕蔑(경멸 _ 가벼울 경, 업신여길 멸)

해설
① 純粹(순수 _ 순수할 순, 순수할 수)
② 永訣(영결 _ 길 영, 이별할 결)
③ 招聘(초빙 _ 부를 초, 부를 빙)
⑤ 混沌(혼돈 _ 섞을 혼, 엉길 돈)

**74** 정답 矮小(왜소 _ 난쟁이 왜, 작을 소) ↔ ② 健壯(건장 _ 굳셀 건, 장할 장)

해설
① 一蹴(일축 _ 한 일, 찰 축)
③ 誇示(과시 _ 자랑할 과, 보일 시)
④ 綿延(면연 _ 솜 면, 늘일 연)
⑤ 浪漫(낭만 _ 물결 랑(낭), 흩어질 만)

**75** 정답 散開(산개 _ 흩어질 산, 열 개) ↔ ④ 集合(집합 _ 모을 집, 합할 합)

해설
① 墨守(묵수 _ 먹 묵, 지킬 수)
② 發端(발단 _ 필 발, 끝 단)
③ 壽命(수명 _ 목숨 수, 목숨 명)
⑤ 永訣(영결 _ 길 영, 이별할 결)

## [76~80] 성어 완성하기

**76** 정답 徙木之信(사목지신 _ 옮길 사, 나무 목, 어조사 지, 믿을 신) : 나라를 다스리는 사람은 백성을 속이지 않는다는 데서, 백성에 대한 신임을 밝히는 일을 이르는 말

해설
① 捷(빠를 첩)
② 徒(무리 도)
③ 徑(지름길/길 경)
⑤ 彷(헤맬 방)

**77** 정답 隱忍自重(은인자중 _ 숨을 은, 참을 인, 스스로 자, 무거울 중) : 밖으로 드러내지 아니하고 참고 감추어 몸가짐을 신중하게 행동함

해설
① 因(인할 인)
② 認(알 인)
④ 印(도장 인)
⑤ 仁(어질 인)

**78** 정답 無知蒙昧(무지몽매 _ 없을 무, 알 지, 어두울 몽, 어두울 매) : 아는 것이 없이 어리석음

해설
② 薇(장미 미)
③ 罵(꾸짖을 매)
④ 遯(도망할 둔)
⑤ 蜜(꿀 밀)

**79** 정답 斑衣之戲(반의지희 _ 아롱질 반, 옷 의, 어조사 지, 놀이 희) : 때때옷을 입고 하는 놀이라는 뜻으로, 늙어서도 부모를 효양함을 이르는 말

해설
② 錦(비단 금)
③ 鉢(바리때 발)
④ 憑(기댈 빙)
⑤ 紅(붉을 홍)

**80** 정답 朝令暮改(조령모개 _ 아침 조, 하여금 령, 저물 모, 고칠 개) : 아침에 명령을 내렸다가 저녁에 다시 고친다는 뜻으로, 법령을 자꾸 고쳐서 갈피를 잡기가 어려움을 이르는 말

해설
① 莫(없을 막)
③ 卯(토끼 묘)
④ 葉(잎 엽)
⑤ 冒(무릅쓸 모)

## [81~85] 성어의 뜻 알기

81 정답 蓬頭亂髮(봉두난발 _ 쑥 봉, 머리 두, 어지러울 난, 터럭 발) : 쑥대강이처럼 텁수룩하게 흐트러진 머리털

82 정답 松茂柏悅(송무백열 _ 소나무 송, 무성할 무, 측백 백, 기쁠 열) : 소나무가 무성하면 잣나무가 기뻐한다는 뜻으로, 벗이 잘되는 것을 기뻐함을 비유하여 이르는 말

83 정답 纖纖玉手(섬섬옥수 _ 가늘 섬, 가늘 섬, 구슬 옥, 손 수) : 가녀리고 가녀린 옥 같은 손이라는 말로, 가냘프고 고운 손

84 정답 兎死狗烹(토사구팽 _ 토끼 토, 죽을 사, 개 구, 삶을 팽) : 토끼가 죽으면 토끼를 잡던 사냥개도 필요 없게 되어 주인에게 삶아 먹힌다는 뜻으로, 필요할 때는 쓰고 필요 없을 때는 야박하게 버리는 경우를 이르는 말

85 정답 角者無齒(각자무치 _ 뿔 각, 놈 자, 없을 무, 이 치) : 뿔이 있는 놈은 이가 없다는 뜻으로, 한 사람이 모든 복을 겸하지는 못함을 이르는 말

## [86~90] 뜻에 맞는 성어 고르기

86 정답 ⑤ 桂玉之艱(계옥지간 _ 계수나무 계, 구슬 옥, 어조사 지, 어려울 간) : 계수나무보다 비싼 장작과 옥보다 귀한 쌀로 생활하는 어려움이라는 뜻으로, 물가가 비싼 도회지에서 고학하는 어려움을 비유적으로 이르는 말
해설
① 海枯石爛(해고석란 _ 바다 해, 마를 고, 돌 석, 문드러질 란) : 바다가 마르고 돌이 문드러진다라는 뜻으로, 끝끝내 그 시기가 이르지 않음. 영구히 변하지 않음을 이르는 말
② 宿虎衝鼻(숙호충비 _ 잘 숙, 범 호, 찌를 충, 코 비) : 자는 호랑이의 코를 찌른다는 뜻으로,

가만히 있는 사람을 공연히 건드려서 화를 입거나 일을 불리하게 만듦을 이르는 말
③ 市賈不貳(시가불이 _ 저자/시장 시, 값 가, 아닐 불, 두/갖은두 이) : 물건 값에 대한 할인이 없음
④ 苦集滅道(고집멸도 _ 쓸 고, 모을 집, 꺼질/멸할 멸, 길 도) : 불교의 근본 원리인 사제의 첫 글자를 따서 이르는 말. '고'는 생로병사의 괴로움, '집'은 '고'의 원인이 되는 번뇌의 모임, '멸'은 번뇌를 없앤 깨달음의 경계, '도'는 그 깨달음의 경계에 도달한 수행을 말함

87 정답 ① 朝名市利(조명시리 _ 아침 조, 이름 명, 저자/시장 시, 이로울 리) : 명예는 조정에서 다투고 이익은 시장에서 다투라는 뜻으로, 무슨 일이든 알맞은 곳에서 하여야 함을 이르는 말
해설
② 非禮勿視(비례물시 _ 아닐 비, 예도 례(예), 말 물, 볼 시) : 예의에 어긋나는 일은 보지도 말라는 말
③ 搖頭轉目(요두전목 _ 흔들 요, 머리 두, 구를 전, 눈 목) : 머리를 흔들고 눈을 굴린다는 뜻으로, 행동이 침착하지 못함을 이르는 말
④ 首鼠兩端(수서양단 _ 머리 수, 쥐 서, 두 양, 끝 단) : 구멍에서 머리를 내밀고 나갈까 말까 망설이는 쥐라는 뜻으로, 머뭇거리며 진퇴나 거취를 정하지 못하는 상태를 이르는 말
⑤ 啞然失色(아연실색 _ 벙어리 아, 그럴 연, 잃을 실, 빛 색) : 뜻밖의 일에 얼굴빛이 변할 정도로 놀람

88 정답 ④ 袖手傍觀(수수방관 _ 소매 수, 손 수, 곁 방, 볼 관) : 팔짱을 끼고 보고만 있다는 뜻으로, 간섭하거나 거들지 아니하고 그대로 버려둠을 이르는 말
해설
① 因果應報(인과응보 _ 인할 인, 실과 과, 응할 응, 갚을 보) : 전생에 지은 선악에 따라 현재의 행과 불행이 있고, 현세에서의 선악의 결과에 따라 내세에서 행과 불행이 있는 일

② 牽強附會(견강부회 _ 이끌 견, 강할 강, 붙을 부, 모일 회) : 이치에 맞지 않는 말을 억지로 끌어 붙여 자기에게 유리하게 함

③ 自暴自棄(자포자기 _ 스스로 자, 사나울 포, 스스로 자, 버릴 기) : 절망에 빠져 자신을 스스로 포기하고 돌아보지 아니함

⑤ 見利思義(견리사의 _ 볼 견, 이로울 리, 생각 사, 옳을 의) : 눈앞의 이익을 보면 의리를 먼저 생각함

89 `정답` ① 膠柱鼓瑟(교주고슬 _ 아교 교, 기둥 주, 북 고, 큰 거문고 슬) : 아교풀로 비파나 거문고의 기러기발을 붙여 놓으면 음조를 바꿀 수 없다는 뜻으로, 고지식하여 조금도 융통성이 없음을 이르는 말

`해설`

② 布衣寒士(포의한사 _ 베 포, 옷 의, 찰 한, 선비 사) : 베옷을 입은 가난한 선비라는 뜻으로, 벼슬이 없는 가난한 선비를 이르는 말

③ 席藁待罪(석고대죄 _ 자리 석, 짚고, 기다릴 대, 허물 죄) : 거적을 깔고 엎드려서 임금의 처분이나 명령을 기다리던 일

④ 口尙乳臭(구상유취 _ 입 구, 오히려 상, 젖 유, 냄새 취) : 입에서 아직 젖내가 난다는 뜻으로, 말이나 행동이 유치함을 이르는 말

⑤ 磨斧作針(마부작침 _ 갈 마, 도끼 부, 지을 작, 바늘 침) : 도끼를 갈아서 바늘을 만든다는 뜻으로, 아무리 어려운 일이라도 끊임없이 노력하면 반드시 이룰 수 있음을 이르는 말

90 `정답` ④ 九牛一毛(구우일모 _ 아홉 구, 소 우, 한 일, 털 모) : 아홉 마리의 소 가운데 박힌 하나의 털이란 뜻으로, 매우 많은 것 가운데 극히 적은 수를 이르는 말

`해설`

① 多多益善(다다익선 _ 많을 다, 많을 다, 더할 익, 착할 선) : 많으면 많을수록 더욱 좋음

② 作心三日(작심삼일 _ 지을 작, 마음 심, 석 삼, 날 일) : 단단히 먹은 마음이 사흘을 가지 못한다는 뜻으로, 결심이 굳지 못함을 이르는 말

③ 山戰水戰(산전수전 _ 뫼 산, 싸움 전, 물 수, 싸움 전) : 산에서도 싸우고 물에서도 싸웠다는 뜻으로, 세상의 온갖 고생과 어려움을 다 겪었음을 이르는 말

⑤ 尾生之信(미생지신 _ 꼬리 미, 날 생, 어조사 지, 믿을 신) : 우직하여 융통성이 없이 약속만을 굳게 지킴을 이르는 말

| 91 | 92 | 93 | 94 | 95 | 96 | 97 | 98 | 99 | 100 | 101 | 102 | 103 | 104 | 105 | 106 | 107 | 108 | 109 | 110 |
|---|---|---|---|---|---|---|---|---|---|---|---|---|---|---|---|---|---|---|---|
| ⑤ | ① | ② | ③ | ④ | ③ | ① | ④ | ③ | ④ | ② | ② | ④ | ③ | ⑤ | ④ | ① | ③ | ⑤ | ③ |

| 111 | 112 | 113 | 114 | 115 | 116 | 117 | 118 | 119 | 120 | 121 | 122 | 123 | 124 | 125 | 126 | 127 | 128 | 129 | 130 |
|---|---|---|---|---|---|---|---|---|---|---|---|---|---|---|---|---|---|---|---|
| ⑤ | ① | ② | ② | ④ | ② | ① | ② | ① | ③ | ① | ② | ③ | ⑤ | ⑤ | ④ | ② | ① | ⑤ | ① |

## [91~97] 문장 속 한자어의 음 알기

**91** 정답 喝破(갈파 _ 꾸짖을 갈, 깨뜨릴 파)

**92** 정답 堆積(퇴적 _ 쌓을 퇴, 쌓을 적)

**93** 정답 癒着(유착 _ 병 나을 유, 붙을 착)

**94** 정답 喝采(갈채 _ 꾸짖을 갈, 풍채 채)

**95** 정답 醱酵(발효 _ 술괼 발, 삭힐 효)

**96** 정답 詔勅(조칙 _ 조서 조, 칙서 칙)

**97** 정답 黎明(여명 _ 검을 여, 밝을 명)

## [98~102] 문장 속 한자어의 뜻풀이 고르기

**98** 정답 庇護(비호 _ 덮을 비, 도울 호) : 편들어서 감싸 주고 보호함

**99** 정답 抽籤(추첨 _ 뽑을 추, 제비 첨) : 어떤 표시나 내용이 적힌 종이쪽이나 기타의 여러 물건 중에 어느 것을 무작위로 뽑아 어떤 일의 당락·차례·분배 등을 결정하는 것

**100** 정답 敷衍(부연 _ 펼 부, 넓을 연) : 이해하기 쉽도록 설명을 덧붙여 자세히 말하는 것을 이르는 말

**101** 정답 輔弼(보필 _ 도울 보, 도울 필) : 윗사람의 일을 도움. 또는 그런 사람

**102** 정답 囑託(촉탁 _ 부탁할 촉, 부탁할 탁) : 일을 부탁하여 맡김

## [103~107] 문장에 맞는 한자어 고르기

**103** 정답 ④ 狼藉(낭자 _ 이리 낭, 깔 자) : 여기저기 흩어져 어지러움

해설
① 狼子(낭자 _ 이리 낭, 아들 자) : 짚신나물의 뿌리를 한방에서 이르는 말. 독을 푸는 데나 기생충 없애는 데에 약재로 쓰임
② 娘子(낭자 _ 여자 낭, 아들 자) : 예전에, '처녀'를 높여 이르던 말
③ 破局(파국 _ 깨뜨릴 파, 판 국) : 일이나 사태가 잘못되어 결판이 남
⑤ 狼頑(낭완 _ 이리 낭, 완고할 완) : 사납고 모짊

**104** 정답 ③ 倭寇(왜구 _ 왜나라 왜, 도적 구) : 13세기부터 16세기까지 우리나라 연안을 무대로 약탈을 일삼던 일본 해적

해설
① 倭亂(왜란 _ 왜나라 왜, 어지러울 란) : 왜인이 일으킨 난리. 임진왜란
② 矮軀(왜구 _ 난쟁이 왜, 몸 구) : 키가 작은 체구
④ 矮箭(왜전 _ 난쟁이 왜, 화살 전) : 길이가 짧은 화살
⑤ 倭典(왜전 _ 왜나라 왜, 법 전) : 신라 때에, 외국 사신의 영접을 맡아보던 관아

**105** 정답 ⑤ 總括(총괄 _ 다 총, 묶을 괄) : 개별적인 여러 가지를 한데 모아서 묶음

해설
① 總額(총액 _ 다 총, 이마 액) : 전체의 액수

② 總稱(총칭 _ 다 총, 일컬을 칭) : 전부를 한데
모아 두루 일컬음

③ 總則(총칙 _ 다 총, 법칙 칙) : 전체를 포괄하는
규칙이나 법칙

④ 括弧(괄호 _ 묶을 괄, 활 호) : 말이나 글 또는
숫자 등을 한데 묶기 위하여 사용하는 부호

**106** 정답 ④ 融和(융화 _ 녹을 융, 화할 화) : 서로 어울
려 화목하게 됨

해설

① 遭禍(조화 _ 만날 조, 재앙 화) : 화를 입거나
재앙을 당함

② 混合(혼합 _ 섞을 혼, 합할 합) : 뒤섞어서 한데
합함

③ 融平(융평 _ 녹을 융, 평평할 평) : 갈등이 없이
융화하여 평온함

⑤ 獨樂(독락 _ 홀로 독, 즐거울 락) : 혼자서 즐김

**107** 정답 ① 編輯(편집 _ 엮을 편, 모을 집) : 여러 가지
자료를 수집하여 책·신문 등을 엮음

해설

② 便紙(편지 _ 편할 편, 종이 지) : 안부, 소식,
용무 등을 적어 보내는 글

③ 輯要(집요 _ 모을 집, 요긴할 요) : 요점만을
모음

④ 斷編(단편 _ 끊을 단, 엮을 편) : 내용이 연결되
지 못하고 조각조각 따로 떨어진 짧은 글

⑤ 極讚(극찬 _ 극진할/다할 극, 기릴 찬) : 더할
수 없이 매우 칭찬함

## [108~112] 바르지 않은 한자 표기 고르기

**108** 정답 ③ 諷呑 → 諷刺(풍자 _ 풍자할 풍, 찌를 자)

해설

① 兩班(양반 _ 두 양, 나눌 반)

② 僧侶(승려 _ 중 승, 짝 려)

④ 諧謔(해학 _ 화할 해, 희롱할 학)

⑤ 實狀(실상 _ 열매 실, 형상 상)

**109** 정답 ⑤ 切減 → 節減(절감 _ 마디 절, 덜 감)

해설

① 鐵道(철도 _ 쇠 철, 길 도)

② 補償(보상 _ 도울 보, 갚을 상)

③ 險難(험난 _ 험할 험, 어려울 난)

④ 劃期的(획기적 _ 그을 획, 기약할 기, 과녁 적)

**110** 정답 ③ 引識 → 認識(인식 _ 알 인, 알 식)

해설

① 關係(관계 _ 관계할 관, 맬 계)

② 綜合(종합 _ 모을 종, 합할 합)

④ 寬容(관용 _ 너그러울 관, 얼굴 용)

⑤ 姿勢(자세 _ 모양 자, 형세 세)

**111** 정답 ⑤ 神境 → 神經(신경 _ 귀신 신, 지날 경)

해설

① 品位(품위 _ 물건 품, 자리 위)

② 重要(중요 _ 무거울 중, 요긴할 요)

③ 保守(보수 _ 지킬 보, 지킬 수)

④ 價值觀(가치관 _ 값 가, 값 치, 볼 관)

**112** 정답 ① 朝國 → 祖國(조국 _ 조상 조, 나라 국)

해설

② 統一(통일 _ 거느릴 통, 한 일)

③ 信賴(신뢰 _ 믿을 신, 의뢰할 뢰)

④ 回復(회복 _ 돌아올 회, 회복할 복)

⑤ 必要(필요 _ 반드시 필, 요긴할 요)

## [113~120] 문장 속 단어를 한자로 바르게 쓰기

**113** 정답 ② 眩惑(현혹 _ 어지러울 현, 미혹할 혹) :
정신을 빼앗겨 하여야 할 바를 잊어버림

해설

※ 或(혹 혹)          酷(심할 혹)

鉉(솥귀 현)

**114** 정답 ① 締結(체결 _ 맺을 체, 맺을 결) : 얽어서
맺음. 계약이나 조약 등을 공식적으로 맺음

해설

※ 約(맺을 약)          條(가지 조)

15 [정답] ④ 焦眉(초미 _ 탈 초, 눈썹 미) : 눈썹에 불이 붙었다는 뜻으로, 매우 급함을 이르는 말

[해설]
※ 昏(어두울 혼)　　　迷(미혹할 미)
初(처음 초)　　　　味(맛 미)
稀(드물 희)　　　　微(작을 미)
炒(볶을 초)

16 [정답] ② 潔癖(결벽 _ 깨끗할 결, 버릇 벽) : 유난스럽게 깨끗한 것을 좋아하는 성벽

[해설]
※ 闢(열 벽)　　　　缺(이지러질 결)
僻(궁벽할 벽)

17 [정답] ① 葛藤(갈등 _ 칡 갈, 등나무 등) : 칡과 등나무가 서로 얽히는 것과 같이, 일이나 사정이 서로 복잡하게 뒤얽혀 화합하지 못함을 이르는 말

[해설]
※ 渴(목마를 갈)　　　燈(등 등)
症(증세 증)　　　　褐(갈색/굵은베 갈)

118 [정답] ② 紛爭(분쟁 _ 어지러울 분, 다툴 쟁) : 말썽을 일으키어 시끄럽고 복잡하게 다툼

[해설]
※ 分(나눌 분)　　　　戰(싸움 전)
冷(찰 랭(냉))

119 [정답] ① 喘息(천식 _ 숨찰 천, 쉴 식) : 기관지에 경련이 일어나는 병. 숨이 가쁘고 기침이 나며 가래가 심함

[해설]
※ 呑(삼킬 탄)　　　　嘆(한숨 쉴 탄)
穿(뚫을 천)　　　　賤(천할 천)

120 [정답] ③ 隱匿(은닉 _ 숨을 은, 숨길 닉) : 남의 물건이나 범죄인을 감춤

[해설]
※ 殷(은나라 은)　　　溺(빠질 닉)
銀(은 은)

[121~125] 문장 속 단어·어구의 뜻을 가장 잘 나타낸 한자어 고르기

121 [정답] ① 脈絡(맥락 _ 줄기 맥, 이을/얽을 락) : 사물 등이 서로 이어져 있는 관계나 연관

[해설]
② 魁頭(괴두 _ 괴수 괴, 머리 두) : 쪽을 찌거나 상투를 틀어 매지 않고 그냥 풀어 놓은 머리
③ 乖離(괴리 _ 어그러질 괴, 떠날 리) : 서로 어그러져 동떨어짐
④ 關係(관계 _ 관계할 관, 맬 계) : 둘 이상의 사람, 사물, 현상 등이 서로 관련을 맺거나 관련이 있음
⑤ 通察(통찰 _ 통할 통, 살필 찰) : 책이나 글을 처음부터 끝까지 모두 훑어봄

122 [정답] ② 披瀝(피력 _ 헤칠 피, 스밀 력) : 평소에 숨겨둔 생각을 모조리 털어내어 말함

[해설]
① 忠言(충언 _ 충성할 충, 말씀 언) : 충고하는 말. 충직한 말
③ 折衷(절충 _ 꺾을 절, 속마음 충) : 어느 편으로 치우치지 않고 이것과 저것을 취사하여 그 알맞은 것을 얻음
④ 衷誠(충성 _ 속마음 충, 정성 성) : 마음속에서 우러나오는 정성
⑤ 衷情(충정 _ 속마음 충, 뜻 정) : 마음에서 우러나오는 참된 정

123 [정답] ③ 眞相(진상 _ 참 진, 서로 상) : 잘 알려지지 않거나 잘못 알려지거나 감추어진, 사물이나 현상의 거짓 없는 모습이나 내용

[해설]
① 眞僞(진위 _ 참 진, 거짓 위) : 참과 거짓 또는 진짜와 가짜를 통틀어 이르는 말
② 眞影(진영 _ 참 진, 그림자 영) : 주로 얼굴을 그린 화상 또는 얼굴을 찍은 사진
④ 醜態(추태 _ 추할 추, 모습 태) : 더럽고 지저분한 행동이나 태도

⑤ 眞率(진솔 _ 참 진, 거느릴 솔) : 진실하고 솔직함. 참되어 꾸밈이 없음

124 정답 ⑤ 萎縮(위축 _ 시들 위, 줄일 축) : 마르고 시들어서 오그라지고 쪼그라듦
해설
① 憤慨(분개 _ 분할 분, 슬퍼할 개) : 몹시 분하게 여김
② 生疎(생소 _ 날 생, 성길 소) : 어떤 대상이 별로 대한 적이 없어 심리적으로 멀게 느껴지거나 서먹함을 느끼는 상태에 있음. 낯섦
③ 櫛比(즐비 _ 빗 즐, 견줄 비) : 빗살처럼 줄지어 빽빽하게 늘어섬
④ 解弛(해이 _ 풀 해, 늦출 이) : 긴장이나 규율 등이 풀려 마음이 느슨함

125 정답 ⑤ 矛盾(모순 _ 창 모, 방패 순) : 창과 방패라는 뜻으로, 말이나 행동의 앞뒤가 서로 일치되지 아니함
해설
① 束縛(속박 _ 묶을 속, 얽을 박) : 어떤 행위나 권리의 행사를 자유로이 하지 못하도록 강압적으로 얽어매거나 제한함
② 塵埃(진애 _ 티끌 진, 티끌 애) : 티끌과 먼지를 통틀어 이르는 말. 세상의 속된 것을 이르는 말
③ 釀造(양조 _ 술빚을 양, 지을 조) : 술이나 간장, 식초 등을 담가 만드는 일
④ 穀部(곡부 _ 곡식 곡, 떼/거느릴 부) : 백제 때에, 궁중 사무를 관장하던 내관 12부의 하나

[126~130] 종합문제

126 정답 ㉠ 縣監(현감 _ 고을 현, 볼 감) – ④ 縣吏(현리 _ 고을 현, 벼슬아치 리)
해설
① 顯官(현관 _ 나타날 현, 벼슬 관)
② 玄關(현관 _ 검을 현, 관계할 관)
③ 懸弧(현호 _ 달 현, 활 호)
⑤ 彈絃(탄현 _ 탄알 탄, 줄 현)

127 정답 ㉡ 날이 새려 할 무렵 – ② 黎明(여명 _ 검을 여, 밝을 명)
해설
① 午夜(오야 _ 낮 오, 밤 야) : 십이시 중의 자시의 한 가운데. 밤 열두 시를 말함
③ 除夜(제야 _ 덜 제, 밤 야) : 섣달 그믐날 밤. 일년의 마지막 밤
④ 曉霧(효무 _ 새벽 효, 안개 무) : 새벽녘에 끼는 안개
⑤ 三朝(삼조 _ 석 삼, 아침 조) : 년 · 월 · 일의 처음이라는 뜻으로, 정월 초하루의 아침을 이르는 말. 그달의 세 번째 날. 또는 그날의 아침. 3대의 조정

128 정답 ㉢ 東軒(동헌 _ 동녘 동, 집 헌) : 지방 관아에서 고을 원이나 감사, 병사, 수사 및 그 밖의 수령들이 공사를 처리하던 중심 건물
㉣ 操心(조심 _ 잡을 조, 마음 심) : 잘못이나 실수가 없도록 말이나 행동에 마음을 씀

129 정답 ㉤ 毒藥(독약 _ 독 독, 약 약) : 독성을 가진 약제. 극약보다 독성이 한층 강하여 극히 적은 양으로도 사람이나 동물의 건강이나 생명을 해칠 수 있음
㉥ 危篤(위독 _ 위태할 위, 도타울 독) : 병이 매우 중하여 생명이 위태로움
㉦ 奇別(기별 _ 기이할 기, 나눌/다를 별) : 다른 곳에 있는 사람에게 소식을 전함. 또는 소식을 적은 종이

130 정답 ① 焚(불사를 분/火(불 화)
해설 ㉧ 열 – 烈(매울 열 _ ⺗ 연화발/불 화)
② 劍(칼 검 _ ⼑ 선칼도방/칼 도)
③ 灣(물굽이 만 _ 氵 삼수변/물 수)
④ 嫁(시집갈 가 _ 女 여자 녀)
⑤ 褓(포대기 보 _ 衤 옷의변/옷 의)

# 제2회 상공회의소 한자 시험 (2급)
## 최종모의고사 정답 및 해설

<제1영역> 한자(漢字)

| 1 | 2 | 3 | 4 | 5 | 6 | 7 | 8 | 9 | 10 | 11 | 12 | 13 | 14 | 15 | 16 | 17 | 18 | 19 | 20 | 21 | 22 | 23 | 24 | 25 |
|---|---|---|---|---|---|---|---|---|----|----|----|----|----|----|----|----|----|----|----|----|----|----|----|----|
| ③ | ① | ② | ④ | ⑤ | ① | ② | ① | ④ | ① | ③ | ② | ④ | ② | ④ | ① | ③ | ① | ② | ③ | ④ | ⑤ | ② | ① | ② |
| 26 | 27 | 28 | 29 | 30 | 31 | 32 | 33 | 34 | 35 | 36 | 37 | 38 | 39 | 40 | 41 | 42 | 43 | 44 | 45 | 46 | 47 | 48 | 49 | 50 |
| ① | ④ | ③ | ② | ③ | ② | ① | ④ | ① | ⑤ | ① | ⑤ | ① | ② | ⑤ | ① | ② | ① | ② | ① | ④ | ⑤ | ① | ③ | ① |

## [1~11] 한자의 음 알기

**01** 정답 曇(흐릴 담)

**02** 정답 幇(도울 방)

**03** 정답 攪(흔들 교)

**04** 정답 顆(낱알 과)

**05** 정답 誨(가르칠 회)

**06** 정답 鑄(쇠불릴 주)

**07** 정답 譽(기릴/명예 예)

**08** 정답 臂(팔 비)

**09** 정답 瞬(눈 깜짝일 순)

**10** 정답 臘(섣달 랍)

**11** 정답 拈(집을 념)

## [12~18] 음에 맞는 한자 고르기

**12** 정답 ② 秦(벼 이름 진)

해설
① 娠(아이 밸 신)　③ 蟻(개미 의)
④ 雙(두/쌍 쌍)　⑤ 押(누를 압)

**13** 정답 ④ 匡(바를 광)

해설
① 丘(언덕 구)　② 棄(버릴 기)
③ 濃(짙을 농)　⑤ 戚(친척 척)

**14** 정답 ② 謔(희롱할 학)

해설
① 諧(화할 해)　③ 械(기계 계)
④ 欠(하품 흠)　⑤ 髮(터럭 발)

**15** 정답 ④ 柿(감나무 시)

해설
① 劤(힘셀 근)　② 昱(햇빛 밝을 욱)
③ 湜(물 맑을 식)　⑤ 捺(누를 날)

**16** 정답 ① 閱(볼 열)

해설
② 閏(윤달 윤)　③ 閣(집 각)
④ 閨(안방 규)　⑤ 閭(마을 려)

**17** 정답 ③ 扁(작을 편)
해설
① 評(평할 평)　　② 輯(모을 집)
④ 扇(부채 선)　　⑤ 逸(편안할 일)

**18** 정답 ① 泛(뜰 범)
해설
② 乏(모자랄 핍)　　③ 虎(범 호)
④ 廚(부엌 주)　　⑤ 碧(푸를 벽)

## [19~25] 음이 같은 한자 고르기

**19** 정답 駿(준마 준) – ② 濬(깊을 준)
해설
① 沖(화할 충)　　③ 駐(머무를 주)
④ 騈(나란히 할 병)　　⑤ 聰(귀 밝을 총)

**20** 정답 鋤(호미 서) – ③ 筮(점대 서)
해설
① 奭(클/쌍백 석)　　② 纓(갓끈 영)
④ 旿(밝을 오)　　⑤ 嘗(맛볼 상)

**21** 정답 裔(후손 예) – ④ 睿(슬기 예)
해설
① 函(함 함)　　② 屑(가루 설)
③ 閃(번쩍일 섬)　　⑤ 醋(초 초)

**22** 정답 鏞(쇠북 용) – ⑤ 踊(뛸 용)
해설
① 趾(발 지)　　② 鼓(북 고)
③ 鍾(쇠북 종)　　④ 鍮(놋쇠 유)

**23** 정답 襟(옷깃 금) – ② 衾(이불 금)
해설
① 汲(물 길을 급)　　③ 拈(집을 념)
④ 奧(깊을 오)　　⑤ 膽(쓸개 담)

**24** 정답 峴(고개 현) – ① 弦(활시위 현)
해설
② 岐(갈림길 기)　　③ 岸(언덕 안)
④ 崎(험할 기)　　⑤ 峽(골짜기 협)

**25** 정답 鍍(도금할 도) – ② 蹈(밟을 도)
해설
① 鑛(쇳돌 광)　　③ 鑑(거울 감)
④ 鈍(둔할 둔)　　⑤ 錦(비단 금)

## [26~36] 한자의 뜻 알기

**26** 정답 諱(꺼릴 휘)

**27** 정답 靖(편안할 정)

**28** 정답 雀(참새 작)

**29** 정답 棗(대추 조)

**30** 정답 蝦(두꺼비 하)

**31** 정답 驢(당나귀 려)

**32** 정답 闊(넓을 활)

**33** 정답 塚(무덤 총)

**34** 정답 毓(기를 육)

**35** 정답 岑(봉우리 잠)

**36** 정답 鷹(매 응)

## [37~43] 뜻에 맞는 한자 고르기

**37** 정답 ⑤ 蟬(매미 선)
해설
① 螢(반딧불 형)　　② 融(녹을 융)
③ 蛾(나방 아)　　④ 蝕(좀먹을 식)

**38** 정답 ① 鈺(보배 옥)
해설
② 鎔(쇠 녹일 용)　　③ 靖(편안할 정)
④ 悌(공손할 제)　　⑤ 珥(귀고리 이)

39 　정답 ③ 踐(밟을 천)
　해설
① 薦(천거할 천)　② 賤(천할 천)
④ 遷(옮길 천)　⑤ 跳(뛸 도)

40 　정답 ② 稼(심을 가)
　해설
① 稽(머무를 계)　③ 穗(이삭 수)
④ 稻(벼 도)　⑤ 穫(거둘 확)

41 　정답 ⑤ 夭(어릴 요)
　해설
① 妖(요사할 요)　② 夫(지아비 부)
③ 雍(화할 옹)　④ 旺(왕성할 왕)

42 　정답 ② 壞(무너질 괴)
　해설
① 塡(메울 전)　③ 埈(높을 준)
④ 嶺(고개 령)　⑤ 峯(봉우리 봉)

43 　정답 ① 寵(사랑할 총)
　해설
② 龕(감실 감)
③ 憾(섭섭할 감)
④ 憬(깨달을/동경할 경)
⑤ 亮(밝을 량)

## [44~50] 뜻이 비슷한 한자 고르기

44 　정답 憙(기뻐할 희) – ② 喜(기쁠 희)
　해설
① 熹(빛날 희)　③ 濁(흐릴 탁)
④ 熙(빛날 희)　⑤ 希(바랄 희)

45 　정답 澹(맑을 담) – ① 晶(맑을 정)
　해설
② 汀(물가 정)　③ 潭(못 담)
④ 湛(즐길 담)　⑤ 品(물건 품)

46 　정답 遁(도망할 둔) – ④ 逃(도망할 도)
　해설
① 遍(두루 편)　② 遣(보낼 견)
③ 竊(훔칠 절)　⑤ 窄(좁을 착)

47 　정답 奭(클 석) – ⑤ 碩(클 석)
　해설
① 奧(깊을 오)　② 奠(정할 전)
③ 套(씌울 투)　④ 夾(낄 협)

48 　정답 胥(서로 서) – ① 互(서로 호)
　해설
② 腎(콩팥 신)　③ 脊(등마루 척)
④ 亞(버금 아)　⑤ 疎(성길 소)

49 　정답 溺(빠질 닉) – ③ 沒(빠질 몰)
　해설
① 泊(머무를 박)　② 汎(넓을 범)
④ 溟(바다 명)　⑤ 沸(끓을 비)

50 　정답 渡(건널 도) – ① 涉(건널 섭)
　해설
② 涅(열반 열)　③ 涯(물가 애)
④ 洲(물가 주)　⑤ 浦(개 포)

| 51 | 52 | 53 | 54 | 55 | 56 | 57 | 58 | 59 | 60 | 61 | 62 | 63 | 64 | 65 | 66 | 67 | 68 | 69 | 70 |
|----|----|----|----|----|----|----|----|----|----|----|----|----|----|----|----|----|----|----|----|
| ③ | ② | ① | ② | ① | ③ | ④ | ③ | ⑤ | ① | ④ | ⑤ | ② | ⑤ | ③ | ② | ① | ④ | ③ | ① |
| 71 | 72 | 73 | 74 | 75 | 76 | 77 | 78 | 79 | 80 | 81 | 82 | 83 | 84 | 85 | 86 | 87 | 88 | 89 | 90 |
| ⑤ | ③ | ① | ② | ④ | ③ | ① | ⑤ | ① | ② | ① | ① | ③ | ② | ⑤ | ⑤ | ③ | ② | ① | ② |

## [51~52] 한자어의 짜임 알기

51  정답 造船(조선 _ 지을 조, 배 선) : 배를 만듦(술
목 관계) - ③ 植樹(식수 _ 심을 식, 나무 수) :
나무를 심음(술목 관계)

해설
① 參政(참정 _ 참여할 참, 정사 정) : 정치에 참여
함(술보 관계)
② 純潔(순결 _ 순수할 순, 깨끗할 결) : 몸과 마음
이 아주 깨끗함(유사 관계)
④ 出生(출생 _ 날 출, 날 생) : 세상에 나옴(유사
관계)
⑤ 枯葉(고엽 _ 마를 고, 잎 엽) : 마른 잎(수식
관계)

52  정답 緩急(완급 _ 느릴 완, 급할 급) : 느림과 빠름
(대립 관계) - ② 遠近(원근 _ 멀 원, 가까울 근)
: 멀고 가까움(대립 관계)

해설
① 洗濯(세탁 _ 씻을 세, 씻을 탁) : 빨래(유사
관계)
③ 謹愼(근신 _ 삼갈 근, 삼갈 신) : 말, 행동 등을
삼가고 조심함(유사 관계)
④ 懸賞(현상 _ 달 현, 상줄 상) : 상금을 걸다(술
목 관계)
⑤ 懷古(회고 _ 품을 회, 예 고) : 옛 일을 돌이켜
생각함(술목 관계)

## [53~54] 한자어의 음 고르기

53  정답 呈訴(정소 _ 드릴 정, 호소할 소) : 소장을
관청에 냄

54  정답 羈寓(기우 _ 굴레 기, 부칠 우) : 타향에서
삶. 타향살이

## [55~56] 음에 맞는 한자어 고르기

55  정답 ① 燦爛(찬란 _ 빛날 찬, 빛날 란)

해설
② 燦然(찬연 _ 빛날 찬, 그럴 연)
③ 輝煌(휘황 _ 빛날 휘, 빛날 황)
④ 燦煌(찬황 _ 빛날 찬, 빛날 황)
⑤ 贊冠(찬관 _ 도울 찬, 갓 관)

56  정답 ③ 呪辭(주사_ 빌 주, 말씀 사)

해설
① 酒宴(주연 _ 술 주, 잔치 연)
② 奏御(주어 _ 아뢸 주, 거느릴 어)
④ 稠密(조밀 _ 빽빽할 조, 빽빽할 밀)
⑤ 竄走(찬주 _ 숨을 찬, 달릴 주)

## [57~59] 음이 같은 한자어 고르기

**57** 정답 嗚咽(오열 _ 슬플 오, 목멜 열) : 목이 메어 욺 – ④ 悟悅(오열 _ 깨달을 오, 기쁠 열) : 깨닫고 기뻐함

해설
① 誤譯(오역 _ 그르칠 오, 번역할 역) : 잘못 번역함. 또는 잘못된 번역
② 惡寒(오한 _ 미워할 오, 찰 한) : 몸이 오슬오슬 춥고 떨리는 증상
③ 傲慢(오만 _ 거만할 오, 거만할 만) : 태도나 행동이 건방지거나 거만함
⑤ 嗚泣(오읍 _ 슬플 오, 울 읍) : 목메어 욺

**58** 정답 濃淡(농담 _ 짙을 농, 맑을 담) : 색깔이나 명암 등의 짙음과 옅음 – ③ 弄談(농담 _ 희롱할 농, 말씀 담) : 실없이 놀리거나 장난으로 하는 말

해설
① 籠球(농구 _ 대바구니 농, 공 구) : 다섯 사람씩 두 편으로 나뉘어, 상대편의 바스켓에 공을 던져 넣어 얻은 점수의 많음을 겨루는 경기
② 農畜(농축 _ 농사 농, 짐승 축) : 농가의 집짐승
④ 濃厚(농후 _ 짙을 농, 두터울 후) : 빛깔이 진하거나 짙음. 어떤 경향이나 기색 등이 뚜렷함
⑤ 濃艶(농염 _ 짙을 농, 고울 염) : 한껏 무르익은 아름다움

**59** 정답 哨舍(초사 _ 망볼 초, 집 사) : 초소를 지키는 병사의 막사 – ⑤ 焦思(초사 _ 탈 초, 생각 사) : 애를 태우며 하는 생각

해설
① 蔬食(소식 _ 나물 소, 먹을/밥 식) : 채소 반찬뿐인 밥
② 消暢(소창 _ 사라질 소, 화창할 창) : 심심하거나 답답한 마음을 풀어 후련하게 함
③ 廳舍(청사 _ 관청 청, 집 사) : 관청의 사무실로 쓰는 건물
④ 哨所(초소 _ 망볼 초, 바/곳 소) : 보초를 서는 장소

## [60] 여러 개의 음을 가진 한자 알기

**60** 정답 便 편할 편, 똥오줌 변
① 排便(배변 _ 밀칠 배, 똥오줌 변) : 대변을 몸 밖으로 내보냄

해설
② 郵便(우편 _ 우편 우, 편할 편) : 정부의 관할 아래 서신이나 기타 물품을 국내나 전 세계에 보내는 업무. 우편으로 전달되는 서신이나 물품을 통틀어 이르는 말
③ 鳩便(구편 _ 비둘기 구, 편할 편) : 길들인 비둘기를 이용하여 통신함
④ 便覽(편람 _ 편할 편, 볼 람) : 보기에 편리하도록 간추린 책
⑤ 增便(증편 _ 더할/불어날 증, 편할 편) : 정기적인 교통편의 횟수를 늘림

## [61~62] 한자어(漢字語)의 뜻 알기

**61** 정답 歸寧(귀녕 _ 돌아갈 귀, 편안 녕) : 시집간 딸이 친정에 가서 어버이를 뵘

**62** 정답 除夕(제석 _ 덜 제, 저녁 석) : 섣달 그믐날 밤. 음력 12월 말일

## [63~64] 뜻에 맞는 한자어(漢字語) 알기

**63** 정답 ② 撤床(철상 _ 거둘 철, 상 상) : 음식상을 거두어 치움

해설
① 撤去(철거 _ 거둘 철, 갈 거) : 건물·시설 등을 걷어 치워 버림
③ 撤排(철배 _ 거둘 철, 밀칠 배) : 식장에 배설했던 물건들을 거두어 치움
④ 飯床(반상 _ 밥 반, 상 상) : 격식을 갖추어 밥상 하나를 차리도록 만든 한 벌의 그릇

⑤ 望床(망상 _ 바랄 망, 상 상) : 큰 잔치 때에, 보기 좋게 과실·떡·어육 등의 음식을 높이 괴어 차려 놓은 큰 상. 혼인 잔치 때에, 신랑의 몸상 뒤에 놓는 큰 상

64 **정답** ⑤ 塡然(전연 _ 메울 전, 그럴 연) : 큰북을 치거나 큰북 소리가 울리는 모양
**해설**
① 塡排(전배 _ 메울 전, 밀칠 배) : 인원을 채워서 배치함
② 塡築(전축 _ 메울 전, 쌓을 축) : 틈이나 구덩이를 메워 쌓음
③ 擊鼓(격고 _ 칠 격, 북 고) : 북을 두드림
④ 傲然(오연 _ 거만할 오, 그럴 연) : 태도가 거만하거나 그렇게 보일 정도로 담담함

## [65~70] 세 개의 어휘에 공통되는 한자 고르기

65 **정답** 垂憐(수련 _ 드리울 수, 불쌍히 여길 련(연))
憐惜(연석 _ 불쌍히 여길 련(연), 아낄 석)
憐愍(연민 _ 불쌍히 여길 련(연), 근심할 민)
**해설**
① 髮(터럭 발)　　② 簾(발 렴)
④ 範(법 범)　　⑤ 哀(슬플 애)

66 **정답** 誇矜(과긍 _ 자랑할 과, 자랑할 긍)
驕矜(교긍 _ 교만할 교, 자랑할 긍)
矜恤(긍휼 _ 자랑할 긍, 불쌍할 휼)
**해설**
① 張(베풀 장)　　③ 慢(거만할 만)
④ 求(구할 구)　　⑤ 奢(사치할 사)

67 **정답** 殘滓(잔재 _ 남을 잔, 찌꺼기 재)
鋼滓(강재 _ 강철 강, 찌꺼기 재)
滓炭(재탄 _ 찌꺼기 재, 숯 탄)
**해설**
② 板(널 판)　　③ 額(이마 액)
④ 酷(심할 혹)　　⑤ 鐵(쇠 철)

68 **정답** 瑕累(하루 _ 허물 하, 여러 루)
繫累(계루 _ 맬 계, 여러 루)
累譯(누역 _ 여러 루(누), 번역할 역)
**해설**
① 桿(막대 간)　　② 跡(발자취 적)
③ 瑾(아름다운 옥 근) ⑤ 飜(번역할 번)

69 **정답** 謫降(적강 _ 귀양 갈 적, 내릴 강)
貶謫(폄적 _ 낮출 폄, 귀양 갈 적)
謫仙(적선 _ 귀양 갈 적, 신선 선)
**해설**
① 神(귀신 신)　　② 斥(물리칠 척)
④ 下(아래 하)　　⑤ 霜(서리 상)

70 **정답** 角逐(각축 _ 뿔 각, 쫓을 축)
放逐(방축 _ 놓을 방, 쫓을 축)
逐斥(축척 _ 쫓을 축, 물리칠 척)
**해설**
② 學(배울 학)　　③ 帽(모자 모)
④ 流(흐를 류)　　⑤ 除(덜 제)

## [71~75] 제시된 한자어의 반대어·상대어 고르기

71 **정답** 媤宅(시댁 _ 시집 시, 집 댁) ↔ ⑤ 親庭(친정 _ 친할 친, 뜰 정)
**해설**
① 媤家(시가 _ 시집 시, 집 가)
② 親戚(친척 _ 친할 친, 친척 척)
③ 親切(친절 _ 친할 친, 끊을 절)
④ 濃縮(농축 _ 짙을 농, 줄일 축)

72 **정답** 閃光(섬광 _ 번쩍일 섬, 빛 광) ↔ ③ 漆黑(칠흑 _ 옻 칠, 검을 흑)
**해설**
① 糞尿(분뇨 _ 똥 분, 오줌 뇨)
② 纖細(섬세 _ 가늘 섬, 가늘 세)
④ 暗示(암시 _ 어두울 암, 보일 시)
⑤ 暗默(암묵 _ 어두울 암, 잠잠할 묵)

73 정답 懶怠(나태 _ 게으를 라(나), 게으를 태) ↔
① 勤勉(근면 _ 부지런할 근, 힘쓸 면)
해설
② 耽溺(탐닉 _ 즐길 탐, 빠질 닉)
③ 翡翠(비취 _ 물총새 비, 푸를/물총새 취)
④ 行態(행태 _ 다닐 행, 모습 태)
⑤ 勤務(근무 _ 부지런할 근, 힘쓸 무)

74 정답 纏縛(전박 _ 얽을 전, 얽을 박) ↔ ② 解脫(해
탈 _ 풀 해, 벗을 탈)
해설
① 勝利(승리 _ 이길 승, 이로울 리)
③ 纖麗(섬려 _ 가늘 섬, 고울 려)
④ 跋扈(발호 _ 밟을 발, 따를 호)
⑤ 拒斧(거부 _ 막을 거, 도끼 부)

75 정답 豊饒(풍요 _ 풍년 풍, 넉넉할 요) ↔ ④ 貧困
(빈곤 _ 가난할 빈, 곤할 곤)
해설
① 貧道(빈도 _ 가난할 빈, 길 도)
② 挫折(좌절 _ 꺾을 좌, 꺾을 절)
③ 騷亂(소란 _ 떠들 소, 어지러울 란)
⑤ 豊盛(풍성 _ 풍년 풍, 성할 성)

## [76~80] 성어 완성하기

76 정답 三旬九食(삼순구식 _ 석 삼, 열흘 순, 아홉
구, 먹을/밥 식) : 삼십 일 동안 아홉 끼니밖에
먹지 못한다는 뜻으로, 몹시 가난함을 이르는 말
해설
① 句(글귀 구)
② 分(나눌 분)
④ 荀(풀이름 순)
⑤ 詢(물을 순)

77 정답 大巧若拙(대교약졸 _ 큰 대, 공교할 교, 같을
약, 졸할 졸) : 매우 공교한 솜씨는 서투른 것같이
보인다는 뜻으로, 진정으로 총명한 사람은 뽐내
거나 과장하지 아니하므로 도리어 어리석은 것처
럼 보인다는 말

해설
② 弱(약할 약)
③ 約(맺을 약)
④ 掠(노략질할 략(약))
⑤ 藥(약 약)

78 정답 桂玉之艱(계옥지간 _ 계수나무 계, 구슬 옥,
어조사 지, 어려울 간) : 계수나무보다 비싼 장작
과 옥보다 귀한 쌀로 생활하는 어려움이라는 뜻으
로, 물가가 비싼 도회지에서 고학하는 어려움을
비유적으로 이르는 말
해설
① 梨(배 리(이))
② 柳(버들 류(유))
③ 松(소나무 송)
④ 林(수풀 림(임))

79 정답 日暮途遠(일모도원 _ 날 일, 저물 모, 길 도,
멀 원) : 날은 저물고 갈 길은 멀다는 뜻으로, 늙고
쇠약한데 앞으로 해야 할 일은 많음을 이르는 말
해설
② 募(모을/뽑을 모)
③ 冥(어두울 명)
④ 莫(없을 막)
⑤ 墓(무덤 묘)

80 정답 懸梁刺股(현량자고 _ 달 현, 들보/돌다리
량, 찌를 자, 넓적다리 고) : 머리털을 대들보에
묶고, 허벅다리를 찌른다는 뜻으로, 분발하여 열
심히 공부함을 이르는 말
해설
① 腹(배 복)
③ 顧(돌아볼 고)
④ 攷(생각할 고)
⑤ 腔(속 빌 강)

81 **정답** 明鏡止水(명경지수 _ 밝을 명, 거울 경, 그칠 지, 물 수) : 맑은 거울과 고요한 물이라는 뜻으로, 사념이 전혀 없는 깨끗한 마음을 비유해 이르는 말

82 **정답** 燈火可親(등화가친 _ 등 등, 불 화, 옳을 가, 친할 친) : 등불을 가까이할 만하다는 뜻으로, 서늘한 가을밤은 등불을 가까이 하여 글 읽기에 좋음을 이르는 말

83 **정답** 眼高手卑(안고수비 _ 눈 안, 높을 고, 손 수, 낮을 비) : 눈은 높으나 솜씨는 서투르다는 뜻으로, 이상만 높고 실천이 따르지 못함을 이르는 말

84 **정답** 博覽强記(박람강기 _ 넓을 박, 볼 람, 강할 강, 기록할 기) : 널리 읽고 잘 기억한다는 뜻으로 견문이 넓고 독서를 많이 하여 지식이 풍부함을 이르는 말

85 **정답** 阪上走丸(판상주환 _ 언덕 판, 위 상, 달릴 주, 둥글 환) : 언덕 위에서 공을 굴린다는 뜻으로, 어떤 세력에 힘입어 일을 꾀하면 쉽게 이루어지거나 잘 진전됨을 이르는 말

86 **정답** ⑤ 手不釋卷(수불석권 _ 손 수, 아닐 불, 풀 석, 책 권) : 손에서 책을 놓지 아니하고 늘 글을 읽음
**해설**
① 識字憂患(식자우환 _ 알 식, 글자 자, 근심 우, 근심 환) : 학식이 있는 것이 오히려 근심을 사게 됨
② 口耳之學(구이지학 _ 입 구, 귀 이, 어조사 지, 배울 학) : 들은 것을 자기 생각 없이 그대로 남에게 전하는 것이 고작인 학문

③ 金科玉條(금과옥조 _ 쇠 금, 과목 과, 구슬 옥, 가지 조) : 금이나 옥처럼 귀중히 여겨 꼭 지켜야 할 법칙이나 규정
④ 物我一體(물아일체 _ 물건 물, 나 아, 한 일, 몸 체) : 바깥 사물과 자아, 객관과 주관, 또는 물질계와 정신계가 어울려 하나가 됨

87 **정답** ③ 上下撑石(상하탱석 _ 위 상, 아래 하, 버틸 탱, 돌 석) : 아랫돌 빼서 윗돌 괴고 윗돌 빼서 아랫돌 괸다는 뜻으로, 몹시 꼬이는 일을 당하여 임시변통으로 이리저리 맞추어서 겨우 유지해 감을 이르는 말
**해설**
① 眼下無人(안하무인 _ 눈 안, 아래 하, 없을 무, 사람 인) : 눈 아래에 사람이 없다는 뜻으로, 방자하고 교만하여 다른 사람을 업신여김을 이르는 말
② 經年閱歲(경년열세 _ 지날 경, 해 년, 볼 열, 해 세) : 여러 해를 지냄
④ 渴而穿井(갈이천정 _ 목마를 갈, 말이을 이, 뚫을 천, 우물 정) : 목이 말라야 비로소 우물을 판다는 뜻으로 자신에게 닥쳐오지 않은 일에 대해서는 무심하다가도 막상 급한 일이 발생하거나 필요한 일이 생기면 스스로 나서서 해결하게 된다는 의미
⑤ 空理空論(공리공론 _ 빌 공, 다스릴 리, 빌 공, 논할 론(논)) : 실천이 따르지 아니하는, 헛된 이론이나 논의

88 **정답** ② 曳尾塗中(예미도중 _ 끌 예, 꼬리 미, 칠할 도, 가운데 중) : 꼬리를 진흙 속에 묻고 끈다는 뜻으로, 벼슬을 함으로써 속박되기보다는 가난하더라도 집에서 편안히 사는 편이 나음을 비유해 이르는 말
**해설**
① 見利思義(견리사의 _ 볼 견, 이로울 리, 생각 사, 옳을 의) : 눈앞의 이익을 보거든 먼저 그것을 취함이 의리에 합당한지를 생각하라는 말

③ 白面書生(백면서생 _ 흰 백, 낯 면, 글 서, 날 생) : 희고 고운 얼굴에 글만 읽는 사람이란 뜻으로, 세상일에 조금도 경험이 없는 사람을 이르는 말

④ 山中豪傑(산중호걸 _ 뫼 산, 가운데 중, 호걸 호, 뛰어날 걸) : 산속에 사는 호걸이라는 뜻으로, 호랑이나 호랑이의 기상을 이르는 말

⑤ 漱石枕流(수석침류 _ 양치할 수, 돌 석, 베개 침, 흐를 류) : 돌로 양치질하고 흐르는 물로 베개를 삼는다는 뜻으로, 잘못을 인정하지 않고 억지 쓰는 것을 이르는 말

**89** 정답 ① 臂不外曲(비불외곡 _ 팔 비, 아닐 불, 바깥 외, 굽을 곡) : 팔은 안으로 굽지 밖으로 굽지 않음을 이르는 말

해설

② 外柔內剛(외유내강 _ 바깥 외, 부드러울 유, 안 내, 굳셀 강) : 겉으로 보기에는 부드러우나 속은 꿋꿋하고 강함

③ 門前雀羅(문전작라 _ 문 문, 앞 전, 참새 작, 벌일 라) : 문 앞에 참새 그물을 친다는 뜻으로, 권력이나 재물을 잃으면 찾아오는 사람이 드물어짐을 이르는 말

④ 亡子計齒(망자계치 _ 망할 망, 아들 자, 셀 계, 이 치) : 죽은 자식의 나이를 센다는 뜻으로, 이미 그릇된 일은 생각하여도 아무 소용이 없음을 이르는 말

⑤ 赤手空拳(적수공권 _ 붉을 적, 손 수, 빌 공, 주먹 권) : 맨손과 맨주먹이란 뜻으로, 곧 아무 것도 가진 것이 없음

**90** 정답 ② 物外閑人(물외한인 _ 물건 물, 바깥 외, 한가할 한, 사람 인) : 세상사에 관계하지 않고 한가롭게 지내는 사람

해설

① 燕雁代飛(연안대비 _ 제비 연, 기러기 안, 대신할 대, 날 비) : 제비가 날아올 즈음 기러기는 떠난다는 뜻으로, 사람이 서로 멀리 떨어져 소식 없이 지냄을 이르는 말

③ 西施捧心(서시봉심 _ 서녘 서, 베풀 시, 받들 봉, 마음 심) : 서시가 가슴을 쓰다듬는다는 뜻으로, 함부로 흉내 내다가 웃음거리가 됨을 이르는 말

④ 波瀾萬丈(파란만장 _ 물결 파, 물결 란, 일만 만, 어른 장) : 사람의 생활이나 일의 진행이 여러 가지 곡절과 시련이 많고 변화가 심함

⑤ 道聽塗說(도청도설 _ 길 도, 들을 청, 칠할 도, 말씀 설) : 길에서 듣고 길에서 말한다는 뜻으로, 길거리에 퍼져 돌아다니는 뜬소문을 이르는 말

| 91 | 92 | 93 | 94 | 95 | 96 | 97 | 98 | 99 | 100 | 101 | 102 | 103 | 104 | 105 | 106 | 107 | 108 | 109 | 110 |
|---|---|---|---|---|---|---|---|---|---|---|---|---|---|---|---|---|---|---|---|
| ⑤ | ① | ② | ③ | ① | ④ | ① | ⑤ | ① | ⑤ | ④ | ② | ③ | ④ | ⑤ | ① | ② | ② | ① | ① |

| 111 | 112 | 113 | 114 | 115 | 116 | 117 | 118 | 119 | 120 | 121 | 122 | 123 | 124 | 125 | 126 | 127 | 128 | 129 | 130 |
|---|---|---|---|---|---|---|---|---|---|---|---|---|---|---|---|---|---|---|---|
| ② | ② | ④ | ⑤ | ① | ② | ③ | ④ | ① | ② | ② | ③ | ① | ① | ③ | ① | ③ | ④ | ① | ② |

## [91~97] 문장 속 한자어의 음 알기

91 **정답** 膾炙(회자 _ 회 회, 구울 자)

92 **정답** 刺戟(자극 _ 찌를 자, 창 극)

93 **정답** 障碍(장애 _ 막을 장, 거리낄 애)

94 **정답** 撒布(살포 _ 뿌릴 살, 베 포)

95 **정답** 膨脹(팽창 _ 부를 팽, 부을 창)

96 **정답** 攪亂(교란 _ 흔들 교, 어지러울 란)

97 **정답** 換腸(환장 _ 바꿀 환, 창자 장)

## [98~102] 문장 속 한자어의 뜻풀이 고르기

98 **정답** 卑怯(비겁_ 낮을 비, 겁낼 겁) : 비열하고 겁이 많음

99 **정답** 彌縫(미봉 _ 미륵/오랠 미, 꿰맬 봉) : 빈 구석이나 잘못된 것을 임시변통으로 이리저리 주선해서 꾸며 댐

100 **정답** 迎入(영입 _ 맞을 영, 들 입) : 환영하여 받아들임. 맞아들임

101 **정답** 牽制(견제 _ 이끌 견, 절제할 제) : 일정한 작용을 가함으로써 상대편이 지나치게 세력을 펴거나 자유롭게 행동하지 못하게 억누름

102 **정답** 推仰(추앙 _ 밀 추, 우러를 앙) : 높이 받들어 우러러봄

## [103~107] 문장에 맞는 한자어 고르기

103 **정답** ③ 嫌惡(혐오 _ 싫어할 혐, 미워할 오) : 싫어하고 미워함

**해설**
① 驅逐(구축_ 몰 구, 쫓을 축) : 어떤 세력 등을 몰아서 쫓아냄
② 飜覆(번복 _ 번역할 번, 다시 복) : 이미 한 말이나 결정이나 판단 등을 고치거나 바꾸어 처음과 다른 내용이 되게 하는 것
④ 踏襲(답습 _ 밟을 답, 엄습할 습) : 예로부터 해 오던 방식이나 수법을 좇아 그대로 행함
⑤ 汚名(오명 _ 더러울 오, 이름 명) : 더러워진 이름이나 명예

104 **정답** ④ 分店(분점 _ 나눌 분, 가게 점) : 본점이나 지점에서 나누어 따로 낸 점포

**해설**
① 分半(분반 _ 나눌 분, 반 반) : 절반으로 나눔
② 分節(분절 _ 나눌 분, 마디 절) : 마디로 나눔. 나뉜 마디. 말소리를 내려고 발음 기관을 움직여 알맞은 자리에서 필요한 작용을 하게 하는 일
③ 分點(분점 _ 나눌 분, 점 점) : 태양이 적도를 통과하는 점
⑤ 分食(분식 _ 나눌 분, 먹을/밥 식) : 나누어 먹거나 나누어 가짐

105 정답 ⑤ 擔保(담보 _ 멜 담, 지킬 보) : 빚을 대신할
수 있는 신용으로 제공하는 보장
해설
① 保護(보호 _ 지킬 보, 도울 호) : 위험이나 곤란
등이 미치지 아니하도록 잘 보살펴 돌봄
② 保管(보관 _ 지킬 보, 대롱/피리 관) : 물건을
맡아서 간직하고 관리함
③ 確保(확보 _ 굳을 확, 지킬 보) : 확실히 보증하
거나 가지고 있음
④ 保險(보험 _ 지킬 보, 험할 험) : 재해나 각종
사고 등이 일어날 경우의 경제적 손해에 대비
하여, 공통된 사고의 위협을 피하고자 하는
사람들이 미리 일정한 돈을 함께 적립하여 두
었다가 사고를 당한 사람에게 일정 금액을 주
어 손해를 보상하는 제도

106 정답 ① 敏捷(민첩 _ 민첩할 민, 빠를 첩) : 재빠르
고 날쌤
해설
② 傲慢(오만 _ 거만할 오, 거만할 만) : 태도나
행동이 건방지거나 거만함. 또는 그 태도나
행동
③ 過敏(과민 _ 지날 과, 민첩할 민) : 감각이나
감정이 지나치게 예민함
④ 叡敏(예민 _ 밝을 예, 민첩할 민) : 마음이 밝고
생각이 영명함
⑤ 拙速(졸속 _ 졸할 졸, 빠를 속) : 서투르지만
빠르다는 뜻으로, 지나치게 서둘러 함으로
써 그 결과나 성과가 바람직하지 못함을 이
르는 말

107 정답 ② 昂揚(앙양 _ 높을 앙, 날릴 양) : 정신이나
사기 등을 드높이고 북돋움
해설
① 渴仰(갈앙 _ 목마를 갈, 우러를 앙) : 매우 동경
하고 사모함. 목마른 사람이 물을 생각하듯
깊이 불도를 숭상하는 일
③ 崇仰(숭앙 _ 높을 숭, 우러를 앙) : 공경하여
우러러봄

④ 特殊(특수 _ 특별할 특, 다를 수) : 특별히 다
름. 어떤 종류 전체에 걸치지 아니하고 부분에
한정됨
⑤ 餘殃(여앙 _ 남을 여, 재앙 앙) : 남에게 해로운
일을 많이 한 값으로 받는 재앙

[108~112] 바르지 않은 한자 표기 고르기

108 정답 ② 脫拔 → 脫皮(탈피 _ 벗을 탈, 가죽 피)
해설
① 昆蟲(곤충 _ 벌레 곤, 벌레 충)
③ 變態(변태 _ 변할 변, 모습 태)
④ 完全(완전 _ 완전할 완, 온전할 전)
⑤ 誕生(탄생 _ 낳을/거짓 탄, 날 생)

109 정답 ① 媒力 → 魅力(매력 _ 매혹할 매, 힘 력)
해설
② 消盡(소진 _ 사라질 소, 다할 진)
③ 製品(제품 _ 지을 제, 물건 품)
④ 割引(할인 _ 벨 할, 끌 인)
⑤ 轉換(전환 _ 구를 전, 바꿀 환)

110 정답 ① 迅問 → 訊問(신문 _ 물을 신, 물을 문)
해설
② 辯護(변호 _ 말씀 변, 도울 호)
③ 參與(참여 _ 참여할 참, 더불/줄 여)
④ 認定(인정 _ 알 인, 정할 정)
⑤ 違背(위배 _ 어긋날 위, 등 배)

111 정답 ② 誠察 → 省察(성찰 _ 살필 성, 살필 찰)
해설
① 過誤(과오 _ 지날 과, 그르칠 오)
③ 看做(간주 _ 볼 간, 지을 주)
④ 骨髓(골수 _ 뼈 골, 뼛골 수)
⑤ 怨恨(원한 _ 원망할 원, 한 한)

112 정답 ② 冒蔑 → 侮蔑(모멸 _ 업신여길 모, 업신여
길 멸)

① 植民(식민 _ 심을 식, 백성 민)
③ 過敏(과민 _ 지날 과, 민첩할 민)
④ 反應(반응 _ 돌이킬/돌아올 반, 응할 응)
⑤ 誘發(유발 _ 꾈 유, 필 발)

## [113~120] 문장 속 단어를 한자로 바르게 쓰기

**113** 정답 ④ 疏忽(소홀 _ 소통할 소, 갑자기 홀) : 대수롭지 아니하고 예사로움. 또는 탐탁하지 아니하고 데면데면함

※ 騷(떠들 소)　　　　越(넘을 월)
　 掃(쓸 소)　　　　　消(사라질 소)

**114** 정답 ⑤ 抛棄(포기 _ 던질 포, 버릴 기) : 하려던 일을 도중에 그만두어 버림

※ 置(둘 치)　　　　　放(놓을 방)
　 暴(사나울 폭)　　　泡(거품 포)
　 起(일어날 기)

**115** 정답 ① 控除(공제 _ 당길 공, 덜 제) : 받을 몫에서 일정한 금액이나 수량을 뺌

※ 工(장인 공)　　　　程(한도/길 정)
　 提(끌 제)　　　　　割(벨 할)
　 引(끌 인)　　　　　貢(바칠 공)
　 制(절제할 제)

**116** 정답 ② 敗北(패배 _ 패할 패, 달아날 배) : 겨루어서 짐. 싸움에서 져서 달아남

※ 拜(절 배)　　　　　貝(조개 패)
　 覇(으뜸 패)　　　　背(등 배)

**117** 정답 ③ 悖倫(패륜 _ 거스를 패, 인륜 륜) : 인간으로서 마땅히 하여야 할 도리에 어그러짐. 또는 그런 현상

※ 惡(악할 악/미워할 오)
　 妄(망령될 망)
　 怖(두려워할 포)　　　逆(거스를 역)

**118** 정답 ④ 族譜(족보 _ 겨레 족, 족보 보) : 한 가문의 계통과 혈통 관계를 적어 기록한 책

※ 遺(남길 유)　　　　親(친할 친)
　 閥(문벌 벌)　　　　屬(무리 속)

**119** 정답 ① 沈澱(침전 _ 잠길 침, 앙금 전) : 액체 속에 있는 물질이 밑바닥에 가라앉음. 또는 그 물질

※ 寢(잘 침)　　　　　殿(전각 전)
　 着(붙을 착)　　　　滯(막힐 체)
　 沒(빠질 몰)

**120** 정답 ② 應對(응대 _ 응할 응, 대할 대) : 부름이나 물음 또는 요구 등에 응하여 상대함

※ 期(기약할 기)　　　待(기다릴 대)
　 辯(말씀 변)　　　　反(돌이킬/돌아올 반)
　 答(대답 답)

## [121~125] 문장 속 단어 · 어구의 뜻을 가장 잘 나타낸 한자어 고르기

**121** 정답 ② 奉送(봉송 _ 받을 봉, 보낼 송) : 귀인이나 윗사람을 모시어 배웅함. 받들어 정중히 보냄

① 追送(추송 _ 쫓을 추, 보낼 송) : 물건 등을 나중에 보냄. 떠나는 뒤를 배웅함
③ 放送(방송 _ 놓을 방, 보낼 송) : 라디오나 텔레비전 등을 통하여 널리 듣고 볼 수 있도록 음성이나 영상을 전파로 내보내는 일
④ 訪客(방객 _ 찾을 방, 손님 객) : 어떤 사람이나 장소를 찾아오는 손님

⑤ 返送(반송 _ 돌이킬/돌아올 반, 보낼 송) : 도로 돌려보냄

**122** 정답 ③ 德談(덕담 _ 덕 덕, 말씀 담) : 남이 잘되기를 비는 말. 주로 새해에 많이 나누는 말

해설
① 忠言(충언 _ 충성할 충, 말씀 언) : 충고하는 말. 충직한 말
② 俗談(속담 _ 풍속 속, 말씀 담) : 예로부터 전하여 내려와 사람들이 마음속에 깊은 동감을 얻고, 널리 퍼진 격언
④ 會談(회담 _ 모일 회, 말씀 담) : 어떤 문제를 가지고 거기에 관련된 사람들이 한자리에 모여서 토의함. 또는 그 토의
⑤ 情談(정담 _ 뜻 정, 말씀 담) : 정답게 주고받는 이야기. 마음에서 우러나는 진정한 이야기

**123** 정답 ① 革新(혁신 _ 가죽 혁, 새로울 신) : 묵은 풍속, 관습, 조직, 방법 등을 완전히 바꾸어서 새롭게 함

해설
② 革命(혁명 _ 가죽 혁, 목숨 명) : 이전의 관습이나 제도, 방식 등을 단번에 깨뜨리고 질적으로 새로운 것을 급격하게 세우는 일
③ 改善(개선 _ 고칠 개, 착할 선) : 잘못된 것이나 부족한 것, 나쁜 것 등을 고쳐 더 좋게 만듦
④ 準備(준비 _ 준할 준, 갖출 비) : 미리 마련하여 갖춤
⑤ 改備(개비 _ 고칠 개, 갖출 비) : 있던 것을 갈아 내고 다시 장만함

**124** 정답 ② 排斥(배척 _ 밀칠 배, 물리칠 척) : 따돌리거나 거부하여 밀어 내침

해설
① 背叛(배반 _ 등 배, 배반할 반) : 믿음과 의리를 저버리고 돌아섬
③ 告發(고발 _ 알릴 고, 필 발) : 세상에 잘 알려지지 않은 잘못이나 비리 등을 드러내어 알림
④ 告訴(고소 _ 알릴 고, 호소할 소) : 고하여 하소연함

⑤ 警告(경고 _ 깨우칠 경, 알릴 고) : 조심하거나 삼가도록 미리 주의를 줌. 또는 그 주의

**125** 정답 ③ 股慄(고율 _ 넓적다리 고, 떨릴 률) : 무서워서 다리가 떨림

해설
① 股筋(고근 _ 넓적다리 고, 힘줄 근) : 넓적다리의 힘줄
② 股間(고간 _ 넓적다리 고, 사이 간) : 두 다리의 사이
④ 戰慄(전율 _ 싸움 전, 떨릴 률) : 몹시 무섭거나 큰 감동을 느끼거나 하여 몸이 벌벌 떨림
⑤ 震慄(진율 _ 우레 진, 떨릴 률) : 두렵거나 무서워서 몸을 떪

## [126~130] 종합문제

**126** 정답 ㉠ 그루터기 – ① 株(그루 주)

해설
② 刊(새길 간)
③ 壞(무너질 괴)
④ 丘(언덕 구)
⑤ 桂(계수나무 계)

**127** 정답 ㉡ 荒凉(황량 _ 거칠 황, 서늘할 량) : 황폐하여 거칠고 쓸쓸함

해설
① 況(상황 황)　　② 輝(빛날 휘)
④ 抗(겨룰 항)　　⑤ 黃(누를 황)

**128** 정답 ㉢ 節氣(절기 _ 마디 절, 기운 기) : 한 해를 스물넷으로 나눈, 계절의 표준이 되는 것 – ④ 妥(온당할 타)

해설
① 竊(훔칠 절)　　② 折(꺾을 절)
③ 切(끊을 절)　　⑤ 絶(끊을 절)

**129** 정답 ㉣ 吟風弄月(음풍농월 _ 읊을 음, 바람 풍, 희롱할 롱(농), 달 월) : 맑은 바람과 밝은 달을 대상으로 시를 짓고 흥취를 자아내어 즐겁게 놂

해설
② 樂(즐거울 락, 좋아할 악, 노래 요)
③ 農(농사 농)
④ 望(바랄 망)
⑤ 歲(해 세)

**130** 정답 ㉤ 義務(의무 _ 옳을 의, 힘쓸 무) : 일정한 사람에게 부과되어 반드시 실행해야 하는 일. 맡은 직분
㉥ 拘束(구속 _ 잡을 구, 묶을 속) : 행동이나 의사의 자유를 제한하거나 속박함

# 제3회 상공회의소 한자 시험 (2급)
## 최종모의고사 정답 및 해설

| 1 | 2 | 3 | 4 | 5 | 6 | 7 | 8 | 9 | 10 | 11 | 12 | 13 | 14 | 15 | 16 | 17 | 18 | 19 | 20 | 21 | 22 | 23 | 24 | 25 |
|---|---|---|---|---|---|---|---|---|----|----|----|----|----|----|----|----|----|----|----|----|----|----|----|----|
| ④ | ⑤ | ② | ⑤ | ③ | ① | ② | ④ | ⑤ | ③ | ① | ④ | ① | ② | ④ | ② | ① | ⑤ | ① | ② | ② | ① | ③ | ④ | ② |
| 26 | 27 | 28 | 29 | 30 | 31 | 32 | 33 | 34 | 35 | 36 | 37 | 38 | 39 | 40 | 41 | 42 | 43 | 44 | 45 | 46 | 47 | 48 | 49 | 50 |
| ① | ② | ⑤ | ③ | ④ | ② | ② | ④ | ① | ③ | ⑤ | ④ | ② | ① | ② | ⑤ | ③ | ⑤ | ④ | ② | ④ | ④ | ② | ① | ⑤ |

## [1~11] 한자의 음 알기

**01** 정답 喝(꾸짖을 갈)

**02** 정답 鍛(불릴 단)

**03** 정답 櫓(방패 로)

**04** 정답 罵(꾸짖을 매)

**05** 정답 撥(다스릴 발)

**06** 정답 森(수풀 삼)

**07** 정답 匙(숟가락 시)

**08** 정답 嶽(큰 산 악)

**09** 정답 倚(의지할 의)

**10** 정답 煮(삶을 자)

**11** 정답 祉(복 지)

## [12~18] 음에 맞는 한자 고르기

**12** 정답 ④ 僖(기쁠 희)
해설
① 支(지탱할 지)　② 禁(금할 금)
③ 浴(목욕할 욕)　⑤ 福(복 복)

**13** 정답 ① 鍾(쇠북/술병 종)
해설
② 卷(책 권)
③ 兆(조 조)
④ 著(나타날 저)
⑤ 蝿(여름누에 중)

**14** 정답 ② 凉(서늘할 량)
해설
① 領(거느릴 령)
③ 投(던질 투)
④ 素(본디 소)
⑤ 閒(한가할 한)

**15** 정답 ④ 錐(송곳 추)
해설
① 構(얽을 구)　② 棄(버릴 기)
③ 集(모을 집)　⑤ 楚(초나라 초)

**16** 정답 ② 桃(복숭아 도)
해설
① 踏(밟을 답)　　③ 慢(거만할 만)
④ 綿(솜 면)　　⑤ 悟(깨달을 오)

**17** 정답 ① 默(잠잠할 묵)
해설
② 額(이마 액)　　③ 睦(화목할 목)
④ 鉛(납 연)　　⑤ 潗(물 흐릴 흑)

**18** 정답 ⑤ 舶(배 박)
해설
① 絆(얽어맬 반)
② 措(둘 조/섞을 착)
③ 錨(닻 묘)
④ 柏(측백 백)

## [19~25] 음이 같은 한자 고르기

**19** 정답 個(낱 개) - ① 改(고칠 개)
해설
② 犬(개 견)
③ 季(계절 계)
④ 烏(까마귀 오)
⑤ 偈(쉴 게)

**20** 정답 射(쏠 사) - ② 使(하여금 사)
해설
① 殺(죽일 살)　　③ 識(알 식)
④ 視(볼 시)　　⑤ 蝕(좀먹을 식)

**21** 정답 賴(의뢰할 뢰) - ② 雷(우레 뢰)
해설
① 縣(고을 현)　　③ 猛(사나울 맹)
④ 幕(장막 막)　　⑤ 速(빠를 속)

**22** 정답 廟(사당 묘) - ① 苗(모 묘)
해설
② 霧(안개 무)　　③ 策(꾀 책)
④ 秩(차례 질)　　⑤ 嘲(비웃을 조)

**23** 정답 賠(물어줄 배) - ③ 裵(성씨 배)
해설
① 煩(번거로울 번)
② 傍(곁 방)
④ 潤(불을 윤)
⑤ 罵(욕할 매)

**24** 정답 勃(노할 발) - ④ 鉢(*바리때 발)
*바리때 : 승려의 밥그릇
해설
① 犁(밭 갈 리)　　② 逗(머무를 두)
③ 捺(누를 날)　　⑤ 俸(녹 봉)

**25** 정답 彬(빛날 빈) - ② 斌(빛날 빈)
해설
① 弁(고깔 변)
③ 騈(나란히 할 병)
④ 舒(펼 서)
⑤ 婁(별 이름 루)

## [26~36] 한자의 뜻 알기

**26** 정답 徑(지름길 경)

**27** 정답 菊(국화 국)

**28** 정답 納(들일 납)

**29** 정답 瓜(오이 과)

**30** 정답 橘(귤 귤)

**31** 정답 囊(주머니 낭)

**32** 정답 袒(웃통 벗을 단)

**33** 정답 屠(죽일 도)

**34** 정답 黎(검을 려)

**35** 정답 罹(걸릴 리)

**36** 정답 畝(이랑 무/이랑 묘)

## [37~43] 뜻에 맞는 한자 고르기

**37** 정답 ② 卒(군사 졸)
해설
① 走(달릴 주)　　③ 街(거리 가)
④ 祖(조상 조)　　⑤ 崔(높을 최)

**38** 정답 ① 練(익힐 련)
해설
② 待(기다릴 대)
③ 綠(푸를 록)
④ 尾(꼬리 미)
⑤ 蒸(찔 증)

**39** 정답 ② 杯(잔 배)
해설
① 丙(남녘 병)　　③ 否(아닐 부)
④ 倫(인륜 륜)　　⑤ 陶(질그릇 도)

**40** 정답 ⑤ 孟(맏 맹)
해설
① 盲(눈 멀 맹)　　② 萌(싹 맹)
③ 竟(마침내 경)　　④ 豚(돼지 돈)

**41** 정답 ③ 眉(눈썹 미)
해설
① 睦(화목할 목)
② 苗(모 묘)
④ 默(잠잠할 묵)
⑤ 悶(번민할 민)

**42** 정답 ⑤ 盆(동이 분)
해설
① 剝(벗길 박)　　② 捐(버릴 연)
③ 忿(성낼 분)　　④ 牡(수컷 모)

**43** 정답 ② 丕(클 비)
해설
① 卞(성씨 변)　　③ 梵(불경 범)
④ 邈(멀 막)　　⑤ 匪(비적 비)

## [44~50] 뜻이 비슷한 한자 고르기

**44** 정답 慨(슬퍼할 개) – ③ 憤(분할 분)
해설
① 懼(두려워할 구)
② 慣(익숙할 관)
④ 寬(너그러울 관)
⑤ 棺(널 관)

**45** 정답 愼(삼갈 신) – ② 謹(삼갈 근)
해설
① 雅(맑을 아)　　③ 謁(뵐 알)
④ 譯(번역할 역)　　⑤ 解(풀 해)

**46** 정답 飢(주릴 기) – ④ 餓(주릴 아)
해설
① 殃(재앙 앙)　　② 懼(두려워할 구)
③ 欺(속일 기)　　⑤ 殖(번성할 식)

**47** 정답 潔(깨끗할 결) – ④ 廉(청렴할 렴)
해설
① 泥(진흙 니)
② 培(북돋울 배)
③ 漠(넓을 막)
⑤ 結(맺을 결)

**48** 정답 佳(아름다울 가) – ② 麗(고울 려)
해설
① 倬(클 탁)　　③ 霞(노을 하)
④ 雎(물수리 저)　　⑤ 殼(껍질 각)

**49** 정답 馨(꽃다울 형) – ① 芬(향기 분)
해설
② 紆(굽을 우)
③ 肱(팔뚝 굉)
④ 夭(일찍 죽을 요)
⑤ 荊(가시나무 형)

**50** 정답 咨(물을 자) – ⑤ 訊(물을 신)
해설
① 吼(울부짖을 후)　　② 諍(간할 쟁)
③ 答(대답 답)　　④ 儲(쌓을 저)

## 〈제2영역〉 어휘(語彙)

| 51 | 52 | 53 | 54 | 55 | 56 | 57 | 58 | 59 | 60 | 61 | 62 | 63 | 64 | 65 | 66 | 67 | 68 | 69 | 70 |
|---|---|---|---|---|---|---|---|---|---|---|---|---|---|---|---|---|---|---|---|
| ① | ② | ⑤ | ② | ① | ② | ④ | ③ | ⑤ | ① | ⑤ | ③ | ④ | ② | ③ | ③ | ⑤ | ① | ⑤ | ④ |

| 71 | 72 | 73 | 74 | 75 | 76 | 77 | 78 | 79 | 80 | 81 | 82 | 83 | 84 | 85 | 86 | 87 | 88 | 89 | 90 |
|---|---|---|---|---|---|---|---|---|---|---|---|---|---|---|---|---|---|---|---|
| ② | ③ | ④ | ① | ⑤ | ② | ① | ③ | ④ | ⑤ | ① | ④ | ③ | ⑤ | ③ | ① | ④ | ② | ⑤ | ① |

### [51~52] 한자어의 짜임 알기

**51** 정답 波瀾(파란 _ 물결 파, 물결 란) : 작은 물결과 큰 물결. 순탄하지 않게 계속되는 시련(유사 관계) – ① 憧憬(동경 _ 동경할 동, 동경할 경) : 어떤 것을 간절히 그리워하여 그것만을 생각함(유사 관계)

해설
② 燔肉(번육 _ 불사를 번, 고기 육) : 구운 고기 (수식 관계)
③ 濯足(탁족 _ 씻을 탁, 발 족) : 발을 씻음(술목 관계)
④ 刮目(괄목 _ 긁을 괄, 눈 목) : 눈을 비비고 볼 정도로 매우 놀람(술목 관계)
⑤ 長孫(장손 _ 길 장/어른 장, 손자 손) : 맏손자 (수식 관계)

**52** 정답 折枝(절지 _ 꺾을 절, 가지 지) : 나뭇가지를 꺾음(술목 관계) – ② 播種(파종 _ 뿌릴 파, 씨 종) : 씨앗을 뿌림(술목 관계)

해설
① 疲勞(피로 _ 피곤할 피, 일할 로) : 정신이나 육체의 능력 감퇴(유사 관계)
※ '勞(로)'에는 '지치다'라는 뜻도 있다.
③ 倉庫(창고 _ 곳집 창, 곳집 고) : 물건을 저장하는 건물(유사 관계)
④ 排斥(배척 _ 밀칠 배, 물리칠 척) : 반대하여 내침(유사 관계)
⑤ 疑惑(의혹 _ 의심할 의, 미혹할 혹) : 의심하여 수상히 여김(유사 관계)

### [53~54] 한자어의 음 고르기

**53** 정답 旺盛(왕성 _ 왕성할 왕, 성할 성) : 한창 성함

**54** 정답 濯足(탁족 _ 씻을 탁, 발 족) : 발을 씻음. 세속을 떠남

### [55~56] 음에 맞는 한자어 고르기

**55** 정답 ① 喘息(천식 _ 숨찰 천, 쉴 식)
해설
② 天障(천장 _ 하늘 천, 막을 장)
③ 喘促(천촉 _ 숨찰 천, 재촉할 촉)
④ 喘急(천급 _ 숨찰 천, 급할 급)
⑤ 遷度(천도 _ 옮길 천, 법도 도)

**56** 정답 ② 憂愁(우수 _ 근심 우, 근심 수)
해설
① 郵政(우정 _ 우편 우, 정사 정)
③ 優劣(우열 _ 넉넉할 우, 못할 열)
④ 雨傘(우산 _ 비 우, 우산 산)
⑤ 憂哭(우곡 _ 근심할 우, 울 곡)

### [57~59] 음이 같은 한자어 고르기

**57** 정답 建造(건조 _ 세울 건, 지을 조) : 배 등을 설계하여 만듦 – ④ 乾燥(건조 _ 하늘 건, 마를 조) : 습기나 물기가 없음

① 簡素(간소 _ 대쪽 간, 본디 소) : 간단하고 수수함

② 建築(건축 _ 세울 건, 쌓을 축) : 집, 다리 같은 건조물 등을 지음

③ 健康(건강 _ 굳셀 건, 편안 강) : 병이 없이 좋은 기능을 가진 상태에 있는 것

⑤ 乾癬(건선 _ 마를 건, 옴 선) : 마른버짐

58 **정답** 究明(구명 _ 연구할 구, 밝을 명) : 사리를 궁리하여 밝힘 – ③ 救命(구명 _ 구원할 구, 목숨 명) : 사람의 목숨을 구함

**해설**
① 牛角(우각 _ 소 우, 뿔 각) : 소의 뿔

② 存在(존재 _ 있을 존, 있을 재) : 현존하여 있음

④ 最高(최고 _ 가장 최, 높을 고) : 가장 높음

⑤ 究察(구찰 _ 연구할 구, 살필 찰) : 샅샅이 조사하여 밝힘

59 **정답** 歡迎(환영 _ 기쁠 환, 맞을 영) : 오는 사람을 반갑게 맞음 – ⑤ 幻影(환영 _ 헛보일 환, 그림자 영) : 눈앞에 없는 것이 있는 것처럼 보이는 것

**해설**
① 銅鏡(동경 _ 구리 동, 거울 경) : 구리를 재료로 해서 만든 거울

② 瞳孔(동공 _ 눈동자 동, 구멍 공) : 눈동자

③ 幻想(환상 _ 헛보일 환, 생각 상) : 현실에 없는 것을 있는 것같이 느끼는 상념

④ 靜境(정경 _ 고요할 정, 지경 경) : 조용한 장소

## [60] 여러 개의 음을 가진 한자 알기

60 **정답** 殺 빠를 쇄, 죽일 살
① 減殺(감쇄 _ 덜 감, 빠를 쇄) : 덜어서 적게 함

**해설**
② 屠殺(도살 _ 죽일 도, 죽일 살) : 짐승을 잡아 죽임

③ 殺身(살신 _ 죽일 살, 몸 신) : 살신성인(殺身成仁, 자신을 희생하여 옳은 도리를 행함)

④ 殺人(살인 _ 죽일 살, 사람 인) : 사람을 죽임

⑤ 殺伐(살벌 _ 죽일 살, 칠 벌) : 사람을 죽이고 들이침. 거동이나 분위기가 무시무시함

## [61~62] 한자어(漢字語)의 뜻 알기

61 **정답** 見責(견책 _ 볼 견, 꾸짖을 책) : 책망을 당함

62 **정답** 暴露(폭로 _ 사나울 폭, 이슬 로) : 비바람에 직접 노출됨. 남의 비밀 등을 파헤쳐서 남들 앞에 드러내 놓는 일

## [63~64] 뜻에 맞는 한자어(漢字語) 알기

63 **정답** ④ 暴騰(폭등 _ 사나울 폭, 오를 등) : 물가, 주가 등이 갑자기 대폭적으로 오름

**해설**
① 橫暴(횡포 _ 가로 횡, 사나울 포) : 제멋대로 굴며 난폭함

② 瀑布(폭포 _ 폭포 폭, 베 포) : 폭포수

③ 爆笑(폭소 _ 불 터질 폭, 웃음 소) : 여럿이 폭발하듯 갑자기 웃는 웃음

⑤ 爆竹(폭죽 _ 불 터질 폭, 대 죽) : 가는 대통에 불을 지르거나 또는 화약을 재어 터뜨려서 소리가 나게 하는 물건

64 **정답** ② 檢索(검색 _ 검사할 검, 찾을 색) : 검사하여 찾음

**해설**
① 索寞(삭막 _ 노 삭, 고요할 막) : 황폐하여 쓸쓸함

③ 索引(색인 _ 찾을 색, 끌 인) : 찾아냄

④ 索出(색출 _ 찾을 색, 날 출) : 뒤지어 찾아냄

⑤ 色盲(색맹 _ 빛 색, 소경 맹) : 빛깔을 구별하지 못하는 시각

## [65~70] 세 개의 어휘에 공통되는 한자 고르기

**65** [정답] 就寢(취침 _ 나아갈 취, 잘 침)
寢臺(침대 _ 잘 침, 대 대)
寢牀(침상 _ 잘 침, 평상 상)

[해설]
① 樓(다락 루)　　② 矜(자랑할 긍)
④ 傲(거만할 오)　　⑤ 玳(대모 대)

**66** [정답] 屈伸(굴신 _ 굽을 굴, 펼 신)
伸張(신장 _ 펼 신, 베풀 장)
伸縮(신축 _ 펼 신, 줄일 축)

[해설]
① 斷(끊을 단)　　② 責(꾸짖을 책)
④ 止(그칠 지)　　⑤ 楊(버들 양)

**67** [정답] 待遇(대우 _ 기다릴 대, 만날 우)
期待(기대 _ 기약할 기, 기다릴 대)
冷待(냉대 _ 찰 랭, 기다릴 대)

[해설]
① 困(곤할 곤)　　② 約(맺을 약)
③ 晉(나아갈 진)　　④ 乘(탈 승)

**68** [정답] 金額(금액 _ 쇠 금, 이마 액)
額數(액수 _ 이마 액, 셀 수)
半額(반액 _ 반 반, 이마 액)

[해설]
② 宅(집 택)　　③ 捉(잡을 착)
④ 鑑(거울 감)　　⑤ 赦(용서할 사)

**69** [정답] 水害(수해 _ 물 수, 해칠 해)
害蟲(해충 _ 해칠 해, 벌레 충)
公害(공해 _ 공평할 공, 해칠 해)

[해설]
① 廚(부엌 주)　　② 平(평평할 평)
③ 求(구할 구)　　④ 報(갚을 보/알릴 보)

**70** [정답] 判事(판사 _ 가를 판, 일 사)
判決(판결 _ 가를 판, 결단할 결)
判明(판명 _ 가를 판, 밝을 명)

[해설]
① 度(법도 도)　　② 到(이를 도)
③ 病(병 병)　　⑤ 半(반 반)

## [71~75] 제시된 한자어의 반대어 · 상대어 고르기

**71** [정답] 直接(직접 _ 곧을 직, 이을 접) ↔ ② 間接
(간접 _ 사이 간, 이을 접)

[해설]
① 曲線(곡선 _ 굽을 곡, 줄 선)
③ 處地(처지 _ 곳 처, 땅 지)
④ 來年(내년 _ 올 래, 해 년)
⑤ 看守(간수 _ 볼 간, 지킬 수)

**72** [정답] 散在(산재 _ 흩을 산, 있을 재) ↔ ③ 密集
(밀집 _ 빽빽할 밀, 모을 집)

[해설]
① 密度(밀도 _ 빽빽할 밀, 법도 도)
② 深化(심화 _ 깊을 심, 될 화)
④ 認識(인식 _ 알 인, 알 식)
⑤ 蜜蓋(밀개 _ 꿀 밀, 덮을 개)

**73** [정답] 複雜(복잡 _ 겹칠 복, 섞일 잡) ↔ ④ 單純
(단순 _ 홑 단, 순수할 순)

[해설]
① 純化(순화 _ 순수할 순, 될 화)
② 善行(선행 _ 착할 선, 다닐 행)
③ 探索(탐색 _ 찾을 탐, 찾을 색)
⑤ 多端(다단 _ 많을 다, 끝 단)

**74** [정답] 供給(공급 _ 이바지할 공, 줄 급) ↔ ① 需要
(수요 _ 쓸 수, 요긴할 요)

[해설]
② 受諾(수락 _ 받을 수, 허락할 락)
③ 負傷(부상 _ 질 부, 다칠 상)
④ 瑕疵(하자 _ 허물 하, 허물 자)
⑤ 共知(공지 _ 한가지 공, 알 이지)

**75** 정답 拘禁(구금 _ 잡을 구, 금할 금) ↔ ⑤ 釋放
(석방 _ 풀 석, 놓을 방)

해설
① 條件(조건 _ 가지 조, 물건 건)
② 巨刹(거찰 _ 클 거, 절 찰)
③ 彈劾(탄핵 _ 탄알 탄, 꾸짖을 핵)
④ 拉致(납치 _ 끌 납, 이를 치)

## [76~80] 성어 완성하기

**76** 정답 君子三樂(군자삼락 _ 임금 군, 아들 자, 석 삼, 즐길 락) : 군자의 세 가지 즐거움

해설
① 入(들 입)　　③ 行(다닐 행)
④ 得(얻을 득)　　⑤ 洛(강 이름 락)

**77** 정답 見利思義(견리사의 _ 볼 견, 이로울 리, 생각 사, 옳을 의) : 눈앞의 이익을 보거든 먼저 그것을 취함이 의리에 합당한지를 생각하라는 말

해설
② 金(성씨 김/쇠 금)　③ 大(큰 대)
④ 千(일천 천)　　⑤ 理(다스릴 리)

**78** 정답 孟母三遷(맹모삼천 _ 맏 맹, 어머니 모, 석 삼, 옮길 천) : 맹자의 어머니가 맹자를 제대로 교육하기 위하여 집을 세 번이나 옮겼다는 뜻

해설
① 千(일천 천)　　② 天(하늘 천)
④ 泉(샘 천)　　⑤ 瞻(볼 첨)

**79** 정답 轉禍爲福(전화위복 _ 구를 전, 재앙 화, 할 위, 복 복) : 화가 바뀌어 오히려 복이 된다는 뜻으로 노력하면 불행도 행복으로 바꿀 수 있다는 말

해설
① 全(온전할 전)　　② 傳(전할 전)
③ 殿(전각 전)　　⑤ 塼(벽돌 전)

**80** 정답 切磋琢磨(절차탁마 _ 끊을 절, 갈 차, 다듬을 탁, 갈 마) : 옥돌을 갈고 닦아서 빛을 냄. 학문이나 인격을 부지런히 갈고닦음

해설
① 搾(짤 착)　　② 蹉(미끄러질 차)
③ 差(다를 차)　　④ 稍(점점 초)

## [81~85] 성어의 뜻 알기

**81** 정답 風樹之嘆(풍수지탄 _ 바람 풍, 나무 수, 갈 지, 탄식할 탄) : 부모에게 효도를 다하려고 생각할 때에는 이미 돌아가셔서 그 뜻을 이룰 수 없음을 이르는 말

**82** 정답 白面書生(백면서생 _ 흰 백, 낯 면, 글 서, 날 생) : 희고 고운 얼굴에 글만 읽은 사람이란 뜻으로 세상일에 경험이 없는 사람을 비유함

**83** 정답 燈火可親(등화가친 _ 등 등, 불 화, 옳을 가, 친할 친) : 등불을 가까이 할 수 있다는 뜻으로, 가을밤은 시원하여 등불을 가까이 하고 글 읽기에 좋음을 이르는 말

**84** 정답 堂狗風月(당구풍월 _ 집 당, 개 구, 바람 풍, 달 월) : 서당 개 3년에 풍월을 한다는 뜻으로, 무식쟁이라도 유식한 사람과 사귀면 견문이 넓어진다는 뜻

**85** 정답 乾坤一擲(건곤일척 _ 하늘 건, 땅 곤, 한 일, 던질 척) : 하늘이냐 땅이냐를 한 번 던져서 결정한다는 뜻으로, 운명과 흥망을 걸고 단판으로 승부나 성패를 겨룸

## [86~90] 뜻에 맞는 성어 고르기

**86** 정답 ① 坐井觀天(좌정관천 _ 앉을 좌, 우물 정, 볼 관, 하늘 천) : 우물 속에 앉아 하늘을 본다는 뜻으로, 견문이 매우 좁음을 말함

해설
② 一日三省(일일삼성 _ 한 일, 날 일, 석 삼, 살필 성) : 하루의 일 세 가지를 살핀다는 뜻으로, 하루에 세 번씩 자신의 행동을 반성함

③ 三日天下(삼일천하 _ 석 삼, 날 일, 하늘 천, 아래 하) : 정권을 잡았다가 짧은 기간 내에 밀려나게 됨. 어떤 지위에 발탁되었다가 며칠 못 가서 떨어지는 일을 비유하는 말

④ 殺身成仁(살신성인 _ 죽일 살, 몸 신, 이룰 성, 어질 인) : 자신의 몸을 희생하여 옳은 도리를 행함

⑤ 多才多能(다재다능 _ 많을 다, 재주 재, 많을 다, 능할 능) : 재주와 능력이 많음

87 [정답] ④ 知己之友(지기지우 _ 알 지, 몸 기, 갈 지, 벗 우) : 서로 뜻이 통하는 친한 벗

[해설]

① 益者三友(익자삼우 _ 더할 익, 놈 자, 석 삼, 벗 우) : 사귀어서 자기에게 도움이 되는 세 부류의 벗(정직한 사람, 친구의 도리를 지키는 사람, 지식이 있는 사람)

② 言中有骨(언중유골 _ 말씀 언, 가운데 중, 있을 유, 뼈 골) : 말 속에 뼈가 있음

③ 東問西答(동문서답 _ 동녘 동, 물을 문, 서녘 서, 대답 답) : 묻는 말에 대해 엉뚱하게 대답함

⑤ 不問曲直(불문곡직 _ 아닐 불, 물을 문, 굽을 곡, 곧을 직) : 옳고 그름을 가리지 않고 함부로 일을 처리함

88 [정답] ② 九折羊腸(구절양장 _ 아홉 구, 꺾을 절, 양 양, 창자 장) : 아홉 번 꼬부라진 양의 창자라는 뜻으로, 세상이 복잡하여 살아가기 어렵다는 말

[해설]

① 明若觀火(명약관화 _ 밝을 명, 같을 약, 볼 관, 불 화) : 불을 보는 것처럼 밝게 보임. 더 말할 것 없이 명백함

③ 苦盡甘來(고진감래 _ 쓸 고, 다할 진, 달 감, 올 래) : 쓴 것이 다하면 단 것이 온다는 뜻으로, 고생 끝에 낙이 온다는 말

④ 過猶不及(과유불급 _ 지날 과, 오히려 유, 아닐 불, 미칠 급) : 정도를 지나침은 미치지 못함과 같음

⑤ 難兄難弟(난형난제 _ 어려울 난, 형 형, 어려울 난, 아우 제) : 누구를 형이라 아우라 하기 어려움. 누가 더 낫다고 할 수 없을 정도로 서로 비슷함

89 [정답] ⑤ 輕擧妄動(경거망동 _ 가벼울 경, 들 거, 망령될 망, 움직일 동) : 도리나 사정을 생각지 아니하고 경솔하게 행동함

[해설]

① 桑田碧海(상전벽해 _ 뽕나무 상, 밭 전, 푸를 벽, 바다 해) : 세상이 몰라 볼 정도로 바뀜

② 鷄卵有骨(계란유골 _ 닭 계, 알 란, 있을 유, 뼈 골) : 계란에도 뼈가 있다. 복 없는 사람은 아무리 좋은 기회를 만나도 소용없음

③ 喪家之狗(상가지구 _ 잃을 상, 집 가, 갈 지, 개 구) : 초상집 개. 별 대접을 받지 못하는 사람을 이르는 말

④ 漁父之利(어부지리 _ 고기 잡을 어, 아버지 부, 갈 지, 이로울 리) : 둘이 다투는 틈을 타서 엉뚱한 제3자가 이익을 가로챔

90 [정답] ① 大驚失色(대경실색 _ 클 대, 놀랄 경, 잃을 실, 빛 색) : 몹시 놀라 얼굴빛이 하얗게 변하는 것을 이르는 말

[해설]

② 苛斂誅求(가렴주구 _ 가혹할 가, 거둘 렴, 벨 주, 구할 구) : 가혹하게 세금을 거두거나 재물을 억지로 빼앗음

③ 韋編三絶(위편삼절 _ 가죽 위, 엮을 편, 석 삼, 끊을 절) : 책을 열심히 읽음(공자가 주역을 즐겨 읽어 책의 가죽 끈이 세 번이나 끊어졌다는 데서 유래)

④ 甘呑苦吐(감탄고토 _ 달 감, 삼킬 탄, 쓸 고, 토할 토) : 달면 삼키고 쓰면 뱉음. 사리에 옳고 그름을 생각하지 않고, 자기의 이해관계에 따라 맞으면 받아들이고 싫으면 버림

⑤ 格物致知(격물치지 _ 격식 격, 물건 물, 이를 치, 알 지) : 실제 사물의 이치를 연구하여 지식을 완전하게 함

| 91 | 92 | 93 | 94 | 95 | 96 | 97 | 98 | 99 | 100 | 101 | 102 | 103 | 104 | 105 | 106 | 107 | 108 | 109 | 110 |
|---|---|---|---|---|---|---|---|---|---|---|---|---|---|---|---|---|---|---|---|
| ④ | ③ | ① | ① | ③ | ⑤ | ② | ④ | ③ | ⑤ | ③ | ① | ④ | ③ | ② | ① | ⑤ | ⑤ | ① | ④ |

| 111 | 112 | 113 | 114 | 115 | 116 | 117 | 118 | 119 | 120 | 121 | 122 | 123 | 124 | 125 | 126 | 127 | 128 | 129 | 130 |
|---|---|---|---|---|---|---|---|---|---|---|---|---|---|---|---|---|---|---|---|
| ① | ① | ③ | ③ | ⑤ | ④ | ① | ② | ③ | ④ | ③ | ① | ⑤ | ④ | ① | ③ | ④ | ① | ⑤ | ③ |

## [91~97] 문장 속 한자어의 음 알기

91 **정답** 良好(양호 _ 어질 량, 좋을 호)

92 **정답** 勇氣(용기 _ 날랠 용, 기운 기)

93 **정답** 往復(왕복 _ 갈 왕, 회복할 복)

94 **정답** 製造(제조 _ 지을 제, 지을 조)

95 **정답** 限界(한계 _ 한할 한, 지경 계)

96 **정답** 踏襲(답습 _ 밟을 답, 엄습할 습)

97 **정답** 煩悶(번민 _ 번거로울 번, 답답할 민)

## [98~102] 문장 속 한자어의 뜻풀이 고르기

98 **정답** 勞動(노동 _ 일할 로, 움직일 동) : 마음과 몸을 써서 일을 함

99 **정답** 激烈(격렬 _ 격할 격, 매울 렬) : 지극히 맹렬함

100 **정답** 送金(송금 _ 보낼 송, 쇠 금) : 돈을 부쳐 보냄

101 **정답** 權益(권익 _ 권세 권, 더할 익) : 권리와 이익

102 **정답** 倫理(윤리 _ 인륜 륜, 다스릴 리) : 사람이 지켜야 할 도리와 규범

## [103~107] 문장에 맞는 한자어 고르기

103 **정답** ④ 街頭(가두 _ 거리 가, 머리 두) : 시가지의 길거리
**해설**
① 角度(각도 _ 뿔 각, 법도 도) : 각의 크기
② 病室(병실 _ 병 병, 집 실) : 병을 치료하기 위하여 환자가 거처하는 방
③ 家口(가구 _ 집 가, 입 구) : 집안 식구
⑤ 家內(가내 _ 집 가, 안 내) : 집안

104 **정답** ③ 優雅(우아 _ 넉넉할 우, 맑을 아) : 아름다운 품위와 아취
**해설**
① 鈍重(둔중 _ 둔할 둔, 무거울 중) : 성질·동작이 둔하고 느림
② 有數(유수 _ 있을 유, 셈 수) : 손꼽을 만큼 두드러지거나 훌륭함
④ 深慮(심려 _ 깊을 심, 생각할 려) : 마음을 써서 깊이 생각함
⑤ 愚作(우작 _ 어리석을 우, 지을 작) : 보잘것없는 작품

105 **정답** ② 勤務(근무 _ 부지런할 근, 힘쓸 무) : 직무에 종사하는 것
**해설**
① 訪問(방문 _ 찾을 방, 물을 문) : 남을 찾아가 봄
③ 休學(휴학 _ 쉴 휴, 배울 학) : 학업을 쉼
④ 課業(과업 _ 공부할 과, 업 업) : 하여야 할 일
⑤ 化粧(화장 _ 될 화, 단장할 장) : 얼굴을 곱게 꾸밈

106 정답 ① 多量(다량 _ 많을 다, 헤아릴 량) : 많은
분량
해설
② 定量(정량 _ 정할 정, 헤아릴 량) : 일정한 분량
③ 多數(다수 _ 많을 다, 셈 수) : 수효가 많음
④ 定數(정수 _ 정할 정, 셈 수) : 일정한 수효나
수량
⑤ 度量(도량 _ 법도 도, 헤아릴 량) : 너그러운
마음과 깊은 생각

107 정답 ⑤ 誤認(오인 _ 그르칠 오, 알 인) : 잘못
보거나 잘못 생각함
해설
① 吟味(음미 _ 읊을 음, 맛 미) : 시나 노래를
읊어 그 맛을 봄
② 家族(가족 _ 집 가, 겨레 족) : 부부를 기초로
하여 한 가정을 이루는 사람들
③ 勝因(승인 _ 이길 승, 인할 인) : 이긴 원인
④ 唯一(유일 _ 오직 유, 한 일) : 오직 그것 하나
뿐임

## [108~112] 바르지 않은 한자 표기 고르기

108 정답 ⑤ 自臣 → 自身(자신 _ 스스로 자, 몸 신)
※ 臣(신하 신)
해설
① 先生(선생 _ 먼저 선, 날 생)
② 說明(설명 _ 말씀 설, 밝을 명)
③ 課題(과제 _ 공부할 과, 제목 제)
④ 復習(복습 _ 회복할 복, 익힐 습)

109 정답 ① 構聲員 → 構成員(구성원 _ 얽을 구, 이룰
성, 인원 원) ※ 聲(소리 성)
해설
② 苦痛(고통 _ 쓸 고, 아플 통)
③ 幸福(행복 _ 다행 행, 복 복)
④ 引導(인도 _ 끌 인, 인도할 도)
⑤ 英雄(영웅 _ 꽃부리 영/뛰어날 영, 수컷 웅)

110 정답 ④ 祈壽 → 祈禱(기도 _ 빌 기, 빌 도)
※ 壽(목숨 수)
해설
① 患亂(환란 _ 근심 환, 어지러울 란)
② 克服(극복 _ 이길 극, 옷 복)
③ 神(신 _ 귀신 신)
⑤ 凌蔑(능멸 _ 업신여길 릉, 업신여길 멸)

111 정답 ① 聖灘節 → 聖誕節(성탄절 _ 성인 성, 낳을
탄, 마디 절) ※ 灘(여울 탄)
해설
② 峽谷(협곡 _ 골짜기 협, 골 곡)
③ 失踪(실종 _ 잃을 실, 자취 종)
④ 隣近(인근 _ 이웃 린, 가까울 근)
⑤ 發見(발견 _ 필 발, 볼 견)

112 정답 ① 厭增 → 厭症(염증 _ 싫어할 염, 증세 증)
※ 增(더할 증)
해설
② 故鄕(고향 _ 연고 고, 시골 향)
③ 蟄居(칩거 _ 숨을 칩, 살 거)
④ 生活(생활 _ 날 생, 살 활)
⑤ 決心(결심 _ 결단할 결, 마음 심)

## [113~120] 문장 속 단어를 한자로 바르게 쓰기

113 정답 ③ 捕縛(포박 _ 잡을 포, 얽을 박) : 잡아
묶음
해설
※ 匍(길 포)          箔(발 박)
　浦(개 포)          亳(땅이름 박)
　匏(박 포)          搏(두드릴 박)
　包(쌀 포)          薄(엷을 박)

114 정답 ③ 形勢(형세 _ 모양 형, 형세 세) : 사물의
형편이나 세력
해설
① 現勢(현세 _ 나타날 현, 형세 세) : 현재의 정세
② 現世(현세 _ 나타날 현, 인간 세) : 지금 이
세상
※ 歲(해 세)

115 정답 ⑤ 科目(과목 _ 과목 과, 눈 목) : 공부할 지식 분야를 갈라놓은 것
해설
③ 果木(과목 _ 과실 과, 나무 목) : 과실나무
※ 睦(화목할 목)

116 정답 ④ 選擧(선거 _ 가릴 선, 들 거) : 많은 사람 가운데서 투표 등에 의하여 뽑아 냄
해설
※ 善(착할 선)          去(갈 거)
   線(줄 선)          居(살 거)

117 정답 ① 暖房(난방 _ 따뜻할 난, 방 방) : 방을 덥게 함
해설
※ 卵(알 란)          放(놓을 방)
   傍(곁 방)

118 정답 ② 飜譯(번역 _ 번역할 번, 번역할 역) : 어떤 말의 글을 다른 나라 말의 글로 옮김
해설
④ 負役(부역 _ 질 부, 부릴 역) : 백성이 부담하는 공역
⑤ 叛逆(반역 _ 배반할 반, 거스를 역) : 배반하여 반역을 꾀함
※ 繁(번성할 번)          亦(또 역)
   煩(번거로울 번)        易(바꿀 역/쉬울 이)

119 정답 ③ 虎皮(호피 _ 범 호, 가죽 피) : 털이 붙은 범의 가죽
해설
※ 好(좋을 호)          號(이름 호)
   豊(풍년 풍)          湖(호수 호)
   被(입을 피)

120 정답 ④ 噴霧(분무 _ 뿜을 분, 안개 무) : 물이나 약품을 안개와 같이 뿜어냄
해설
※ 奮(떨칠 분)          懋(무성할 무)
   雰(눈 날릴 분)        分(나눌 분)

[121~125] 문장 속 단어·어구의 뜻을 가장 잘 나타낸 한자어 고르기

121 정답 ③ 新進(신진 _ 새 신, 나아갈 진) : 어떤 사회에 새로 나아가는 일
해설
① 市長(시장 _ 저자 시, 길 장) : 한 시의 행정을 맡아보는 우두머리
② 節電(절전 _ 마디 절, 번개 전) : 전기를 아끼어 씀
④ 皇帝(황제 _ 임금 황, 임금 제) : 임금을 높여 부르는 말
⑤ 魁奇(괴기 _ 괴수 괴, 기특할 기) : 남보다 뛰어나고 기이함

122 정답 ① 調和(조화 _ 고를 조, 화할 화) : 서로 잘 어울림
해설
② 相好(상호 _ 서로 상, 좋을 호) : 서로 좋아함
③ 朝會(조회 _ 아침 조, 모일 회) : 학교·관청 등에서 아침에 모든 구성원이 한자리에 모이는 일
⑤ 登用(등용 _ 오를 등, 쓸 용) : 인재를 골라 뽑아 씀
※ 神(귀신 신)

123 정답 ⑤ 陰德(음덕 _ 그늘 음, 큰 덕) : 숨은 덕행
해설
① 武力(무력 _ 호반 무, 힘 력) : 군사상의 힘
③ 仁德(인덕 _ 어질 인, 큰 덕) : 어진 덕
④ 運動(운동 _ 옮길 운, 움직일 동) : 물체가 시간의 경과에 따라 위치를 바꾸는 일
※ 他(다를 타)

124 정답 ④ 保留(보류 _ 지킬 보, 머무를 류) : 어떤 일을 처리하지 않고 미루어 둠
해설
① 在席(재석 _ 있을 재, 자리 석) : 자리에 있음
② 後日(후일 _ 뒤 후, 날 일) : 뒷날

③ 處理(처리 _ 곳 처, 다스릴 리) : 사무나 사
건을 절차에 따라 정리하여 치르거나 마무리
를 지음
⑤ 殘留(잔류 _ 해칠 잔, 머무를 류) : 남아서 처져
있음

125 [정답] ① 美醜(미추 _ 아름다울 미, 추할 추) : 아름
다움과 추함
[해설]
② 批評(비평 _ 비평할 비, 평할 평) : 옳고 그름
등을 분석하여 가치를 논함
③ 分析(분석 _ 나눌 분, 쪼갤 석) : 어떤 사물을
이루고 있는 각 성분을 갈라냄
④ 輸入(수입 _ 보낼 수, 들 입) : 외국으로부터
물품을 사들임
⑤ 薄色(박색 _ 엷을 박, 빛 색) : 아주 못생긴
얼굴, 또는 그러한 여자

[126~130] 종합문제

126 [정답] ③ 亂暴(난폭 _ 어지러울 란, 사나울 폭) :
행동이 몹시 거칠고 사나움
[해설]
① 窮僻(궁벽 _ 다할 궁, 궁벽할 벽) : 매우 후미지
고 으슥함
② 倂合(병합 _ 아우를 병, 합할 합) : 둘 이상의
기구나 단체, 나라 등이 하나로 합쳐짐
④ 奢侈(사치 _ 사치할 사, 사치할 치) : 필요 이상
의 돈이나 물건을 쓰거나 분수에 지나친 생활
을 함
⑤ 狩獵(수렵 _ 사냥할 수, 사냥 렵) : 사냥

127 [정답] ④ ⓜ 紳號 → 信號(신호 _ 믿을 신, 이름
호) ※ 紳(띠 신)
[해설]
① ⓛ 雄性(웅성 _ 수컷 웅, 성품 성)
② ⓒ 雌性(자성 _ 암컷 자, 성품 성)
③ ⓡ 佑助(우조 _ 도울 우, 도울 조)
⑤ ⓗ 孔雀(공작 _ 구멍 공, 참새 작)

128 [정답] 豊饒(풍요 _ 풍년 풍, 넉넉할 요) : 흠뻑 많아
서 넉넉함

129 [정답] 辯護(변호 _ 말씀 변, 도울 호)

130 [정답] ⓩ 裝飾(장식 _ 꾸밀 장, 꾸밀 식) – ③ 裝塡
(장전 _ 꾸밀 장, 메울 전)
[해설]
① 欌籠(장롱 _ 장롱 장, 대바구니 롱)
② 將壇(장단 _ 장수 장, 단 단)
④ 贓物(장물 _ 장물 장, 물건 물)
⑤ 匠色(장색 _ 장인 장, 빛 색)

# 제4회 상공회의소 한자 시험 (2급)
## 최종모의고사 정답 및 해설

---

---

| 〈제1영역〉 한자(漢字) |
|---|

| 1 | 2 | 3 | 4 | 5 | 6 | 7 | 8 | 9 | 10 | 11 | 12 | 13 | 14 | 15 | 16 | 17 | 18 | 19 | 20 | 21 | 22 | 23 | 24 | 25 |
|---|---|---|---|---|---|---|---|---|---|---|---|---|---|---|---|---|---|---|---|---|---|---|---|---|
| ② | ① | ③ | ⑤ | ④ | ③ | ① | ① | ② | ⑤ | ④ | ③ | ④ | ③ | ⑤ | ④ | ② | ① | ② | ④ | ① | ① | ⑤ | ② | ④ |
| **26** | **27** | **28** | **29** | **30** | **31** | **32** | **33** | **34** | **35** | **36** | **37** | **38** | **39** | **40** | **41** | **42** | **43** | **44** | **45** | **46** | **47** | **48** | **49** | **50** |
| ③ | ④ | ② | ⑤ | ⑤ | ② | ④ | ① | ⑤ | ⑤ | ① | ④ | ① | ② | ⑤ | ② | ③ | ① | ① | ④ | ① | ⑤ | ③ | ② | ③ |

## [1~11] 한자의 음 알기

**01** 정답 賠(물어줄 배)

**02** 정답 彎(굽을 만)

**03** 정답 谿(시내 계)

**04** 정답 櫓(방패 로)

**05** 정답 祕(숨길 비)

**06** 정답 沐(머리 감을 목)

**07** 정답 諧(화할 해)

**08** 정답 癒(병 나을 유)

**09** 정답 涯(물가 애)

**10** 정답 娩(낳을 만)

**11** 정답 炘(화끈거릴 흔)

## [12~18] 음에 맞는 한자 고르기

**12** 정답 ③ 煥(불꽃 환)
해설
① 閒(한가할 한)
② 彗(비 혜)
④ 察(살필 찰)
⑤ 槿(무궁화나무 근)

**13** 정답 ④ 徒(무리 도)
해설
① 傅(스승 부)　　② 燈(등 등)
③ 堪(견딜 감)　　⑤ 杜(막을 두)

**14** 정답 ③ 詹(이를 첨)
해설
① 徹(통할 철)　　② 拙(옹졸할 졸)
④ 崔(성씨 최)　　⑤ 肯(즐길 긍)

**15** 정답 ⑤ 晳(밝을 석)
해설
① 翁(늙은이 옹)
② 員(인원 원)
③ 庶(여러 서)
④ 畏(두려워할 외)

16 **정답** ④ 膳(반찬 선)
**해설**
① 射(쏠 사)　　　② 相(서로 상)
③ 宇(집 우)　　　⑤ 舒(펼 서)

17 **정답** ② 咽(목구멍 인)
**해설**
① 損(덜 손)　　　③ 仄(기울 측)
④ 焰(불꽃 염)　　⑤ 景(볕 경)

18 **정답** ① 棠(아가위 당)
**해설**
② 膽(쓸개 담)　　③ 銅(구리 동)
④ 貸(빌릴 대)　　⑤ 昧(어두울 매)

## [19~25] 음이 같은 한자 고르기

19 **정답** 赦(용서할 사) – ② 飼(기를 사)
**해설**
① 租(조세 조)
③ 洵(참으로 순)
④ 殘(잔인할 잔)
⑤ 翔(날 상)

20 **정답** 炯(빛날 형) – ④ 型(모형 형)
**해설**
① 塔(탑 탑)
② 毫(터럭 호)
③ 忽(갑자기 홀)
⑤ 眩(어지러울 현)

21 **정답** 蟻(개미 의) – ① 椅(의자 의)
**해설**
② 泣(울 읍)　　　③ 也(어조사 야)
④ 伊(저 이)　　　⑤ 隅(모퉁이 우)

22 **정답** 尉(벼슬 위) – ① 慰(위로할 위)
**해설**
② 索(찾을 색)　　③ 逝(갈 서)
④ 衰(쇠할 쇠)　　⑤ 損(덜 손)

23 **정답** 愍(근심할 민) – ⑤ 悶(답답할 민)
**해설**
① 末(끝 말)　　　② 都(도읍 도)
③ 瘟(염병 온)　　④ 枚(낱 매)

24 **정답** 稠(빽빽할 조) – ② 爪(손톱 조)
**해설**
① 指(가리킬 지)
③ 絶(끊을 절)
④ 滓(찌꺼기 재)
⑤ 咀(씹을 저)

25 **정답** 芙(연꽃 부) – ④ 訃(부고 부)
**해설**
① 茂(무성할 무)
② 房(방 방)
③ 待(기다릴 대)
⑤ 輔(도울 보)

## [26~36] 한자의 뜻 알기

26 **정답** 呑(삼킬 탄)

27 **정답** 踰(넘을 유)

28 **정답** 宦(벼슬 환)

29 **정답** 束(묶을 속)

30 **정답** 奸(간사할 간)

31 **정답** 濃(짙을 농)

32 **정답** 渠(개천 거)

33 **정답** 蒐(모을 수)

34 **정답** 楓(단풍나무 풍)

35 **정답** 顚(이마 전)

36 **정답** 衾(이불 금)

## [37~43] 뜻에 맞는 한자 고르기

**37** 정답 ④ 舒(펼 서)
해설
① 始(비로소 시)　② 近(가까울 근)
③ 留(머무를 류)　⑤ 誌(기록할 지)

**38** 정답 ① 擢(뽑을 탁)
해설
② 蕉(파초 초)　③ 全(온전할 전)
④ 打(칠 타)　⑤ 貰(세낼 세)

**39** 정답 ② 襄(도울 양)
해설
① 鐵(쇠 철)
③ 證(증거 증)
④ 哉(어조사 재)
⑤ 彰(드러날 창)

**40** 정답 ⑤ 箋(기록할 전)
해설
① 獲(얻을 획)
② 燁(빛날 엽)
③ 揮(휘두를 휘)
④ 稀(드물 희)

**41** 정답 ② 鬱(답답할 울)
해설
① 毁(헐 훼)　③ 酷(심할 혹)
④ 扈(따를 호)　⑤ 渾(흐릴 혼)

**42** 정답 ③ 暮(저물 모)
해설
① 麥(보리 맥)
② 梧(오동나무 오)
④ 錄(기록할 록)
⑤ 聲(소리 성)

**43** 정답 ① 沮(막을 저)
해설
② 輯(모을 집)　③ 綜(모을 종)
④ 諮(물을 자)　⑤ 續(이을 속)

## [44~50] 뜻이 비슷한 한자 고르기

**44** 정답 補(도울 보) – ① 弼(도울 필)
해설
② 遂(드디어 수)　③ 珠(구슬 주)
④ 憎(미울 증)　⑤ 脂(기름 지)

**45** 정답 捕(잡을 포) – ④ 捉(잡을 착)
해설
① 憤(분할 분)　② 臭(냄새 취)
③ 負(질 부)　⑤ 津(나루 진)

**46** 정답 欺(속일 기) – ③ 詐(속일 사)
해설
① 周(두루 주)　② 妥(온당할 타)
④ 替(바꿀 체)　⑤ 誼(옳을 의)

**47** 정답 蓮(연꽃 연) – ① 荷(멜 하)
※ 荷 : '연꽃'의 뜻이 있음
해설
② 薦(천거할 천)
③ 菜(나물 채)
④ 菌(버섯 균)
⑤ 冤(원통할 원)

**48** 정답 怠(게으를 태) – ⑤ 慢(거만할 만)
※ 慢 : '게으르다'의 뜻이 있음
해설
① 衡(저울대 형)　② 赦(용서할 사)
③ 歎(탄식할 탄)　④ 縮(줄일 축)

**49** 정답 騷(떠들 소) – ② 擾(시끄러울 요)
해설
① 酋(우두머리 추)
③ 琢(다듬을 탁)
④ 佈(펼 포)
⑤ 粗(거칠 조)

**50** 정답 墮(떨어질 타) – ③ 墜(떨어질 추)
해설
① 鐸(방울 탁)　② 宕(호탕할 탕)
④ 泓(물 깊을 홍)　⑤ 鐘(쇠북 종)

| 51 | 52 | 53 | 54 | 55 | 56 | 57 | 58 | 59 | 60 | 61 | 62 | 63 | 64 | 65 | 66 | 67 | 68 | 69 | 70 |
|----|----|----|----|----|----|----|----|----|----|----|----|----|----|----|----|----|----|----|----|
| ④ | ② | ② | ⑤ | ① | ⑤ | ④ | ⑤ | ③ | ④ | ④ | ② | ⑤ | ② | ② | ① | ⑤ | ① | ③ | ④ |

| 71 | 72 | 73 | 74 | 75 | 76 | 77 | 78 | 79 | 80 | 81 | 82 | 83 | 84 | 85 | 86 | 87 | 88 | 89 | 90 |
|----|----|----|----|----|----|----|----|----|----|----|----|----|----|----|----|----|----|----|----|
| ④ | ③ | ① | ⑤ | ④ | ④ | ① | ② | ⑤ | ① | ④ | ⑤ | ④ | ① | ② | ① | ① | ③ | ⑤ | ① |

## [51~52] 한자어의 짜임 알기

**51** 정답 仇讐(구수 _ 원수 구, 원수 수) : 원수(유사 관계) – ④ 荊棘(형극 _ 가시나무 형, 가시 극) : 나무의 가시(유사 관계)

해설
① 闕席(궐석 _ 대궐 궐, 자리 석) : 결석. 자리에 나가지 않음(술보 관계)
② 籠球(농구 _ 대바구니 롱, 공 구) : 두 팀이 상대편 바스켓에 공을 넣어 득점을 다투는 경기(대등 관계)
③ 闇票(암표 _ 숨을 암, 표 표) : 암거래되는 표 (수식 관계)
⑤ 勝率(승률 _ 이길 승, 비율 률) : 경기 등에서 이긴 비율(수식 관계)

**52** 정답 刮目(괄목 _ 긁을 괄, 눈 목) : 눈을 비비고 다시 봄(술목 관계) – ② 匿名(익명 _ 숨길 닉, 이름 명) : 이름을 숨김(술목 관계)

해설
① 佯狂(양광 _ 거짓 양, 미칠 광) : 거짓으로 미친 체함(수식 관계)
③ 訛傳(와전 _ 그릇될 와, 전할 전) : 그릇되게 전함. 사실과 다르게 전함(수식 관계)
④ 訊問(신문 _ 물을 신, 물을 문) : 캐어 물음(유사 관계)
⑤ 田畓(전답 _ 밭 전, 논 답) : 밭과 논(대등 관계)

## [53~54] 한자어의 음 고르기

**53** 정답 研究(연구 _ 갈 연, 연구할 구) : 깊이 조사하여 밝힘

**54** 정답 施設(시설 _ 베풀 시, 베풀 설) : 도구, 기계, 장치 등을 베풀어 설비함

## [55~56] 음에 맞는 한자어 고르기

**55** 정답 ① 均等(균등 _ 고를 균, 무리 등)

해설
② 尊敬(존경 _ 높을 존, 공경 경)
③ 授業(수업 _ 줄 수, 업 업)
④ 復活(부활 _ 다시 부, 살 활)
⑤ 相剋(상극 _ 서로 상, 이길 극)

**56** 정답 ⑤ 添附(첨부 _ 더할 첨, 붙을 부)

해설
① 處地(처지 _ 곳 처, 땅 지)
② 撤去(철거 _ 거둘 철, 갈 거)
③ 締結(체결 _ 맺을 체, 맺을 결)
④ 礎石(초석 _ 주춧돌 초, 돌 석)

## [57~59] 음이 같은 한자어 고르기

**57** 정답 夏季(하계 _ 여름 하, 계절 계) : 여름철 – ④ 下界(하계 _ 아래 하, 지경 계) : 하늘나라에 상대되어 사람이 사는 세상을 이르는 말

① 向方(향방 _ 향할 향, 모 방) : 향하여 나가는 곳
② 親家(친가 _ 친할 친, 집 가) : 아버지 일가
③ 充實(충실 _ 채울 충, 열매 실) : 내용이 알차고 단단함
⑤ 好感(호감 _ 좋을 호, 느낄 감) : 좋은 감정

**58** 정답 筆耕(필경 _ 붓 필, 밭갈 경) : 직업으로 글 씨를 씀 - ⑤ 畢竟(필경 _ 마칠 필, 마침내 경) : 마침내

① 傾斜(경사 _ 기울 경, 비낄 사) : 비스듬히 기울 어진 정도
② 陰性(음성 _ 그늘 음, 성품 성) : 음의 성질. 밖으로 드러나지 않는 성질
③ 華麗(화려 _ 빛날 화, 고울 려) : 빛나고 아름다움
④ 職場(직장 _ 직분 직, 마당 장) : 사람들이 직업 을 가지고 일하는 곳

**59** 정답 妖氣(요기 _ 요사할 요, 기운 기) : 요망하고 간사한 기운 - ③ 療飢(요기 _ 병 고칠 료, 주릴 기) : 조금 먹어서 시장기를 면함

① 桎梏(질곡 _ *차꼬 질, 수갑 곡) : 차꼬와 수갑. 속박
*차꼬 : 죄수를 가두어 둘 때 쓰던 옛날 형구
② 惹起(야기 _ 이끌 야, 일어날 기) : 무슨 일이나 사건 등을 끌어 일으킴
④ 戍樓(수루 _ *수자리 수, 다락 루) : 적군의 동정을 살피려고 성 위에 만든 누각
*수자리 : 변방을 지키는 일
⑤ 汨沒(골몰 _ 골몰할 골, 빠질 몰) : 다른 생각은 하지 않고 한 가지 일에만 온 정신을 쏟음

## [60] 여러 개의 음을 가진 한자 알기

**60** 정답 契 맺을 계, 애쓸 결, 부족 이름 글
④ 契丹(글단 _ 부족 이름 글, 붉을 단) : 거란

① 契員(계원 _ 맺을 계, 인원 원) : 계 조직의 회원
② 交契(교계 _ 사귈 교, 맺을 계) : 사귄 정분
③ 契券(계권 _ 맺을 계, 문서 권) : 계약서
⑤ 契主(계주 _ 맺을 계, 주인 주) : 계의 책임을 맡아보는 사람

## [61~62] 한자어(漢字語)의 뜻 알기

**61** 정답 冤痛(원통 _ 원통할 원, 아플 통) : 원통하고 억울함

**62** 정답 眩惑(현혹 _ 어지러울 현, 미혹할 혹) : 어지 럽게 하여 홀리게 함

## [63~64] 뜻에 맞는 한자어(漢字語) 알기

**63** 정답 ⑤ 蔓延(만연 _ 덩굴 만, 끌 연) : 널리 번지어 퍼짐

① 索寞(삭막 _ 노 삭, 고요할 막) : 황폐하여 쓸쓸함
② 痲痺(마비 _ 저릴 마, 저릴 비) : 신경, 근육이 그 기능을 잃는 병
③ 兩顎(양악 _ 두 양, 턱 악) : 상악·하악의 두 턱
④ 革新(혁신 _ 가죽 혁, 새 신) : 일체의 묵은 제도나 방식을 고쳐서 새롭게 함

**64** 정답 ② 剩餘(잉여 _ 남을 잉, 남을 여) : 다 쓰고 난 나머지

① 咽喉(인후 _ 목구멍 인, 목구멍 후) : 목구멍
③ 慈悲(자비 _ 사랑 자, 슬플 비) : 사랑하고 불쌍 히 여김
④ 明晳(명석 _ 밝을 명, 밝을 석) : 분명하고 똑똑함
⑤ 妄想(망상 _ 망령될 망, 생각 상) : 이치에 어긋 나는 헛된 생각

## [65~70] 세 개의 어휘에 공통되는 한자 고르기

**65** 정답 權限(권한 _ 권세 권, 한할 한)
　　　失權(실권 _ 잃을 실, 권세 권)
　　　權益(권익 _ 권세 권, 더할 익)
해설
① 氣(기운 기)　　③ 手(손 수)
④ 利(이로울 리)　⑤ 裙(치마 군)

**66** 정답 政務(정무 _ 정사 정, 힘쓸 무)
　　　善政(선정 _ 착할 선, 정사 정)
　　　參政(참정 _ 참여할 참, 정사 정)
해설
② 尙(오히려 상)　③ 良(어질 량)
④ 舞(춤출 무)　　⑤ 閭(마을 려)

**67** 정답 爐邊(*노변 _ 화로 로, 가 변)
　　　邊境(변경 _ 가 변, 지경 경)
　　　底邊(저변 _ 밑 저, 가 변)
해설
① 享(누릴 향)　　② 要(요긴할 요)
③ 芒(까끄라기 망)　④ 力(힘 력)
*爐邊(노변) : 화로가 놓여 있는 주변. 화롯가

**68** 정답 稱讚(칭찬 _ 일컬을 칭, 기릴 찬)
　　　稱頌(칭송 _ 일컬을 칭, 칭송할 송)
　　　詐稱(사칭 _ 속일 사, 일컬을 칭)
해설
② 德(큰 덕)　　③ 吟(읊을 음)
④ 欺(속일 기)　⑤ 琢(다듬을 탁)

**69** 정답 激憤(격분 _ 격할 격, 분할 분)
　　　激勵(격려 _ 격할 격, 힘쓸 려)
　　　感激(감격 _ 느낄 감, 격할 격)
해설
① 疾(병 질)　　② 奬(권면할 장)
④ 染(물들 염)　⑤ 嘆(탄식할 탄)

**70** 정답 喫茶(끽다 _ 먹을 끽, 차 다)
　　　喫煙(끽연 _ 먹을 끽, 연기 연)
　　　滿喫(만끽 _ 찰 만, 먹을 끽)

해설
① 綠(푸를 록)
② 燦(빛날 찬)
③ 腔(속 빌 강)
⑤ 津(나루 진)

## [71~75] 제시된 한자어의 반대어 · 상대어 고르기

**71** 정답 祖上(조상 _ 조상 조, 윗 상) ↔ ④ 子孫(자손 _ 아들 자, 손자 손)
해설
① 滿月(만월 _ 찰 만, 달 월)
② 數代(수대 _ 셈 수, 대신할 대)
③ 皮骨(피골 _ 가죽 피, 뼈 골)
⑤ 故鄕(고향 _ 연고 고, 시골 향)

**72** 정답 飢餓(기아 _ 주릴 기, 주릴 아) ↔ ③ 飽食(포식 _ 배부를 포, 밥 식)
해설
① 豫告(예고 _ 미리 예, 고할 고)
② 傲氣(오기 _ 거만할 오, 기운 기)
④ 誕辰(탄신 _ 낳을 탄, 때 신)
⑤ 解說(해설 _ 풀 해, 말씀 설)

**73** 정답 乾燥(건조 _ 마를 건, 마를 조) ↔ ① 濕潤(습윤 _ 젖을 습, 윤택할 윤)
해설
② 熟鍊(숙련 _ 익을 숙, 불릴/단련할 련)
③ 朔望(삭망 _ 초하루 삭, 바랄 망)
④ 敍述(서술 _ 펼 서, 펼 술)
⑤ 遮斷(차단 _ 가릴 차, 끊을 단)

**74** 정답 柔弱(유약 _ 부드러울 유, 약할 약) ↔ ⑤ 強固(강고 _ 강할 강, 굳을 고)
해설
① 歡喜(환희 _ 기쁠 환, 기쁠 희)
② 安靜(안정 _ 편안 안, 고요할 정)
③ 針線(침선 _ 바늘 침, 줄 선)
④ 唯我(유아 _ 오직 유, 나 아)

75 정답 驕慢(교만 _ 교만할 교, 거만할 만) ↔ ④
謙遜(겸손 _ 겸손할 겸, 겸손할 손)
해설
① 拗體(요체 _ 우길 요, 몸 체)
② 破碎(파쇄 _ 깨뜨릴 파, 부술 쇄)
③ 牢落(뇌락 _ 우리 뢰, 떨어질 락)
⑤ 紊亂(문란 _ 어지러울 문, 어지러울 란)

## [76~80] 성어 완성하기

76 정답 結草報恩(결초보은 _ 맺을 결, 풀 초, 갚을
보, 은혜 은) : 풀을 묶어서 은혜를 갚음. 죽은
뒤에라도 은혜를 잊지 않고 갚음
해설
① 好(좋을 호)        ② 宇(집 우)
③ 思(생각 사)        ⑤ 慮(생각할 려)

77 정답 支離滅裂(지리멸렬 _ 지탱할 지, 떠날 리,
꺼질 멸, 찢을 렬) : 이리저리 흩어지고 찢겨져
갈피를 잡을 수 없음
해설
② 畏(두려워할 외)    ③ 訴(호소할 소)
④ 奔(달릴 분)        ⑤ 殃(재앙 앙)

78 정답 永久不變(영구불변 _ 길 영, 오랠 구, 아닐
불, 변할 변) : 오래도록 변하지 아니함
해설
① 去(갈 거)          ③ 短(짧을 단)
④ 送(보낼 송)        ⑤ 盾(방패 순)

79 정답 切磋琢磨(절차탁마 _ 끊을 절, 갈 차, 다듬을
탁, 갈 마) : 옥돌을 자르고 줄로 쓸고 끌로 쪼고
갈아 빛을 냄. 학문이나 인격을 갈고닦음
해설
① 烹(삶을 팽)        ② 垈(집터 대)
③ 縟(꾸밀 욕)        ④ 打(칠 타)

80 정답 刎頸之友(문경지우 _ 목 벨 문, 목 경, 갈
지, 벗 우) : 서로를 위해서 목이 떨어져도 두려워
하지 않을 아주 친한 사이

해설
② 肛(항문 항)        ③ 刈(벨 예)
④ 渥(두터울 악)      ⑤ 駙(곁마 부)

## [81~85] 성어의 뜻 알기

81 정답 臥薪嘗膽(와신상담_누울 와, 섶 신, 맛볼/
일찍 상, 쓸개 담) : 섶에 눕고 쓸개를 맛본다는
뜻으로, 원수를 갚기 위해 괴로움과 어려움을 참
고 견딤

82 정답 反哺之孝(반포지효_돌이킬 반, 먹일 포, 갈
지, 효도 효) : 까마귀 새끼가 자란 뒤에 늙은 어미
에게 먹이를 물어다 주는 효성(孝誠)이라는 뜻으
로, 자식이 자라서 부모를 봉양(奉養)함

83 정답 道聽塗說(도청도설_길 도, 들을 청, 길 도,
말씀 설) : 길에서 듣고 길에서 말한다는 뜻으로,
길거리에 떠돌아다니는 뜬소문

84 정답 甘呑苦吐(감탄고토 _ 달 감, 삼킬 탄, 쓸 고,
토할 토) : 달면 삼키고 쓰면 뱉음. 사리에 옳고
그름을 생각하지 않고, 자기의 이해관계에 따라
맞으면 취하고 싫으면 버림

85 정답 膠柱鼓瑟(교주고슬 _ 아교 교, 기둥 주, 북
고, 큰 거문고 슬) : 비파나 거문고의 기러기발을
아교(阿膠)로 붙여 놓으면 음조를 바꾸지 못하여
한 가지 소리밖에 내지 못하는 것처럼 고지식하여
융통성이 전혀 없음

## [86~90] 뜻에 맞는 성어 고르기

86 정답 ④ 百年河淸(백년하청 _ 일백 백, 해 년, 물
하, 맑을 청) : 백년을 기다려도 황하의 흐린 물은
맑아지지 않음. 오랫동안 기다려도 바라는 것이
이루어질 수 없음
해설
① 非一非再(비일비재 _ 아닐 비, 한 일, 아닐 비,
두 재) : 한둘이 아님

② 起死回生(기사회생 _ 일어날 기, 죽을 사, 돌아올 회, 날 생) : 죽을 뻔하다가 살아남

③ 多多益善(다다익선 _ 많을 다, 많을 다, 더할 익, 착할 선) : 많으면 많을수록 더 좋음

⑤ 朝三暮四(조삼모사 _ 아침 조, 석 삼, 저물 모, 넉 사) : 아침에 세 개, 저녁에 네 개. 간사한 꾀로 남을 속임

**87** 정답 ③ 無爲徒食(무위도식 _ 없을 무, 할 위, 무리 도, 밥 식) : 하는 일 없이 놀고먹음

해설
① 雪上加霜(설상가상 _ 눈 설, 윗 상, 더할 가, 서리 상) : 눈 위에 서리가 내림. 어려운 일이 겹침

② 結者解之(결자해지 _ 맺을 결, 놈 자, 풀 해, 갈 지) : 일을 저지른 사람이 그 일을 해결해야 함

④ 始終如一(시종여일 _ 비로소 시, 마칠 종, 같을 여, 한 일) : 처음부터 끝까지 한결같음

⑤ 燈下不明(등하불명 _ 등 등, 아래 하, 아닐 불, 밝을 명) : 등잔 밑이 어두움. 가까이서 일어난 일을 오히려 잘 모름

**88** 정답 ① 語不成說(어불성설 _ 말씀 어, 아닐 불, 이룰 성, 말씀 설) : 말이 이치에 조금도 맞지 않음

해설
② 言中有骨(언중유골 _ 말씀 언, 가운데 중, 있을 유, 뼈 골) : 말 속에 뼈가 있음. 예사말 속에 단단한 속뜻이 있음

③ 因果應報(인과응보 _ 인할 인, 열매 과, 응할 응, 갚을 보) : 원인과 결과가 서로 맞물림. 선악(善惡)에 따라 훗날 길흉화복(吉凶禍福)의 결과를 받게 됨

④ 自業自得(자업자득 _ 스스로 자, 업 업, 스스로 자, 얻을 득) : 자신이 저지른 일의 결과를 자신이 받음

⑤ 會者定離(회자정리 _ 모일 회, 놈 자, 정할 정, 떠날 리) : 만나면 언젠가는 헤어지게 되어 있다는 뜻. 이별의 아쉬움을 일컬음

**89** 정답 ⑤ 桑田碧海(상전벽해 _ 뽕나무 상, 밭 전, 푸를 벽, 바다 해) : 뽕나무 밭이 푸른 바다가 됨. 세상이 몰라보게 바뀜

해설
① 眼下無人(안하무인 _ 눈 안, 아래 하, 없을 무, 사람 인) : 사람됨이 교만하여 남을 업신여김

② 束手無策(속수무책 _ 묶을 속, 손 수, 없을 무, 꾀 책) : 손을 묶은 것처럼 어찌할 방책이 없어 꼼짝 못 함

③ 隱忍自重(은인자중 _ 숨을 은, 참을 인, 스스로 자, 무거울 중) : 마음속에 감추어 참고 견디며 몸가짐을 신중하게 함

④ 脣亡齒寒(순망치한 _ 입술 순, 망할 망, 이 치, 찰 한) : 입술을 잃으면 이가 시림. 서로 밀접한 사이에서 어느 한 쪽이 망하면 다른 한 쪽도 영향을 받아 온전하기 어려움

**90** 정답 ① 苛斂誅求(가렴주구 _ 가혹할 가, 거둘 렴, 벨 주, 구할 구) : 가혹하게 세금을 거두어들이고 재물을 억지로 빼앗음

해설
② 蝸角之爭(와각지쟁 _ 달팽이 와, 뿔 각, 갈 지, 다툴 쟁) : 달팽이의 더듬이 위에서 싸움. 작은 나라 간의 싸움. 하찮은 일로 벌이는 싸움

③ 焚書坑儒(분서갱유 _ 불사를 분, 글 서, 구덩이 갱, 선비 유) : 중국 진(秦)나라의 시황제가 학자들의 정치적 비판을 막기 위하여 책을 불태우고 선비를 생매장하여 죽인 일

④ 鷄鳴狗吠(계명구폐 _ 닭 계, 울 명, 개 구, 짖을 폐) : 닭이 울고 개가 짖음. 인가(人家)가 잇대어 있음

⑤ 附和雷同(부화뇌동 _ 붙을 부, 화할 화, 우레 뇌, 한가지 동) : 우레 소리에 맞춰 함께 한다는 뜻. 자신의 뚜렷한 소신 없이 그저 남이 하는 대로 따라감

| 91 | 92 | 93 | 94 | 95 | 96 | 97 | 98 | 99 | 100 | 101 | 102 | 103 | 104 | 105 | 106 | 107 | 108 | 109 | 110 |
|---|---|---|---|---|---|---|---|---|---|---|---|---|---|---|---|---|---|---|---|
| ④ | ③ | ③ | ① | ① | ③ | ⑤ | ③ | ③ | ⑤ | ② | ① | ② | ④ | ① | ③ | ⑤ | ① | ⑤ | ④ |

| 111 | 112 | 113 | 114 | 115 | 116 | 117 | 118 | 119 | 120 | 121 | 122 | 123 | 124 | 125 | 126 | 127 | 128 | 129 | 130 |
|---|---|---|---|---|---|---|---|---|---|---|---|---|---|---|---|---|---|---|---|
| ② | ② | ② | ⑤ | ③ | ② | ④ | ② | ① | ③ | ② | ④ | ① | ⑤ | ② | ② | ④ | ④ | ① | ⑤ |

## [91~97] 문장 속 한자어의 음 알기

**91** 정답 勝利(승리 _ 이길 승, 이로울 리)

**92** 정답 將來(장래 _ 장차 장, 올 래)

**93** 정답 恩師(은사 _ 은혜 은, 스승 사)

**94** 정답 限界(한계 _ 한할 한, 지경 계)

**95** 정답 裝飾(장식 _ 꾸밀 장, 꾸밀 식)

**96** 정답 麥酒(맥주 _ 보리 맥, 술 주)

**97** 정답 襤褸(남루 _ 헌 누더기 람, 헌 누더기 루)

## [98~102] 문장 속 한자어의 뜻풀이 고르기

**98** 정답 陽地(양지 _ 볕 양, 땅 지) : 햇볕이 바로 드는 땅

**99** 정답 廣告(광고 _ 넓을 광, 고할 고) : 세상에 널리 알림

**100** 정답 擁護(옹호 _ 낄 옹, 도울 호) : 두둔하고 편들 어 지킴

**101** 정답 叱責(질책 _ 꾸짖을 질, 꾸짖을 책) : 꾸짖어 서 나무람

**102** 정답 貧寒(빈한 _ 가난할 빈, 찰 한) : 가난하여 집안이 쓸쓸함

## [103~107] 문장에 맞는 한자어 고르기

**103** 정답 ② 船窓(선창 _ 배 선, 창 창) : 배의 창문

해설
① 園藝(원예 _ 동산 원, 심을 예) : 채소, 과일, 화초 등을 심어서 가꾸는 일이나 기술
③ 料量(요량 _ 헤아릴 료, 헤아릴 량) : 앞일을 잘 생각하여 헤아림
④ 植民(식민 _ 심을 식, 백성 민) : 본국과는 다른 차별적 지배를 받고 있는 지역에 자국민이 영 주할 목적으로 이주하여 경제적으로 개척하며 활동하는 일
⑤ 紳士(신사 _ 띠 신, 선비 사) : 사람됨이나 몸가 짐이 점잖고 교양이 있으며 예의 바른 남자

**104** 정답 ④ 茂盛(무성 _ 무성할 무, 성할 성) : 풀이나 나무 등이 우거지어 성함

해설
① 潔白(결백 _ 깨끗할 결, 흰 백) : 깨끗하고 흼
② 快晴(쾌청 _ 쾌할 쾌, 갤 청) : 하늘이 상쾌하도 록 맑게 갬
③ 溫暖(온난 _ 따뜻할 온, 따뜻할 난) : 날씨가 따뜻함
⑤ 敏捷(민첩 _ 재빠를 민, 빠를 첩) : 재빠르고 날램

**105** 정답 ① 抵觸(저촉 _ 막을 저, 닿을 촉) : 서로 충돌함
해설
② 折衝(절충 _ 꺾을 절, 찌를 충) : 적의 창끝을 꺾어 막는다는 뜻에서, 외교, 기타의 교섭에서 담판하거나 흥정하는 일
③ 虛誕(허탄 _ 빌 허, 낳을 탄) : 거짓되어 망령됨
④ 牽引(견인 _ 이끌 견, 끌 인) : 끌어당김
⑤ 看做(간주 _ 볼 간, 지을 주) : 그러한 것으로 여김

**106** 정답 ③ 滿足(만족 _ 찰 만, 발 족) : 마음에 모자람이 없어 흐뭇함
해설
① 友情(우정 _ 벗 우, 뜻 정) : 친구와의 정
② 先唱(선창 _ 먼저 선, 부를 창) : 맨 먼저 주창함
④ 虎患(호환 _ 범 호, 근심 환) : 범에게 당하는 재앙
⑤ 懺悔(참회 _ 뉘우칠 참, 뉘우칠 회) : 과거의 죄악을 깨달아 뉘우쳐 고침

**107** 정답 ⑤ 宇宙(우주 _ 집 우, 집 주) : 무한한 시간과 만물을 포함하고 있는 끝없는 공간의 총체
해설
① 熱望(열망 _ 더울 렬, 바랄 망) : 열렬하게 바람
② 每日(매일 _ 매양 매, 날 일) : 각각의 개별적인 나날
③ 雲集(운집 _ 구름 운, 모을 집) : 구름처럼 모인다는 뜻으로, 많은 사람이 모여듦을 이르는 말
④ 氣焰(기염 _ 기운 기, 불꽃 염) : 불꽃처럼 대단한 기세

## [108~112] 바르지 않은 한자 표기 고르기

**108** 정답 ① 慕集 → 募集(모집 _ 모을 모, 모을 집)
※ 慕(그릴 모)
해설
② 人員(인원 _ 사람 인, 인원 원)
③ 優秀(우수 _ 뛰어날 우, 빼어날 수)
④ 人才(인재 _ 사람 인, 재주 재)
⑤ 選拔(선발 _ 가릴 선, 뽑을 발)

**109** 정답 ③ 溫道 → 溫度(온도 _ 따뜻할 온, 법도 도)
※ 道(길 도)
해설
① 建物(건물 _ 세울 건, 물건 물)
② 施設(시설 _ 베풀 시, 베풀 설)
④ 通風(통풍 _ 통할 통, 바람 풍)
⑤ 調節(조절 _ 고를 조, 마디 절)

**110** 정답 ④ 匍蔔 → 匍匐(포복 _ 길 포, 길 복)
※ 蔔(무 복)
해설
① 映畫(영화 _ 비출 영, 그림 화)
② 俳優(배우 _ 배우 배, 넉넉할 우/뛰어날 우)
③ 閃光(섬광 _ 번쩍일 섬, 빛 광)
⑤ 散華(산화 _ 흩을 산, 빛날 화)

**111** 정답 ② 周衛 → 周圍(주위 _ 두루 주, 에워쌀 위)
※ 衛(지킬 위)
해설
① 突然(돌연 _ 갑자기 돌, 그럴 연)
③ 痛哭(통곡 _ 아플 통, 울 곡)
④ 艱辛(간신 _ 어려울 간, 매울 신)
⑤ 嗚咽(오열 _ 슬플 오, 목멜 열)

**112** 정답 ② 遡遙 → 逍遙(소요 _ 노닐 소, 멀 요)
※ 遡(거스를 소)
해설
① 爽快(상쾌 _ 시원할 상, 쾌할 쾌)
③ 寺刹(사찰 _ 절 사, 절 찰)
④ 演奏(연주 _ 펼 연, 아뢸 주)
⑤ 梵唄(범패 _ 불경 범, 염불 소리 패)

## [113~120] 문장 속 단어를 한자로 바르게 쓰기

**113** 정답 ② 先頭(선두 _ 먼저 선, 머리 두) : 맨 앞

해설

① 星斗(성두 _ 별 성, 말 두) : 별
③ 官道(관도 _ 벼슬 관, 길 도) : 예전에 국가에서 관리하던 간선길
④ 流頭(유두 _ 흐를 류, 머리 두) : 우리나라 고유 명절의 하나. 음력 6월 보름날
⑤ 羨望(선망 _ 부러워할 선, 바랄 망) : 부러워함

**114** 정답 ⑤ 姓氏(성씨 _ 성씨 성, 성씨 씨) : '성(姓)'을 높여 부르는 말

해설

① 星數(성수 _ 별 성, 셈 수) : 운수
② 性情(성정 _ 성품 성, 뜻 정) : 성질과 심정
③ 聲勢(성세 _ 소리 성, 형세 세) : 명성과 위세
④ 傳貰(전세 _ 전할 전, 세낼 세) : 남의 집이나 방을 빌려 쓸 때 그 임자에게 일정한 돈을 맡기고 빌려 쓰다가, 내놓을 때 그 돈을 다시 찾아가는 제도

**115** 정답 ③ 凶年(흉년 _ 흉할 흉, 해 년) : 곡식 등의 산물이 잘되지 아니하여 주리게 된 해

해설

① 現實(현실 _ 나타날 현, 열매 실) : 현재의 사실이나 형편
② 老化(노화 _ 늙을 로, 될 화) : 생물 또는 물질의 기능이나 성질이 시간이 경과함에 따라 쇠약해지는 현상
④ 絶色(절색 _ 끊을 절, 빛 색) : 뛰어나게 아름다운 여자
⑤ 匈奴(흉노 _ 오랑캐 흉, 종 노) : 몽고 지방에서 세력을 떨쳤던 유목 민족

**116** 정답 ② 禁煙(금연 _ 금할 금, 연기 연) : 담배를 끊음

해설

① 給與(급여 _ 줄 급, 줄 여) : 돈이나 물품 등을 줌
③ 極端(극단 _ 극진할 극, 끝 단) : 맨 끝

④ 今年(금년 _ 이제 금, 해 년) : 올해
⑤ 禁忌(금기 _ 금할 금, 꺼릴 기) : 꺼리어서 싫어함

**117** 정답 ④ 裁斷(재단 _ 마를 재, 끊을 단) : 옷감 등을 본에 맞추어 마름

해설

① 再拜(재배 _ 두 재, 절 배) : 두 번 하는 절
② 財團(재단 _ 재물 재, 둥글 단) : 재단 법인의 준말
③ 排除(배제 _ 밀칠 배, 덜 제) : 어느 범위나 영역에서 제외하는 것
⑤ 齋戒(재계 _ 재계할 재, 경계할 계) : 부정한 일을 멀리하고 심신을 깨끗이 함

**118** 정답 ② 節約(절약 _ 마디 절, 맺을 약) : 아끼어 씀

해설

① 絶對(절대 _ 끊을 절, 대할 대) : 상대하여 견줄 만한 다른 것이 없음
③ 習字(습자 _ 익힐 습, 글자 자) : 글씨 쓰기를 익힘
④ 截斷(절단 _ 끊을 절, 끊을 단) : 끊어 냄
⑤ 顚覆(전복 _ 엎드러질 전, 다시 복) : 뒤집혀 엎어짐

**119** 정답 ① 吝嗇(인색 _ 아낄 린, 아낄 색) : 체면을 돌아보지 않고 재물을 지나치게 아낌

해설

② 湮滅(인멸 _ 묻힐 인, 꺼질 멸) : 자취도 없이 죄다 없어짐
③ 怡然(이연 _ 기쁠 이, 그럴 연) : 기쁘고 좋음
④ 執贄(집지 _ 잡을 집, 폐백 지) : 제자가 스승을 처음으로 뵐 때 예폐를 가지고 가서 경의를 나타냄
⑤ 靭帶(인대 _ 질길 인, 띠 대) : 관절의 뼈 사이와 관절 주위에 있는, 노끈이나 띠 모양의 결합 조직

**120** 정답 ③ 連陸(연륙 _ 잇닿을 련, 뭍 륙) : 육지와 섬의 사이가 잇닿음

해설

① 次等(차등 _ 버금 차, 무리 등) : 버금 되는 등급

② 取消(취소 _ 가질 취, 사라질 소) : 기재하거나 진술한 사실을 말살함

④ 音律(음률 _ 소리 음, 법칙 률) : 소리, 음악의 가락

⑤ 筆硯(필연 _ 붓 필, 벼루 연) : 붓과 벼루

## [121~125] 문장 속 단어·어구의 뜻을 가장 잘 나타낸 한자어 고르기

**121** 정답 ② 涉獵(섭렵 _ 건널 섭, 사냥 렵) : 여러 가지 책을 널리 읽음

해설

① 徒涉(도섭 _ 무리 도, 건널 섭) : 물을 걸어서 건넘

③ 獵奇(엽기 _ 사냥 엽, 기이할 기) : 기괴한 일, 물건 등에 호기심을 가지고 즐겨서 찾아다니는 것

④ 交涉(교섭 _ 사귈 교, 건널 섭) : 일을 이루기 위하여 서로 의논함

⑤ 燮理(섭리 _ 불꽃 섭, 다스릴 리) : 음양을 고르게 다스림

**122** 정답 ④ 崇拜(숭배 _ 높을 숭, 절 배) : 우러러 공경함

해설

① 渴望(갈망 _ 목마를 갈, 바랄 망) : 간절히 바람

② 相逢(상봉 _ 서로 상, 만날 봉) : 서로 만남

③ 淑氣(숙기 _ 맑을 숙, 기운 기) : 이른 봄의 화창하고 맑은 기운

⑤ 淳朴(순박 _ 순박할 순, 순박할 박) : 소박하고 순진함

**123** 정답 ① 獨立(독립 _ 홀로 독, 설 립) : 남에게 기대지 않고 홀로 섬

해설

② 自己(자기 _ 스스로 자, 몸 기) : 제 자신

③ 敬愛(경애 _ 공경 경, 사랑 애) : 공경하고 사랑함

④ 對比(대비 _ 대할 대, 견줄 비) : 서로 맞대어 비교함

⑤ 燦爛(찬란 _ 빛날 찬, 문드러질 란) : 빛이 눈부시게 아름다움

**124** 정답 ⑤ 所願(소원 _ 바 소, 원할 원) : 원하는 바

해설

① 消化(소화 _ 사라질 소, 될 화) : 섭취한 음식물이 체내에 흡수되기 쉽도록 변화시키는 일. 배운 지식·기술 등을 익혀 자기 것으로 만듦

② 市都(시도 _ 저자 시, 도읍 도) : 시와 도

③ 預金(예금 _ 맡길 예, 쇠 금) : 금전을 금융기관에 맡김

④ 高等(고등 _ 높을 고, 무리 등) : 등급이 높음

**125** 정답 ② 蟲齒(충치 _ 벌레 충, 이 치) : 벌레 먹은 이

해설

① 風致(풍치 _ 바람 풍, 이를 치) : 훌륭한 경치

③ 判明(판명 _ 판단할 판, 밝을 명) : 사실이 분명하게 밝혀짐

④ 吉鳥(길조 _ 길할 길, 새 조) : 좋은 일이 생길 때 미리 알려 주는 새

⑤ 彫刻(조각 _ 새길 조, 새길 각) : 재료를 새기거나 깎아서 입체적으로 형상을 만듦

[126~130] 종합문제

126 정답 ② 標識(표지 _ 표할 표, 적을 지) : 표시나
특징으로 어떤 사물을 다른 것과 구별하게 함

해설
① 表紙(표지 _ 겉 표, 종이 지) : 책의 맨 앞뒤의
겉장
③ 標紙(표지 _ 표할 표, 종이 지) : 증거의 표로
글을 적은 종이
④ 簞瓢(단표 _ 소쿠리 단, 바가지 표) : 도시락과
표주박
⑤ 表裏(표리 _ 겉 표, 속 리) : 속과 겉. 안팎.
표면과 내심

127 정답 ④ ㅁ 膺視 → 凝視(응시 _ 엉길 응, 볼 시)
※ 膺(가슴 응)

해설
① ㄴ 廢兵(폐병 _ 폐할 폐, 병사 병)
② ㄷ 勳章(훈장 _ 공 훈, 글 장)
③ ㄹ 反芻(반추 _ 돌이킬 반, 꼴 추)
⑤ ㅂ 危害(위해 _ 위태할 위, 해할 해)

128 정답 審理(심리 _ 살필 심, 다스릴 리) : 사실을
자세히 조사하여 처리함

129 정답 倦怠(권태 _ 게으를 권, 게으를 태)

130 정답 ㉢ 細菌(세균 _ 가늘 세, 버섯 균) - ⑤ 纖細
(섬세 _ 가늘 섬, 가늘 세)

해설
① 傳貰(전세 _ 전할 전, 세낼 세)
② 誘說(유세 _ 꾈 유, 달랠 세)
③ 驛勢圈(역세권 _ 역 역, 형세 세, 우리 권)
④ 歲雉(세치 _ 해 세, 꿩 치)

# 제5회 상공회의소 한자 시험 (2급)
## 최종모의고사 정답 및 해설

| 1 | 2 | 3 | 4 | 5 | 6 | 7 | 8 | 9 | 10 | 11 | 12 | 13 | 14 | 15 | 16 | 17 | 18 | 19 | 20 | 21 | 22 | 23 | 24 | 25 |
|---|---|---|---|---|---|---|---|---|----|----|----|----|----|----|----|----|----|----|----|----|----|----|----|----|
| ② | ⑤ | ① | ③ | ③ | ③ | ⑤ | ② | ④ | ④ | ① | ① | ② | ③ | ② | ④ | ⑤ | ③ | ② | ④ | ④ | ① | ③ | ⑤ | ⑤ |
| 26 | 27 | 28 | 29 | 30 | 31 | 32 | 33 | 34 | 35 | 36 | 37 | 38 | 39 | 40 | 41 | 42 | 43 | 44 | 45 | 46 | 47 | 48 | 49 | 50 |
| ④ | ⑤ | ① | ③ | ④ | ③ | ② | ⑤ | ① | ④ | ⑤ | ① | ④ | ④ | ③ | ② | ⑤ | ① | ④ | ① | ⑤ | ② | ① | ② | ③ |

## [1~11] 한자의 음 알기

**01** 정답 懶(게으를 라)

**02** 정답 歪(기울 왜)

**03** 정답 捐(버릴 연)

**04** 정답 箋(기록할 전)

**05** 정답 覇(으뜸 패)

**06** 정답 菱(마름 릉)

**07** 정답 龕(감실 감)

**08** 정답 撑(버틸 탱)

**09** 정답 癒(병 나을 유)

**10** 정답 醇(전국술 순)

**11** 정답 儲(쌓을 저)

## [12~18] 음에 맞는 한자 고르기

**12** 정답 ① 剩(남을 잉)
해설
② 庇(덮을 비)
③ 雌(암컷 자)
④ 悉(다 실)
⑤ 牟(소 우는 소리 모)

**13** 정답 ② 閃(번쩍일 섬)
해설
① 燮(불꽃 섭)　③ 稷(피 직)
④ 斑(아롱질 반)　⑤ 婆(할머니 파)

**14** 정답 ③ 烇(빛날 혁)
해설
① 唾(침 타)　② 鈴(방울 령)
④ 歇(쉴 헐)　⑤ 驢(당나귀 려)

**15** 정답 ② 巴(꼬리 파)
해설
① 坂(언덕 판)
③ 扈(따를 호)
④ 沂(물 이름 기)
⑤ 黍(기장 서)

16　정답 ④ 垢(때 구)
　解説
　① 誼(정 의)　　　② 旭(아침 해 욱)
　③ 筒(대통 통)　　　⑤ 痺(저릴 비)

17　정답 ⑤ 鞶(명반 반)
　解説
　① 輦(가마 련)　　　② 璣(구슬 기)
　③ 貊(맥국 맥)　　　④ 繡(수놓을 수)

18　정답 ③ 帽(모자 모)
　解説
　① 稜(모날 릉)　　　② 碁(돌 기)
　④ 爻(사귈 효)　　　⑤ 釣(낚을 조)

## [19~25] 음이 같은 한자 고르기

19　정답 蝦(두꺼비 하) − ② 霞(노을 하)
　解説
　① 趨(달아날 추)
　③ 壺(병 호)
　④ 腔(속 빌 강)
　⑤ 釀(술 빚을 양)

20　정답 籬(울타리 리) − ④ 痢(설사 리)
　解説
　① 畝(이랑 무)
　② 儺(푸닥거리 나)
　③ 奎(별 규)
　⑤ 讒(참소할 참)

21　정답 窺(엿볼 규) − ④ 葵(해바라기 규)
　解説
　① 拏(잡을 나)　　　② 萱(원추리 훤)
　③ 蹟(자취 적)　　　⑤ 朮(차조 출)

22　정답 做(지을 주) − ① 廚(부엌 주)
　解説
　② 藁(짚 고)　　　　③ 勾(글귀 구)
　④ 殮(염할 렴)　　　⑤ 躁(조급할 조)

23　정답 竄(숨을 찬) − ③ 燦(빛날 찬)
　解説
　① 塵(티끌 진)
　② 曼(길게 끌 만)
　④ 麓(산기슭 록)
　⑤ 菖(창포 창)

24　정답 樑(들보 량) − ⑤ 亮(밝을 량)
　解説
　① 蔑(업신여길 멸)
　② 窄(좁을 착)
　③ 瀅(물 이름 형)
　④ 綵(비단 채)

25　정답 閤(쪽문 합) − ⑤ 蛤(대합조개 합)
　解説
　① 紋(무늬 문)　　　② 苔(이끼 태)
　③ 貰(세낼 세)　　　④ 瑚(산호 호)

## [26~36] 한자의 뜻 알기

26　정답 箸(젓가락 저)

27　정답 揆(헤아릴 규)

28　정답 滉(깊을 황)

29　정답 敞(시원할 창)

30　정답 苞(쌀 포)

31　정답 祚(복 조)

32　정답 鍼(침 침)

33　정답 綾(비단 릉)

34　정답 甑(시루 증)

35　정답 黎(검을 려)

36　정답 輯(모을 집)

## [37~43] 뜻에 맞는 한자 고르기

**37** 정답 ① 蓬(쑥 봉)
해설
② 蕉(파초 초)
③ 莢(꼬투리 협)
④ 茸(풀 날 용)
⑤ 梧(오동나무 오)

**38** 정답 ④ 獅(사자 사)
해설
① 鰜(제비 첨)　　② 鷲(독수리 취)
③ 兎(토끼 토)　　⑤ 駝(낙타 타)

**39** 정답 ④ 牒(편지 첩)
해설
① 秤(저울 칭)　　② 楮(닥나무 저)
③ 梵(불경 범)　　⑤ 貼(붙일 첩)

**40** 정답 ③ 秉(잡을 병)
해설
① 剝(벗길 박)　　② 旼(화할 민)
④ 捺(누를 날)　　⑤ 挾(낄 협)

**41** 정답 ② 矮(난쟁이 왜)
해설
① 仇(원수 구)　　③ 聾(귀먹을 롱)
④ 蛾(나방 아)　　⑤ 癩(문둥이 라)

**42** 정답 ⑤ 啞(벙어리 아)
해설
① 凹(오목할 요)
② 凸(볼록할 철)
③ 喘(숨찰 천)
④ 唄(염불 소리 패)

**43** 정답 ① 惰(게으를 타)
해설
② 悖(거스를 패)
③ 悌(공손할 제)
④ 悸(두근거릴 계)
⑤ 惺(깨달을 성)

## [44~50] 뜻이 비슷한 한자 고르기

**44** 정답 奭(클 석) – ④ 丕(클 비)
해설
① 芸(평지 운)　　② 渤(바다 이름 발)
③ 伊(저 이)　　　⑤ 瀋(즙 낼 심)

**45** 정답 縛(얽을 박) – ① 纏(얽을 전)
해설
② 藜(명아주 려)　　③ 禦(막을 어)
④ 饔(아침밥 옹)　　⑤ 獐(노루 장)

**46** 정답 晶(맑을 정) – ⑤ 澹(맑을 담)
해설
① 隕(떨어질 운)　　② 烙(지질 락)
③ 彝(떳떳할 이)　　④ 琵(비파 비)

**47** 정답 耽(즐길 탐) – ② 嗜(즐길 기)
해설
① 翰(편지 한)
③ 鮑(절인 물고기 포)
④ 摠(다 총)
⑤ 郁(성할 욱)

**48** 정답 儷(짝 려) – ① 逑(짝 구)
해설
② 濬(깊을 준)
③ 昱(햇빛 밝을 욱)
④ 鵝(거위 아)
⑤ 俎(도마 조)

**49** 정답 渾(흐릴 혼) – ② 曇(흐릴 담)
해설
① 彬(빛날 빈)
③ 臍(배꼽 제)
④ 裔(후손 예)
⑤ 琿(아름다운 옥 혼)

**50** 정답 匿(숨길 닉) – ③ 諱(숨길 휘)
해설
① 犀(무소 서)　　② 兜(투구 두)
④ 轄(다스릴 할)　　⑤ 詹(이를 첨)

## 〈제2영역〉 어휘(語彙)

| 51 | 52 | 53 | 54 | 55 | 56 | 57 | 58 | 59 | 60 | 61 | 62 | 63 | 64 | 65 | 66 | 67 | 68 | 69 | 70 |
|---|---|---|---|---|---|---|---|---|---|---|---|---|---|---|---|---|---|---|---|
| ② | ① | ⑤ | ③ | ④ | ② | ⑤ | ③ | ① | ④ | ④ | ① | ③ | ① | ④ | ① | ② | ④ | ③ | ② |

| 71 | 72 | 73 | 74 | 75 | 76 | 77 | 78 | 79 | 80 | 81 | 82 | 83 | 84 | 85 | 86 | 87 | 88 | 89 | 90 |
|---|---|---|---|---|---|---|---|---|---|---|---|---|---|---|---|---|---|---|---|
| ① | ④ | ② | ③ | ① | ④ | ① | ⑤ | ① | ③ | ② | ⑤ | ① | ① | ④ | ③ | ④ | ② | ⑤ | ① |

## [51~52] 한자어의 짜임 알기

51 **정답** 白鷗(백구 _ 흰 백, 갈매기 구) : 흰 갈매기
(수식 관계) – ② 葛根(갈근 _ 칡 갈, 뿌리 근) :
칡의 뿌리(수식 관계)
**해설**
① 股肱(고굉 _ 넓적다리 고, 팔뚝 굉) : 다리와
팔(병렬 관계)
③ 灌漑(관개 _ 물 댈 관, 물 댈 개) : 물을 댐(병렬
관계)
④ 肝膽(간담 _ 간 간, 쓸개 담) : 간과 쓸개(병렬
관계)
⑤ 蹈襲(도습 _ 밟을 도, 엄습할 습) : 전해온 것을
따라함(술목 관계)

52 **정답** 錦綺(금기 _ 비단 금, 비단 기) : 비단과 능직
(병렬 관계) – ① 饑饉(기근 _ 주릴 기, 주릴 근) :
농사가 잘 안 되어 식량이 모자라 굶주리는 상태
(병렬 관계)
**해설**
② 脫硫(탈류 _ 벗을 탈, 유황 류) : 황 성분을
없앰(술목 관계)
③ 芬芳(분방 _ 향기 분, 꽃다울 방) : 꽃다운 향기
(수식 관계)
④ 碎身(쇄신 _ 부술 쇄, 몸 신) : 몸을 부숨(술목
관계)
⑤ 豹變(표변 _ 표범 표, 변할 변) : 표범 무늬가
바뀜(주술 관계)

## [53~54] 한자어의 음 고르기

53 **정답** 穿鑿(천착 _ 뚫을 천, 뚫을 착) : 구멍을 뚫음

54 **정답** 菩薩(보살 _ 보살 보, 보살 살) : 대승 불교의
이상적 수행자상

## [55~56] 음에 맞는 한자어 고르기

55 **정답** ④ 燔劫(번겁 _ 사를 번, 위협할 겁)
**해설**
① 樊祗(번지 _ 울타리 번, 공경할 지)
② 煩簡(번간 _ 번거로울 번, 대쪽 간)
③ 卑怯(비겁 _ 낮을 비, 겁낼 겁)
⑤ 藩鎭(번진 _ 울타리 번, 진압할 진)

56 **정답** ② 封套(봉투 _ 봉할 봉, 씌울 투)
**해설**
① 鳳池(봉지 _ 봉새 봉, 못 지)
③ 浸透(침투 _ 잠길 침, 사무칠 투)
④ 捧納(봉납 _ 받들 봉, 들일 납)
⑤ 築造(축조 _ 쌓을 축, 지을 조)

**57** 정답 邱報(구보 _ 언덕 구, 갚을 보) : 조선 시대에, 지방 관아에서 중앙의 소식을 각기 자기 지방에 알리던 일 – ⑤ 矩步(구보 _ 모날 구, 걸음 보) : 올바른 걸음걸이

해설
① 城堡(성보 _ 재 성, 작은 성 보) : 적을 막으려고 성 밖에 임시로 만든 소규모의 요새
② 痘瘡(두창 _ 역질 두, 부스럼 창) : 천연두
③ 訃報(부보 _ 부고 부, 알릴 보) : 사람의 죽음을 알림
④ 砒酸(비산 _ 비상 비, 실 산) : 비소 화합물의 하나

**58** 정답 新粧(신장 _ 새 신, 단장할 장) : 건물 등을 새로 단장함 – ③ 腎臟(신장 _ 콩팥 신, 오장 장) : 콩팥. 척추동물의 비뇨 기관과 관련된 장기의 하나

해설
① 鼠銑(서선 _ 쥐 서, 무쇠 선) : 흑연 상태인 탄소를 3.3% 이상 함유하는 선철
② 悲酸(비산 _ 슬플 비, 실 산) : 손아랫사람의 죽음을 당해 몹시 슬프고 마음이 쓰림
④ 薪採(신채 _ 섶 신, 캘 채) : 땔감이 되는 나무
⑤ 訊鞫(신국 _ 물을 신, 국문할 국) : 죄상을 엄격하게 캐물어 조사함

**59** 정답 苑沼(원소 _ 나라 동산 원, 못 소) : 동산과 못을 아울러 이르는 말 – ① 猿嘯(원소 _ 원숭이 원, 휘파람 불 소) : 원숭이가 욺

해설
② 芒履(망리 _ 까끄라기 망, 밟을 리) : 짚신. 볏짚으로 삼아 만든 신
③ 泥塑(이소 _ 진흙 니, 흙 빚을 소) : 중국 고대에 부장품으로 쓰던, 진흙으로 빚어 만든 인형
④ 繫辭(계사 _ 맬 계, 말씀 사) : 명제의, 주사와 빈사를 연결하여 긍정 또는 부정의 뜻을 나타내는 말

⑤ 步哨(보초 _ 걸음 보, 망볼 초) : 부대의 경계선이나 각종 출입문에서 경계와 감시의 임무를 맡은 병사

## [60] 여러 개의 음을 가진 한자 알기

**60** 정답 什 열 사람 십, 세간 집
④ 什長(십장 _ 열 사람 십, 어른 장) : 일꾼들을 감독·지시하는 우두머리

해설
① 什器(집기 _ 세간 집, 그릇 기) : 집 안이나 사무실에서 쓰는 온갖 기구
② 什物(집물 _ 세간 집, 물건 물) : 집 안이나 사무실에서 쓰는 온갖 기구
③ 佳什(가집 _ 아름다울 가, 세간 집) : 아름답게 잘 지은 시가
⑤ 什具(집구 _ 세간 집, 갖출 구) : 도구나 집기

## [61~62] 한자어(漢字語)의 뜻 알기

**61** 정답 鄙陋(비루 _ 더러울 비, 더러울 루) : 행동이나 성질이 너절하고 더러움

**62** 정답 膨脹(팽창 _ 부를 팽, 부을 창) : 부풀어서 부피가 커짐

## [63~64] 뜻에 맞는 한자어(漢字語) 알기

**63** 정답 ③ 按排(안배 _ 누를 안, 밀칠 배) : 알맞게 잘 배치하거나 처리함

해설
① 闊步(활보 _ 넓을 활, 걸음 보) : 큰 걸음으로 힘차고 당당하게 걸음
② 彈劾(탄핵 _ 탄알 탄, 꾸짖을 핵) : 죄상을 들어서 책망함

④ 玩繹(완역 _ 희롱할 완, 풀 역) : 글이 지닌 깊은 뜻을 생각하여 찾음

⑤ 措置(조치 _ 둘 조, 둘 치) : 벌어지는 사태를 잘 살펴서 필요한 대책을 세워 행함

64  정답 ① 驕慢(교만 _ 교만할 교, 거만할 만) : 잘난 체하며 뽐내고 건방짐

해설
② 民譚(민담 _ 백성 민, 클 담) : 예로부터 민간에 전하여 내려오는 이야기

③ 罵倒(매도 _ 꾸짖을 매, 넘어질 도) : 심하게 욕하며 나무람

④ 糞尿(분뇨 _ 똥 분, 오줌 뇨) : 분과 요를 아울러 이르는 말

⑤ 詰難(힐난 _ 물을 힐, 어려울 난) : 트집을 잡아 거북할 만큼 따지고 듦

## [65~70] 세 개의 어휘에 공통되는 한자 고르기

65  정답 敷地(부지 _ 펼 부, 땅 지)
　　　敷衍(부연 _ 펼 부, 넓을 연)
　　　敷設(부설 _ 펼 부, 베풀 설)

해설
① 璧(구슬 벽)
② 蔓(덩굴 만)
③ 腱(힘줄 건)
⑤ 窮(다할 궁)

66  정답 姓銜(성함 _ 성씨 성, 재갈 함)
　　　職銜(직함 _ 직분 직, 재갈 함)
　　　名銜(명함 _ 이름 명, 재갈 함)

해설
② 衙(마을 아)
③ 撒(뿌릴 살)
④ 誡(경계할 계)
⑤ 湘(강 이름 상)

67  정답 咀呪(저주 _ 씹을 저, 빌 주)
　　　呪文(주문 _ 빌 주, 글월 문)
　　　呪術(주술 _ 빌 주, 재주 술)

해설
① 灼(불사를 작)
③ 諺(언문 언)
④ 葬(장사 지낼 장)
⑤ 魔(마귀 마)

68  정답 痲藥(마약 _ 저릴 마, 약 약)
　　　痲醉(마취 _ 저릴 마, 취할 취)
　　　脚痲(각마 _ 다리 각, 저릴 마)

해설
① 魔(마귀 마)
② 摩(문지를 마)
③ 瑩(의혹할 형)
⑤ 賭(내기 도)

69  정답 酪農(낙농 _ 쇠젖 낙, 농사 농)
　　　乾酪(건락 _ 마를 건, 쇠젖 락)
　　　駝酪(타락 _ 낙타 타, 쇠젖 락)

해설
① 駱(낙타 락)
② 烙(지질 락)
④ 珞(구슬 목걸이 락)
⑤ 洛(물 이름 락)

70  정답 搏動(박동 _ 두드릴 박, 움직일 동)
　　　脈搏(맥박 _ 줄기 맥, 두드릴 박)
　　　搏殺(박살 _ 두드릴 박, 죽일 살)

해설
① 搖(흔들 요)
③ 絡(이을 락)
④ 悖(거스를 패)
⑤ 屠(죽일 도)

**71** 정답 樂天(낙천 _ 즐길 낙, 하늘 천) ↔ ① 厭世 (염세 _ 싫어할 염, 인간 세)

해설
② 傀儡(괴뢰 _ 허수아비 괴, 꼭두각시 뢰)
③ 嘆息(탄식 _ 탄식할 탄, 쉴 식)
④ 囑望(촉망 _ 부탁할 촉, 바랄 망)
⑤ 彫琢(조탁 _ 새길 조, 다듬을 탁)

**72** 정답 埋沒(매몰 _ 묻을 매, 빠질 몰) ↔ ④ 發掘 (발굴 _ 필 발, 팔 굴)

해설
① 怖伏(포복 _ 두려워할 포, 엎드릴 복)
② 休憩(휴게 _ 쉴 휴, 쉴 게)
③ 嬌態(교태 _ 아리따울 교, 모습 태)
⑤ 痙攣(경련 _ 경련 경, 걸릴 련)

**73** 정답 明朗(명랑 _ 밝을 명, 밝을 랑) ↔ ② 憂鬱 (우울 _ 근심 우, 답답할 울)

해설
① 巫覡(무격 _ 무당 무, 박수 격)
③ 氣魄(기백 _ 기운 기, 넋 백)
④ 翡翠(비취 _ 물총새 비, 푸를 취)
⑤ 撮影(촬영 _ 모을 촬, 그림자 영)

**74** 정답 稱讚(칭찬 _ 일컬을 칭, 기릴 찬) ↔ ③ 詰難 (힐난 _ 물을 힐, 어려울 난)

해설
① 駐屯(주둔 _ 머무를 주, 진칠 둔)
② 揭揚(게양 _ 높이 들 게, 날릴 양)
④ 甕器(옹기 _ 독 옹, 그릇 기)
⑤ 繁殖(번식 _ 번성할 번, 불릴 식)

**75** 정답 優待(우대 _ 넉넉할 우, 기다릴 대) ↔ ① 虐待(학대 _ 모질 학, 기다릴 대)

해설
② 搬出(반출 _ 옮길 반, 날 출)
③ 碩學(석학 _ 클 석, 배울 학)
④ 准將(준장 _ 준할 준, 장수 장)
⑤ 憾情(감정 _ 섭섭할 감, 뜻 정)

**76** 정답 隔靴搔痒(격화소양 _ 사이 뜰 격, 신 화, 긁을 소, 가려울 양) : 신을 신고 발바닥을 긁는다는 뜻으로, 성에 차지 않거나 철저하지 못한 안타까움을 이르는 말

해설
① 棺(널 관)
② 橘(귤 귤)
③ 槿(무궁화 근)
⑤ 桐(오동나무 동)

**77** 정답 吐哺握髮(토포악발 _ 토할 토, 먹일 포, 쥘 악, 터럭 발) : 민심을 수람하고 정무를 보살피기에 잠시도 편안함이 없음을 이르는 말

해설
② 脯(포 포)
③ 逋(도망갈 포)
④ 鋪(펼 포)
⑤ 蒲(부들 포)

**78** 정답 萬壽無疆(만수무강 _ 일만 만, 목숨 수, 없을 무, 지경 강) : 아무런 탈 없이 아주 오래 삶

해설
① 彊(굳셀 강)
② 薑(생강 강)
③ 綱(벼리 강)
④ 强(강할 강)

**79** 정답 猫項懸鈴(묘항현령 _ 고양이 묘, 항목 항, 달 현, 방울 령) : 쥐가 고양이 목에 방울을 단다는 뜻으로, 실행할 수 없는 헛된 논의를 이르는 말

해설
② 描(그릴 묘)
③ 狗(개 구)
④ 拘(잡을 구)
⑤ 溜(처마물 류)

80 정답 乾坤一擲(건곤일척 _ 하늘 건, 땅 곤, 한 일, 던질 척) : 주사위를 던져 승패를 건다는 뜻으로, 운명을 걸고 단판걸이로 승부를 겨룸을 이르는 말

해설
① 滌(씻을 척)　　② 諜(염탐할 첩)
④ 撤(거둘 철)　　⑤ 脊(등마루 척)

## [81~85] 성어의 뜻 알기

81 정답 肝膽相照(간담상조 _ 간 간, 쓸개 담, 서로 상, 비칠 조) : 서로 속마음을 털어놓고 친하게 사귐

82 정답 天眞爛漫(천진난만 _ 하늘 천, 참 진, 빛날 란, 흩어질 만) : 말이나 행동에 아무런 꾸밈이 없이 그대로 나타날 만큼 순진하고 천진함

83 정답 魂飛魄散(혼비백산 _ 넋 혼, 날 비, 넋 백, 흩을 산) : 혼백이 어지러이 흩어진다는 뜻으로, 몹시 놀라 넋을 잃음을 이르는 말

84 정답 斑衣之戲(반의지희 _ 아롱질 반, 옷 의, 갈 지, 희롱할 희) : 늙어서 효도함

85 정답 橫說竪說(횡설수설 _ 가로 횡, 말씀 설, 세울 수, 말씀 설) : 조리가 없이 말을 이러쿵저러쿵 지껄임

## [86~90] 뜻에 맞는 성어 고르기

86 정답 ③ 南柯一夢(남가일몽 _ 남녘 남, 가지 가, 한 일, 꿈 몽) : 꿈과 같이 헛된 한때의 부귀영화를 이르는 말

해설
① 杞人之憂(기인지우 _ 구기자 기, 사람 인, 갈 지, 근심 우) : 기나라 사람의 군걱정이란 뜻으로, 곧 쓸데없는 군걱정, 헛걱정, 무익한 근심을 말함

② 百年偕老(백년해로 _ 일백 백, 해 년, 함께 해, 늙을 로) : 부부가 되어 한평생을 사이좋게 지내고 즐겁게 함께 늙음

④ 主客顚倒(주객전도 _ 임금 주, 손 객, 엎드러질 전, 넘어질 도) : 주인과 손의 위치가 서로 뒤바뀐다는 뜻으로, 사물의 경중·선후·완급 등이 서로 뒤바뀜을 이르는 말

⑤ 捲土重來(권토중래 _ 거둘 권, 흙 토, 무거울 중, 올 래) : 땅을 말아 일으킬 것 같은 기세로 다시 온다는 뜻으로, 한 번 실패하였으나 힘을 회복하여 다시 쳐들어옴을 이르는 말

87 정답 ④ 輝煌燦爛(휘황찬란 _ 빛날 휘, 빛날 황, 빛날 찬, 빛날 란) : 광채가 나서 눈부시게 번쩍임

해설
① 琴瑟之樂(금슬지락 _ 거문고 금, 큰 거문고 슬, 갈 지, 즐길 락) : 거문고와 비파의 조화로운 소리라는 뜻으로, 부부 사이의 다정하고 화목한 즐거움

② 靑出於藍(청출어람 _ 푸를 청, 날 출, 어조사 어, 쪽 람) : 쪽에서 뽑아낸 푸른 물감이 쪽보다 더 푸르다는 뜻으로, 제자나 후배가 스승이나 선배보다 나음을 비유적으로 이르는 말

③ 玉石俱焚(옥석구분 _ 구슬 옥, 돌 석, 함께 구, 불사를 분) : 옥이나 돌이 모두 다 불에 탄다는 뜻으로, 옳은 사람이나 그른 사람이 구별 없이 모두 재앙을 받음을 이르는 말

⑤ 換骨奪胎(환골탈태 _ 바꿀 환, 뼈 골, 빼앗을 탈, 아이 밸 태) : 뼈대를 바꾸어 끼고 태를 바꾸어 쓴다는 뜻으로, 고인의 시문의 형식을 바꾸어서 그 짜임새와 수법이 먼저 것보다 잘되게 함. 용모가 환하고 아름다워 딴 사람처럼 됨

**88** 정답 ② 立錐之地(입추지지 _ 설 립, 송곳 추, 갈 지, 땅 지) : 송곳 하나 세울 만한 땅이란 뜻으로, 매우 좁아 조금의 여유도 없음을 이르는 말

해설
① 磨斧爲針(마부위침 _ 갈 마, 도끼 부, 할 위, 바늘 침) : 도끼를 갈아 바늘을 만든다는 뜻으로, 아무리 이루기 힘든 일도 끊임없는 노력과 끈기 있는 인내로 성공하고야 만다는 뜻
③ 一網打盡(일망타진 _ 한 일, 그물 망, 칠 타, 다할 진) : 한 번 그물을 쳐서 고기를 다 잡는다는 뜻으로, 어떤 무리를 한꺼번에 모조리 다 잡음을 이르는 말
④ 一瀉千里(일사천리 _ 한 일, 쏟을 사, 일천 천, 마을 리) : 강물이 빨리 흘러 천 리를 간다는 뜻으로, 어떤 일이 거침없이 빨리 진행됨을 이르는 말
⑤ 寤寐不忘(오매불망 _ 잠 깰 오, 잘 매, 아니 불, 잊을 망) : 자나 깨나 잊지 못함

**89** 정답 ⑤ 虛心坦懷(허심탄회 _ 빌 허, 마음 심, 평탄할 탄, 품을 회) : 품은 생각을 터놓고 말할 만큼 아무 거리낌이 없고 솔직함

해설
① 十匙一飯(십시일반 _ 열 십, 숟가락 시, 한 일, 밥 반) : 밥 열 술이 한 그릇이 된다는 뜻으로, 여러 사람이 조금씩 힘을 합하면 한 사람을 돕기 쉬움을 이르는 말
② 平沙落雁(평사낙안 _ 평평할 평, 모래 사, 떨어질 낙, 기러기 안) : 모래펄에 날아와 앉은 기러기. 글씨나 문장이 매끈하게 잘된 것을 비유적으로 이르는 말
③ 膾炙人口(회자인구 _ 회 회, 구울 자, 사람 인, 입 구) : 맛있는 음식처럼 시문 등이 사람들의 입에 많이 오르내리고 찬양을 받는 것
④ 阿鼻叫喚(아비규환 _ 언덕 아, 코 비, 부르짖을 규, 부를 환) : 아비지옥과 규환지옥을 아울러 이르는 말

**90** 정답 ① 波瀾萬丈(파란만장 _ 물결 파, 물결 란, 일만 만, 어른 장) : 사람의 생활이나 일의 진행이 여러 가지 곡절과 시련이 많고 변화가 심함

해설
② 針小棒大(침소봉대 _ 바늘 침, 작을 소, 막대 봉, 클 대) : 작은 일을 크게 불리어 떠벌림
③ 虎視眈眈(호시탐탐 _ 범 호, 볼 시, 노려볼 탐, 노려볼 탐) : 범이 눈을 부릅뜨고 먹이를 노려본다는 뜻으로, 남의 것을 빼앗기 위하여 형세를 살피며 가만히 기회를 엿봄. 또는 그런 모양
④ 曲學阿世(곡학아세 _ 굽을 곡, 배울 학, 언덕 아, 인간 세) : 바른 길에서 벗어난 학문으로 세상 사람에게 아첨함
⑤ 滿身瘡痍(만신창이 _ 찰 만, 몸 신, 부스럼 창, 상처 이) : 온몸이 성한 데 없는 상처투성이라는 뜻으로, 아주 엉망이 됨

| 91 | 92 | 93 | 94 | 95 | 96 | 97 | 98 | 99 | 100 | 101 | 102 | 103 | 104 | 105 | 106 | 107 | 108 | 109 | 110 |
|---|---|---|---|---|---|---|---|---|---|---|---|---|---|---|---|---|---|---|---|
| ② | ④ | ② | ① | ⑤ | ③ | ⑤ | ⑤ | ③ | ④ | ① | ② | ① | ② | ④ | ③ | ④ | ③ | ③ | ② |

| 111 | 112 | 113 | 114 | 115 | 116 | 117 | 118 | 119 | 120 | 121 | 122 | 123 | 124 | 125 | 126 | 127 | 128 | 129 | 130 |
|---|---|---|---|---|---|---|---|---|---|---|---|---|---|---|---|---|---|---|---|
| ⑤ | ① | ④ | ② | ① | ① | ⑤ | ⑤ | ① | ② | ② | ① | ④ | ⑤ | ③ | ① | ② | ⑤ | ④ | ④ |

## [91~97] 문장 속 한자어의 음 알기

91 정답 岐路(기로 _ 갈림길 기, 길 로)

92 정답 瑕疵(하자 _ 허물 하, 허물 자)

93 정답 進陟(진척 _ 나아갈 진, 오를 척)

94 정답 衰頹(쇠퇴 _ 쇠할 쇠, 무너질 퇴)

95 정답 麒麟(기린 _ 기린 기, 기린 린)

96 정답 毅然(의연 _ 굳셀 의, 그럴 연)

97 정답 推戴(추대 _ 밀 추, 일 대)

## [98~102] 문장 속 한자어의 뜻풀이 고르기

98 정답 語訥(어눌 _ 말씀 어, 말 더듬거릴 눌) : 말을 유창하게 하지 못하고 떠듬떠듬하는 면이 있음

99 정답 誤謬(오류 _ 그르칠 오, 그르칠 류) : 그릇되어 이치에 맞지 않는 일

100 정답 磨耗(마모 _ 갈 마, 소모할 모) : 마찰 부분이 닳아서 없어짐

101 정답 應酬(응수 _ 응할 응, 갚을 수) : 상대편이 한 말이나 행동을 받아서 마주 응함

102 정답 妖艶(요염 _ 요사할 요, 고울 염) : 사람을 호릴 만큼 매우 아리따움

## [103~107] 문장에 맞는 한자어 고르기

103 정답 ① 頒布(반포 _ 나눌 반, 베 포) : 세상에 널리 퍼뜨려 모두 알게 함
해설
② 斬戮(참륙 _ 벨 참, 죽일 륙) : 칼로 베어 죽임
③ 赦免(사면 _ 용서할 사, 면할 면) : 죄를 용서하여 형벌을 면제함
④ 開墾(개간 _ 열 개, 개간할 간) : 거친 땅이나 버려둔 땅을 일구어 논밭이나 쓸모 있는 땅으로 만듦
⑤ 叩謝(고사 _ 두드릴 고, 사례할 사) : 머리를 조아려서 고마운 마음을 나타냄

104 정답 ② 收斂(수렴 _ 거둘 수, 거둘 렴) : 돈이나 물건 등을 거두어들임
해설
① 復讐(복수 _ 회복할 복, 원수 수) : 원수를 갚음
③ 鬚髯(수염 _ 수염 수, 구레나룻 염) : 성숙한 남자의 입 주변이나 턱 또는 뺨에 나는 털
④ 截取(절취 _ 끊을 절, 가질 취) : 잘라 냄
⑤ 蕩盡(탕진 _ 방탕할 탕, 다할 진) : 재물 등을 다 써서 없앰

105 정답 ④ 饑饉(기근 _ 주릴 기, 주릴 근) : 흉년으로 먹을 양식이 모자라 굶주림
해설
① 驕慢(교만 _ 교만할 교, 거만할 만) : 잘난 체하며 뽐내고 건방짐
② 筋肉(근육 _ 힘줄 근, 고기 육) : 힘줄과 살을 통틀어 이르는 말

③ 楷書(해서 _ 본보기 해, 글 서) : 한자 서체의 하나

⑤ 允玉(윤옥 _ 맏 윤, 구슬 옥) : 윗사람의 아들을 높여 이르는 말

106 정답 ③ 醱酵(발효 _ 술 괼 발, 삭힐 효) : 효모나 세균 등의 미생물이 유기 화합물을 분해하여 알코올류, 유기산류, 이산화탄소 등을 생기게 하는 작용

해설

① 乖離(괴리 _ 어그러질 괴, 떠날 리) : 서로 어그러져 동떨어짐

② 攪亂(교란 _ 흔들 교, 어지러울 란) : 마음이나 상황 등을 뒤흔들어서 어지럽고 혼란하게 함

④ 總括(총괄 _ 다 총, 묶을 괄) : 개별적인 여러 가지를 한데 모아서 묶음

⑤ 蠶室(잠실 _ 누에 잠, 집 실) : 누에를 치는 방

107 정답 ④ 絨緞(융단 _ 가는 베 융, 비단 단) : 양털 등의 털을 표면에 보풀이 일게 짠 두꺼운 모직물

해설

① 瞳孔(동공 _ 눈동자 동, 구멍 공) : 눈알의 한가운데에 있는, 빛이 들어가는 부분

② 閨秀(규수 _ 안방 규, 빼어날 수) : 남의 집 처녀를 정중하게 이르는 말

③ 蜜蠟(밀랍 _ 꿀 밀, 밀 랍) : 벌집을 만들기 위하여 꿀벌이 분비하는 물질

⑤ 塡補(전보 _ 메울 전, 도울 보) : 부족한 것을 메워서 채움

[108~112] 바르지 않은 한자 표기 고르기

108 정답 ③ 映象 → 映像(영상 _ 비칠 영, 모양 상) ※ 象(코끼리 상)

해설

① 超音波(초음파 _ 뛰어넘을 초, 소리 음, 물결 파)

② 吸收(흡수 _ 마실 흡, 거둘 수)

④ 診察(진찰 _ 진찰할 진, 살필 찰)

⑤ 醫療(의료 _ 의원 의, 병 고칠 료)

109 정답 ③ 結陷 → 缺陷(결함 _ 이지러질 결, 빠질 함) ※ 結(맺을 결)

해설

① 鞍馬(안마 _ 안장 안, 말 마)

② 鐵棒(철봉 _ 쇠 철, 막대 봉)

④ 採點(채점 _ 캘 채, 점 점)

⑤ 要因(요인 _ 요긴할 요, 인할 인)

110 정답 ② 積棘的 → 積極的(적극적 _ 쌓을 적, 다할 극, 과녁 적) ※ 棘(가시 극)

해설

① 訴追(소추 _ 호소할 소, 쫓을 추)

③ 被害者(피해자 _ 입을 피, 해할 해, 놈 자)

④ 犯罪(범죄 _ 범할 범, 허물 죄)

⑤ 自首(자수 _ 스스로 자, 머리 수)

111 정답 ⑤ 風刺 → 諷刺(풍자 _ 풍자할 풍, 찌를 자) ※ 風(바람 풍)

해설

① 風潮(풍조 _ 바람 풍, 밀물 조)

② 惡弊(악폐 _ 악할 악, 폐단 폐)

③ 機智(기지 _ 틀 기, 슬기 지)

④ 嘲笑(조소 _ 비웃을 조, 웃음 소)

112 정답 ① 頸耘 → 耕耘(경운 _ 밭 갈 경, 김맬 운) ※ 頸(목 경)

해설

② 收穫(수확 _ 거둘 수, 거둘 확)

③ 移秧機(이앙기 _ 옮길 이, 모 앙, 틀 기)

④ 解放(해방 _ 풀 해, 놓을 방)

⑤ 勞動生産性(노동생산성 _ 일할 로, 움직일 동, 날 생, 낳을 산, 성품 성)

[113~120] 문장 속 단어를 한자로 바르게 쓰기

113 정답 ④ 購讀(구독 _ 살 구, 읽을 독) : 책이나 신문, 잡지 등을 구입하여 읽음

해설

※ 冒(무릅쓸 모)        瀆(도랑 독)
   溝(도랑 구)        軀(몸 구)

**114** 정답 ② 屑糖(설탕 _ 가루 설, 엿 탕) : 맛이 달고 물에 잘 녹는 결정체

해설

※ 纖(가늘 섬)　　　維(벼리 유)
　萎(시들 위)　　　縮(줄일 축)
　堤(둑 제)　　　　塘(못 당)
　雪(눈 설)　　　　撞(칠 당)

**115** 정답 ① 泄瀉(설사 _ 샐 설, 쏟을 사) : 변에 포함된 수분의 양이 많아져서 변이 액상으로 된 경우

해설

※ 泗(물 이름 사)　　滲(스며들 삼)
　透(사무칠 투)　　洙(물가 수)

**116** 정답 ① 濃醬(농장 _ 짙을 농, 장 장) : 오래 묵어서 아주 진하게 된 간장

해설

※ 粧(단장할 장)　　農(농사 농)
　庄(씩씩할 장)　　匠(장인 장)
　弄(희롱할 농)　　杖(지팡이 장)

**117** 정답 ④ 懺悔(참회 _ 뉘우칠 참, 뉘우칠 회) : 자기의 잘못에 대하여 깨닫고 깊이 뉘우침

해설

※ 參(참여할 참)　　晦(그믐 회)
　讖(예언 참)　　　膾(회 회)
　僭(주제넘을 참)

**118** 정답 ⑤ 蠻行(만행 _ 오랑캐 만, 다닐 행) : 야만스러운 행위

해설

※ 灣(물굽이 만)　　杏(살구 행)
　萬(일만 만)　　　幸(다행 행)
　彎(굽을 만)

**119** 정답 ⑤ 鎔巖(용암 _ 쇠 녹일 용, 바위 암) : 화산의 분화구에서 분출된 마그마

해설

※ 溶(녹을 용)　　　暗(어두울 암)
　鏞(쇠북 용)　　　庵(암자 암)
　癌(암 암)

**120** 정답 ② 薔薇(장미 _ 장미 장, 장미 미) : 장미과 장미속의 관목을 통틀어 이르는 말

해설

※ 贓(장물 장)　　　美(아름다울 미)
　欌(장롱 장)　　　微(작을 미)
　蔣(성씨 장)　　　迷(미혹할 미)
　漿(즙 장)　　　　彌(미륵 미)

## [121~125] 문장 속 단어·어구의 뜻을 가장 잘 나타낸 한자어 고르기

**121** 정답 ② 陞進(승진 _ 오를 승, 나아갈 진) : 직위의 등급이나 계급이 오름

해설

① 激昂(격앙 _ 격할 격, 밝을 앙) : 기운이나 감정 등이 격렬히 일어나 높아짐
③ 犧牲(희생 _ 희생 희, 희생 생) : 다른 사람이나 어떤 목적을 위하여 자신의 목숨, 재산, 명예, 이익 등을 바치거나 버림
④ 峨冠(아관 _ 높을 아, 갓 관) : 높게 쓴 관
⑤ 兀頭(올두 _ 우뚝할 올, 머리 두) : 머리털이 많이 빠져서 벗어진 머리

**122** 정답 ① 豊饒(풍요 _ 풍년 풍, 넉넉할 요) : 흠뻑 많아서 넉넉함

해설

② 折衷(절충 _ 꺾을 절, 속마음 충) : 서로 다른 사물이나 의견, 관점 등을 알맞게 조절하여 서로 잘 어울리게 함
③ 解雇(해고 _ 풀 해, 품 팔 고) : 고용주가 고용 계약을 해제하여 피고용인을 내보냄
④ 溢喜(일희 _ 넘칠 일, 기쁠 희) : 더할 나위 없이 넘치는 기쁨
⑤ 胤玉(윤옥 _ 자손 윤, 구슬 옥) : 윗사람의 아들을 높여 이르는 말

**123** 정답 ④ 猪突(저돌 _ 돼지 저, 갑자기 돌) : 앞뒤를 헤아리지 않고 불쑥 돌진함

해설
① 寃痛(원통 _ 원통할 원, 아플 통) : 분하고 억울함
② 深奧(심오 _ 깊을 심, 깊을 오) : 사상이나 이론 등이 깊이가 있고 오묘함
③ 野狩(야수 _ 들 야, 사냥할 수) : 들에서 하는 사냥
⑤ 取扱(취급 _ 가질 취, 미칠 급) : 물건을 사용하거나 소재나 대상으로 삼음

**124** 정답 ⑤ 哀悼(애도 _ 슬플 애, 슬퍼할 도) : 사람의 죽음을 슬퍼함

해설
① 黙禱(묵도 _ 묵묵할 묵, 빌 도) : 눈을 감고 말없이 마음속으로 빎
② 寞寞(막막 _ 고요할 막, 고요할 막) : 쓸쓸하고 고요함
③ 苛酷(가혹 _ 가혹할 가, 심할 혹) : 몹시 모질고 혹독함
④ 救恤(구휼 _ 구원할 구, 불쌍할 휼) : 사회적 또는 국가적 차원에서 재난을 당한 사람이나 빈민에게 금품을 주어 구제함

**125** 정답 ③ 欣快(흔쾌 _ 기쁠 흔, 쾌할 쾌) : 기쁘고 유쾌함

해설
① 粗雜(조잡 _ 거칠 조, 섞일 잡) : 말이나 행동, 솜씨 등이 거칠고 잡스러워 품위가 없음
② 安靖(안정 _ 편안 안, 편안할 정) : 나라를 편안하게 다스림
④ 純粹(순수 _ 순수할 순, 순수할 수) : 전혀 다른 것의 섞임이 없음
⑤ 恍惚(황홀 _ 어리둥절할 황, 황홀할 홀) : 눈이 부시어 어릿어릿할 정도로 찬란하거나 화려함

## [126~130] 종합문제

**126** 정답 ① 煩雜(번잡 _ 번거로울 번, 섞일 잡) : 번거롭게 뒤섞여 어수선함

해설
② 試錐(시추 _ 시험 시, 송곳 추) : 지하자원을 탐사하거나 지층의 구조나 상태를 조사하기 위하여 땅속 깊이 구멍을 파는 일
③ 秘密(비밀 _ 숨길 비, 빽빽할 밀) : 숨기어 남에게 드러내거나 알리지 말아야 할 일
④ 嘉俳(가배 _ 아름다울 가, 배우 배) : 신라 유리왕 때에 궁중에서 하던 놀이
⑤ 巽風(손풍 _ 부드러울 손, 바람 풍) : 동남쪽에서 서북쪽으로 부는 바람

**127** 정답 ② ㉢ 石竺 → 石築(석축 _ 돌 석, 쌓을 축)
※ 竺(나라 이름 축/두터울 독)

해설
① ㉡ 敬虔(경건 _ 공경 경, 공경할 건)
③ ㉣ 裝飾(장식 _ 꾸밀 장, 꾸밀 식)
④ ㉤ 突出(돌출 _ 갑자기 돌, 날 출)
⑤ ㉥ 焦點(초점 _ 탈 초, 점 점)

**128** 정답 ⑤ 豪奢(호사 _ 호걸 호, 사치할 사) : 호화롭게 사치함

**129** 정답 ④ 治粧(치장 _ 다스릴 치, 단장할 장)

**130** 정답 ㉧ 膳賜(선사 _ 선물 선/반찬 선, 줄 사) - ④ 饌膳(찬선 _ 반찬 찬, 선물 선/반찬 선)

해설
① 繕寫(선사 _ 기울 선, 베낄 사)
② 扇風機(선풍기 _ 부채 선, 바람 풍, 틀 기)
③ 羨望(선망 _ 부러워할 선, 바랄 망)
⑤ 甲狀腺(갑상선 _ 갑옷 갑, 형상 상, 샘 선)

memo

往者不可諫, 來者猶可追.

"지나간 일은 되돌릴 수 없으나, 다가올 일은 결정할 수 있다."

−≪논어≫, 〈미자(微子)〉

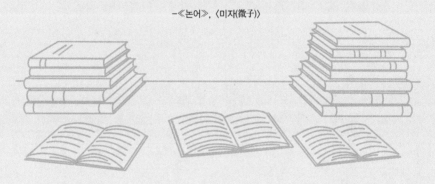

# 2025 시대에듀 상공회의소 한자 2급 최종모의고사

| | |
|---|---|
| **개정10판1쇄 발행** | 2025년 02월 10일 (인쇄 2024년 12월 30일) |
| 초 판 인 쇄 | 2014년 08월 14일 |
| **발 행 인** | 박영일 |
| **책 임 편 집** | 이해욱 |
| **편      저** | 한자문제연구소 · 노상학 |
| **편 집 진 행** | 박시현 |
| **표지디자인** | 김도연 |
| **편집디자인** | 장하늬 · 임창규 |
| **발 행 처** | (주)시대고시기획 |
| **출 판 등 록** | 제10-1521호 |
| **주      소** | 서울시 마포구 큰우물로 75 [도화동 538 성지 B/D] 9F |
| **전      화** | 1600-3600 |
| **팩      스** | 02-701-8823 |
| **홈 페 이 지** | www.sdedu.co.kr |
| **I S B N** | 979-11-383-8485-8 (13710) |
| **정      가** | 17,000원 |

# 상공회의소 한자

## 상공회의소 한자 1급 2주 격파

- 스피드 합격! 2주 필승 전략
- 9~1급 배정한자 수록
- 최신 기출 동형 모의고사 3회분 제공
  (교재 2회 + CBT 1회)
- ALL DAY 쪽지시험 PDF 제공
- 시험 직전 막판 뒤집기(빅데이터 빈출 한자)

## 상공회의소 한자 2급 2주 격파

- 스피드 합격! 2주 필승 전략
- 9~2급 배정한자 수록
- 최신 기출 동형 모의고사 3회분 제공
  (교재 2회 + CBT 1회)
- ALL DAY 쪽지시험 PDF 제공
- 시험 직전 막판 뒤집기(빅데이터 빈출 한자)

## 상공회의소 한자 3급 2주 격파

- 스피드 합격! 2주 필승 전략
- 9~3급 배정한자 수록
- 최신 기출 동형 모의고사 3회분 제공
  (교재 2회 + CBT 1회)
- ALL DAY 쪽지시험 PDF 제공
- 시험 직전 막판 뒤집기(빅데이터 빈출 한자)

※ 도서의 이미지는 변동될 수 있습니다.

# 시대에듀와 함께하는
# 어문회 한자

## 어문회 한자능력검정시험 2급 한 권으로 끝내기

어문회 2급을 '한자 3박자 연상 학습법'으로 쉽고 확실하게!

- 한자능력검정시험 2급 배정한자 2,355자 수록
- 생생한 '어원 풀이'로 2급 한자 마스터!
- 다양한 출제 유형에 맞춰 정리한 '한자 응용하기'
- 출제 경향 완벽 분석! '최신 기출 동형 모의고사' 4회분 제공
- 빈출 한자만 모았다! '빅데이터 합격 한자'

## 어문회 한자능력검정시험 3급 한 권으로 끝내기

어문회 3급을 '한자 3박자 연상 학습법'으로 쉽고 재미있게!

- 한자능력검정시험 3급 배정한자 1,817자 수록
- 생생한 '어원 풀이'와 '한자 구조 풀이'로 3급 한자 마스터!
- 다양한 출제 유형에 맞춰 정리한 '한자 응용하기'
- 출제 경향 완벽 분석! '최신 기출 동형 모의고사' 3회분 제공
- 빈출 한자만 모았다! '빅데이터 합격 한자'

※ 도서의 이미지는 변동될 수 있습니다.

# 진흥회 한자

## 진흥회 한자자격시험 2급 한 권으로 끝내기

**진흥회 2급을 '한자 3박자 연상 학습법'으로 쉽고 확실하게!**

- 한자자격시험 2급 선정한자 2,300자 수록
- 생생한 어원 풀이로 2급 한자 마스터!
- 다양한 출제 유형에 맞춰 정리한 '한자 응용하기'
- 출제 경향 완벽 분석! '최신 기출 모의고사' 5회분 제공
- 저자가 직접 출제한 '실전 모의고사' 1회분 제공
- 빈출 한자만 모았다! '빅데이터 합격 한자 750'

## 진흥회 한자자격시험 3급 한 권으로 끝내기

**진흥회 3급을 '한자 3박자 연상 학습법'으로 쉽고 확실하게!**

- 한자자격시험 3급 선정한자 1,800자 수록
- 생생한 어원 풀이로 3급 한자 마스터!
- 다양한 시험 유형에 맞춰 정리한 '한자 응용하기'
- 출제 경향 완벽 분석! '최신 기출 모의고사' 5회분 제공
- 빈출 한자만 모았다! '빅데이터 합격 한자 450'

※ 도서의 이미지는 변동될 수 있습니다.